MERIAN
erzählt

Toskana

Herausgegeben von
Andreas Hallaschka

Hoffmann und Campe

1. Auflage 2014

www.hoca.de
Satz: Pinkuin Satz und Datentechnik, Berlin
Gesetzt aus der Utopia und der Trade Gothic
Druck und Bindung: GGP Media GmbH, Pößneck
Printed in Germany
ISBN 978-3-455-40486-9

HOFFMANN UND CAMPE

Ein Unternehmen der
GANSKE VERLAGSGRUPPE

INHALT

Andreas Hallaschka

VORWORT

Wir sehen Alleen von Zypressen, schmecken den Chianti und ahnen den Geruch von gutem, sehr gutem Essen. Wir denken an die Kunstschätze von Florenz, an die Gassen von Siena, wo wir schlendern und dann einen frischgebrühten Cappuccino trinken. Wir sehen die sanften toskanischen Hügel, die Thermen und römischen Bäder. Das ist Italien, denken wir, das italienischste Italien, das wir uns vorstellen können.

Warum ist das so?

Vielleicht kann man das, in einem ganz kühnen Bogen, so erklären: Von den germanischen Langobarden bis zur Toskana-Fraktion unserer Tage ist ein inniges Verhältnis zu diesem italienischen Landstrich gewachsen. Es gibt vielfache historische Verflechtungen. Das gilt auch umgekehrt. Das Städtchen San Miniato zum Beispiel trug, zumindest bis 1945, offiziell den Beinamen »al Tedesco«. Eine Reminiszenz an die besondere Beziehung der Toskana zu den deutschen Kaisern von Otto bis zu den Staufern Barbarossa und Friedrich II.

Zweifellos hat die Toskana ihre landschaftlichen und kulturellen Höhepunkte. Gerade Florenz wirkt auf Reisende geradezu umwerfend und hat sich, vom Weichbild der Innenstadt bis zur Lage in der Landschaft, seit Jahrhunderten praktisch nicht verändert. Aber es gibt auch den flachen Küstenstreifen Maremma, bis in das 20. Jahrhundert eine Brutstätte der Malaria, und die unwirtlichen Apuanischen Alpen im Nordwesten des Apennin, wo der Carrara-Marmor abgebaut wird. Jedoch: Unser Bild der Toskana berühren diese Gegenden kaum.

Was macht die Toskana so toskanisch?

Seit dem ersten Heft über Florenz, das 1956 erschien, hat MERIAN mit der Hilfe namhafter italienischer, englischer und deutscher Schriftsteller Antworten auf diese Frage gegeben. In MERIAN *erzählt* ... lesen Sie Beiträge von Robert Gernhardt, Gregor von Rezzori, Klaus Wagenbach, Petra Reski, Ludwig Harig und vielen anderen. Sie sind ernst, traurig, amüsant und komisch. Es sind Texte aus sechs Jahrzehnten MERIAN, die zeigen, wie vielseitig die Toskana ist, in Geschichte und Gegenwart. Und dass man sich dieser Weltgegend gegenüber in vielfacher Weise verhalten kann. Nur nicht gleichgültig.

WAS IST DIE TOSKANA?

Für Einsteiger und Eingeweihte

Robert Gernhardt

UNTER UNS LIEBHABERN

In der Toskana leben, das wollen viele – aber am liebsten ohne die vielen anderen Deutschen. Ein offener Brief von Robert Gernhardt an einen namenlosen Nebenbuhler zur Klärung drängender Probleme unter deutschen Toskana-Kennern.

Sehr geehrter Unbekannter,

Sie werden mit meinem Namen vermutlich ebenso wenig anfangen können, wie mir der Ihrige vertraut ist, und doch kennen wir uns: Ich bin der Herr vom Nebentisch, der Ihnen neulich den Abend in jenem toskanischen Landgasthaus verdorben hat.

Ich rechne auf Ihr Verständnis, wenn ich es bei einer ungefähren Charakterisierung dieses Lokals belasse: wenn ich weder Namen noch Adresse nenne, sondern lediglich unverfängliche Stichwörter liefere und auch die nur zu dem Zweck, die Enttäuschung zu erklären, die mein Auftauchen bei Ihnen auslösen mußte: Als Vineria und Osteria auf kleinem Schild an wenig befahrener Straße in einem kaum bekannten Winkel der Toskana angezeigt, entpuppte sich das Gasthaus nach kurzer, grüngefaßter Auffahrt als stein-, speis- und trankgewordener Traum noch des abgebrühtesten Toskana-Kenners. Die einnehmende Schlichtheit des sichtlich alten und unübersehbar bäurischen Gastraums, die Herzlichkeit der beiden älteren Männer, Koch der eine, Kellner der andere, die Qualität des überraschend preiswerten Angebots, die Fröhlichkeit der ausschließlich italienischen Gäste - ich vermag mir lebhaft den verhaltenen Stolz auszumalen, mit dem Sie Ihrer Begleiterin zu verstehen gegeben hatten, in welch raren Geheimtip Sie sie führen würden, und ich weiß aus eigener Anschauung, mit welch unverhohlenem Ärger Sie auf mein Eintreffen reagierten.

Wenn es denn nur Ärger war und nicht Entgeisterung, Erbitterung, Eifersucht gar - auf jeden Fall ein starkes, feindseliges Gefühl, das ich schon deswegen nicht zu tadeln vermag, weil ich es teilte. Denn auch ich war in Begleitung, auch ich hatte sie auf einen toskanischen Geheimtip vorbereitet, auch mich erbitterte die Tatsache, den durch einen Landsmann entweiht zu sehen: geteiltes Geheimnis - gar kein Geheimnis.

Sie wissen so gut wie ich, wie der Abend dann verlief: nicht so gut. In der irrigen Meinung, Deutsche fühlten sich in deutscher Gesellschaft am wohlsten, hatte uns der Wirt an zwei benachbarten Tischen plaziert, und da saßen wir nun, vermieden, so gut es ging, jeden Blickkontakt, dämpften unsere Stimmen und versuchten so zu tun, als sei der kränkende Rivale nicht vorhanden. Natürlich vergeblich. Denn so viel bekam zumindest ich im Laufe des Abends mit, daß wir einander derart ähnlich waren, daß ein unbefangenes Gemüt uns für Doppelgänger hätte halten können - womit ich natürlich keine Äußerlichkeiten meine, sondern jene vielfältigen Weichenstellungen via Herkunft, Bildung, Passion, Glücksfall und Schicksal, die schließlich dazu geführt hatten, daß wir, beide Männer im besten Alter, jenes toskanische Landgasthaus mit dem ungebrochen juvenilen Wahn betreten konnten, wenigstens dieses entlegene Fleckchen der Toskana nicht mit anderen Touristen teilen zu müssen.

Tourist - das Wort mußte fallen, obwohl es auf Sie so wenig zutrifft wie auf mich. Wenn Toskana-Liebhaber unseres Schlages jemals Toskana-Touristen gewesen sind, dann liegt das Jahrzehnte zurück. Florenz, Siena, Arezzo; Uffizien, Palazzo Pubblico, San Francesco; Giotto, Simone Martini, Piero della Francesca - all das habe ich bereits in den späten Fünfzigern gemacht, und ich schließe aus Ihrem Italienisch - kundig -, aus Ihrer Bestellung - kennerhaft - und aus Ihren Gesprächsfetzen - kenntnisreich -, daß Ihre Toskana-Prägung ähnlich weit zurückliegende Wurzeln hat. Schon damals war uns der Unterschied zwischen Piazza und Pizza ebenso bekannt wie die Tatsache, daß der Chianti-Wein zwar aus dem Fiasco getrunken werden kann, jedoch keines zur Folge haben muß - ein leichteres Toskana-Examen hätten wir also mit Bravour bestanden, und das war erst der Anfang. Immer speziellere Toskana-Exkursionen folgten, glückhafte Ausflüge in immer entlegenere Regionen, freilich getrübt durch Begegnungen, die sich von Jahr zu Jahr immer mehr häufen sollten: er am Steuer des gediegenen Wagens mit dem deutschen Nummernschild, sie über einen jener »Dietoskanawiesiekeinerkennt«-Führer gebeugt, in denen bestechliche Toskana-Kenner gegen Geld auch noch die letzten Toskana-Geheimtips ausplaudern, wenn auch nicht die allerletzten Geheimnisse. Unser unfreiwilligerweise gemeinsam aufgesuchtes Landgasthaus beispielsweise war bisher ausschließlich Gegenstand sorgsam gezielter Mund-zu-Mund-Tradierung, und damit das so bleibt, sollten wir, trotz allem, was vorgefallen ist, in Zukunft an einem Strick ziehen.

Versöhnliche Töne, die ich, verehrter Doppelgänger, nicht ohne Hintergedanken anschlage. Zwar hätte jeder von uns die Toskana am liebsten für sich - und in Stunden gesteigerter Verbitterung habe ich mir bereits ausgemalt, wie es zu bewerkstelligen sei, zumindest den omnipräsenten deutschen Wagen aus dem Wege zu gehen: durch elektronisch gesteuerte Toskana-Schleusen zum Beispiel, die den Einlaß regulieren, sowie durch einen für jedermann verbindlichen

Toskana-Rundkurs mit vorgeschriebenen Halt- und Fotografierzeiten sowie ohne Wendemöglichkeit, aber wo war ich stehengeblieben? Ach ja: Da wir uns diesen gesegneten Flecken Erde wohl oder übel teilen müssen, sollten wir uns einmal zusammensetzen, um die uns betreffenden Probleme bei einem guten Glas Wein zu bereden.

Das erscheint mir um so sinnvoller, da ich einigen Ihrer Äußerungen entnehmen konnte, daß Sie, wie ich, ein Mann des Wortes, um nicht zu sagen der Feder sind, was meine Hoffnung nährt, mit Ihnen nicht nur praktische, sondern auch grundsätzliche Fragen klären zu können. Zum Beispiel wüßte ich gerne, was eigentlich uns Deutsche derart allergisch aufeinander reagieren läßt. Ist schlichter Territorialinstinkt daran schuld? Das Gefühl der Peinlichkeit, das jedweden Blick in den Spiegel begleitet? Der Wunsch, wenigstens auf Reisen die deutsche Haut ausziehen und die des Gastlandes überstreifen zu können?

Außerdem würde ich mit Ihnen gerne ein Übereinkommen treffen. Damit die Toskana-Geheimtips unter uns bleiben, sollten wir Männer der Feder in Zukunft eine rigorose Doppelstrategie fahren: mit Toskana-Informationen geizen und zugleich Toskana-Desinformationen ausstreuen.

Wie das gemacht wird, war vor Jahren in der Toskana-Spezialnummer eines deutschen Periodikums nachzulesen. Dort behauptete der deutsche Schriftsteller Gregor von Rezzori bar jeden erkennbaren Augenzwinkerns, in der gesamten Toskana finde sich kein authentischeres und herzwärmenderes Lokal als die Villa Miranda am Ortseingang von Radda in Chianti. Unterstützt von mundwässernden Farbfotos, stieß die Botschaft auf offene Ohren und geweitete Augen, und als mich ein zufälliger Osterausflug kurz nach Erscheinen der Toskana-Nummer durch Radda führte, war die Straße vor der Räuberhöhle wegen all der geparkten Wagen deutscher Herkunft kaum passierbar. Ja, Räuberhöhle, denn das war dieses Etablissement, seit deutsche Werber in den frühen Siebzigern die Betreiberinnen, zwei Schwestern, auf den Geschmack gebracht hatten, wie man Kochen locker mit Abkochen verbinden könne.

Vergebens grübelte ich, was wohl Gregor von Rezzori dazu bewegt haben mochte, ausgerechnet diesen Tip zu lancieren, obwohl er doch selber in der Toskana ansässig ist, bis der Verdacht aufkeimte, er habe dies getan, *weil* er in der Toskana ansässig ist. Im Valdarno, wenn ich richtig unterrichtet bin, weshalb das Schlitzohr die deutschen Touristen ganz einfach ins etwa fünfzig Kilometer entfernte Chianti-Gebiet lockte, um seine hauseigenen Geheimtips nicht zu gefährden.

Ob es sich wirklich so verhalten hat? Fragen wir uns lieber, wie sich das Rezzori-Modell auf unsere eigenen Bedürfnisse übertragen ließe. Wobei ich bereits ein Lokal im Auge habe, das für beide Zwecke gut wäre: als Treffpunkt und als Ablenkungsadresse.

Kennen Sie Cavriglia? Nein? Sehr gut. In diesem wenig besuchten, ergo vielfältig besetzbaren Gemeinwesen zwischen Arno-Tal und Chianti-Hügeln befindet sich ein durchaus passables Restaurant, das jeglichen Geheimtip-Status bereits dadurch verspielt hat, daß es in dreisprachigen Prospekten, darunter auch in Deutsch, für sich wirbt: »In Cavriglia, neben der alten Pfarreiredekunst« – gemeint ist das Oratorium der Pfarrkirche – »steht die Tinaia. Dieser Bau war früher eines Lager des Weins und des Korn. Heute ist dieser Bau ein wunderbares Restaurant il Cenacolo geworden.« Jedenfalls eines, das aus dem Rahmen des Üblichen fällt: »Die Restaurantumgebung ist tipischer mittelalterlicher Atnosphäre; der Bohnekamin und die nodernische Bilden schaffen ein elegantes und gemütliches Milleu.« Wäre das nicht der richtige Rahmen für ein fruchtbares Toskana-Arbeitsessen? »Il Cenacolo bietet an dem Gast unvergeßliche Momente mit alten Kochkunstgffälligkeiten, alle Tagen außer Montag.« An welchem anderen Tag sehen wir uns dort? Auf eine rasche Antwort hoffend, verbleibe ich mit besten Grüßen

Ihr Störenfried vom Nebentisch

Gregor von Rezzori

DIESES LAND ERZIEHT KEINE SCHWÄRMER

Was macht die Toskana zur Toskana? Sie besteht aus den unterschiedlichsten Landschaften und verschiedenartigen Städten. Der Schriftsteller Gregor von Rezzori, der hier fast 40 Jahre lebte, versucht eine Antwort.

Es ist nicht leicht, eine Antwort auf die Frage zu finden, was eigentlich die Toskana zur Toskana mache. Gefragt wird ja dabei nach dem Gemeinsamen so vieler Landschaften wie der Florentiner oder der Sieneser Hügel, des Chianti oder der Maremma, des Ackerlandes um Arezzo oder des Berglandes über der Versilia. Kaum ein anderes Land, dessen Name ursprünglich ein allmählich zusammengewachsenes Herrschaftsgebiet bezeichnete und später zum geographischen Begriff geworden ist, weist so unterschiedliche Städte auf wie Florenz und Pisa oder Lucca und Volterra, Pistoia und Livorno. Aber es ist unbestreitbar: Sie haben etwas gemeinsam, was sie im Charakter von anderen italienischen Städten unterscheidet, und zwar etwas physisch Eigenartiges, Spezifisches, das sichtbar und spürbar, beinah greifbar ist. Auch was die Städte umgibt, ist überall ganz unverkennbar »toskanisch« - und es ist nicht allein, wie man beim ersten Hinsehen meinen möchte, das »Handgemachte« der Landschaft: der überall deutlich sichtbare ordnende Eingriff des

Menschen in die Natur. Das haben auch Lombardei und Venetien in mindestens ebenso hohem Maß. Aber das Wie dieser Ordnung, die beinah geizige Verwendung sparsamster Mittel dazu: Das macht das »Toskanische« und ist von der Landschaft selbst bestimmt. Das klingt wie eine Selbstverständlichkeit und ist es auch; aber es enthält doch eine Differenzierung: Nicht der Charakter der Toskaner hat den Hügeln, Tälern, Ebenen und Küstenstrichen der Toskana ihren verbindenden Charakter gegeben, sondern diese haben ihre Bewohner geformt und sind wieder von ihnen geformt worden - ein fortwährender, in der Wirkung sich steigernder Prozeß gegenseitiger Bestimmung.

Von den Menschen läßt sich's leichter sagen, worin sie anders sind als andere Italiener. Sie sind härter, zäher, verschlossener, mißtrauischer, solenner, geiziger; folglich untergründig wacher, witziger, schärfer, mit deutlicherer Neigung zum Sarkasmus und, aus Spaß am Aufmischen, ganz unglaublich hinterträgerisch. Eine vertrauliche Bemerkung über einen Menschen ist in der nächsten Stunde schon zu seiner Kenntnis gebracht, selbst wenn er ein Fremder und die Person, der man sich anvertraut hat, ein Freund ist.

Alles in allem sind das bäuerliche Charakterzüge; man möchte sie in Zusammenhang bringen mit einem kargen Boden und einem dörrenden Klima. Aber man mochte nicht vergessen, daß die toskanischen Aristokraten, die standespflichtgemäß den Volkscharakter am ausgeprägtesten personifizieren, in der überwiegenden Mehrzahl Bankiers gewesen sind, die Grundbesitzer wurden. Das »Handgemachte« der Toskana ist nicht nur bestimmt durch die Notwendigkeit, einen bröckelnden Kalk- oder rutschenden Schieferboden im welligen Gelände mit den steingesäumten Trassen der Wein- und Olivenpflanzungen zu sichern. Es verrät sich darin auch ein ausgeprägter Sinn für die Ökonomie der dekorativen Mittel, die ans Knauserige grenzt, und eine künstlerische Strenge, wie sie eher in den Steinklüften enger Gassen als im freien Land herangebildet wird. Freilich sind das Spekulationen, die sich nur feuilletonistisch diskutieren lassen, Themen für Kamingespräche sozusagen, bei denen man die gesamte toskanische Kunstgeschichte aufblättern und sich bis zur Behauptung versteigen kann, das Friedhofartige der Zypressen und Lorbeerbüsche in den Ginsterwucherungen, in denen vereinzelt und in Gruppen Schirmpinien stehen - mit einem Wort: der populäre Böcklin'sche Aspekt der toskanischen Kernlande ließe sich mit dem Totenkult der Etrusker in Zusammenhang bringen. Eins ist gewiß: Das Licht der Toskana ist härter, der Himmel heller, durchsichtiger als selbst der über dem sonst recht ähnlichen Umbrien. Das entstofflicht die Luft gewissermaßen, läßt sie leichter atembar erscheinen, gibt zugleich den Farben, dem alten Silbergrün der Olivenhaine und den profunden Tönungen der maritimen Nadelhölzer, etwas Direktes, Zupackendes, Einfaches und Nobles. Mitsamt der klaren Linienführung der Landschaft und der würzigen Kargheit der Vegetation macht das einen guten Teil der toskanischen Nüchternheit aus. Dieses Land erzieht keine Schwärmer.

Man kann zuversichtlich wünschen, daß die Fremden - mehr Künstler und Intellektuelle je als ehemalige Bankiers -, die es in zunehmendem Maß besiedeln, seit seine Bauern in die Städte abgewandert sind, sich mit der Zeit von seiner Stimmung bestimmen lassen.

Petra Reski

WIDERSTAND ZWECKLOS

Als Venezianerin aus Überzeugung hatte Petra Reski für alles außerhalb der Stadt wenig übrig. Mit aller Kraft bemühte sich die Schriftstellerin, die Toskana nicht zu mögen. Bis MERIAN sie bat, die italienische Ideallandschaft zu erkunden. Auf dem Weg nach San Gimignano, am Ende einer sandigen Straße, gab Reski auf.

Jahrelang habe ich versucht, die Toskana abzulehnen. So wie man ein Regierungsprogramm ablehnt, oder eine Partei. Ich wollte auf keinen Fall zur Toskana-Fraktion gehören, und dies speziell, seitdem ich in Siena am Ende des Palios, des großen Pferderennens, mit meinem Auto gegen eine nicht gekennzeichnete Verkehrsinsel geprallt bin. Seitdem pflegte ich meine Toskana-Animosität: Dieser Lokalpatriotismus! Diese mittelalterliche Kichererbsen-Küche, die sich seit den Belagerungszeiten nicht weiterentwickelt hat! Diese hinterhältigen, aus dem Nichts auftauchenden toskanischen Verkehrsinseln! All das versuchte ich mir ins Gedächtnis zu rufen, als ich vor kurzem auf der Autobahn durch die Toskana fuhr. Aber es gelang mir nicht, denn gerade zog eine perfekte toskanische Hügelkette an mir vorbei. Als Gott die Hügel verteilte, da wählte er die anmutigsten, die ebenmäßigsten für die Toskana aus.

Kurz nach dem Abitur hatte ich Italien mit dem Auto

durchquert, in vier Tagen von den Alpen bis nach Sizilien. Und ich erinnere mich genau, dass ich erst in der Toskana das Gefühl hatte, wirklich in Italien angekommen zu sein. Wegen der zypressenbestandenen Hügelketten im Gegenlicht. Das klassische Italienbild. Und obwohl ich heute seit vielen Jahren in Italien lebe und verbindlich bestätigen kann, dass auch das Trentino und Venetien italienisch sind, ging es mir genauso, als ich Italien vor kurzer Zeit erneut durchquerte: Kaum hatte ich die Poebene hinter mir gelassen, ging mir wieder das Herz auf. Weil ich am Rand der Autobahn keine Baumärkte, Outlets und sumpfigen Wiesen mehr sah, sondern Lavendelfelder und Olivenhaine, Weinberge und Festungsmauern.

Wieder musste ich daran denken, dass die Einzigartigkeit der Toskana in ihrer Harmonie liegt, und in der Gewissheit, dass hier nichts dem Zufall überlassen wurde - sondern der Renaissance, den Medici, dem Humanismus. Auf diesem Boden entstand die Frage nach dem Wesen der Schönheit. Nach idealen Maßen und Proportionen. Und natürlich auch jede Menge solider, bis heute gültiger Feindschaften - Siena hasst Florenz, Lucca verabscheut Pisa. Aber dennoch: Es gibt kaum eine Landschaft in Italien, der man wie der Toskana ansehen kann, wie geschichtsträchtig, gebildet und humanistisch sie ist - und das selbst, wenn man sie nur auf der Autobahn durchquert.

Als ich noch versuchte, eine Toskana-Feindin zu sein, besuchte ich Lucca. Und verbrachte hier zehn Tage im Dauerregen. Es regnete jeden Tag. Es regnete jede Nacht. Regentropfen, groß wie toskanische Saubohnen. Es hätte nicht viel gefehlt, dann hätte es auch in geschlossenen Räumen geregnet, im Dom und in San Michele in Foro und im Puccini-Museum. Aber außer mir wunderte sich in Lucca niemand. Denn wenn in der ganzen Toskana ein einziger Regentropfen fällt, dann fällt er in Lucca, heißt es.

Ich besichtigte Luccas Kirchen (90 Stück!), besuchte das Klavierkonzert im Caffè da Sime und trank in der Apotheke chininhaltigen Kräuterschnaps (zur Bekämpfung der Malaria, erfunden von der Farmacia Massagli). Vielleicht lag es am Kräuterschnaps und am Dauerregen, dass meine Toskana-Feindseligkeit langsam aufweichte. Vielleicht habe ich Lucca auch so ins Herz geschlossen, weil die Stadt sich schon seit dem Mittelalter darum bemüht hat, anders zu sein als der Rest der Toskana. Gehörte es in Florenz, Pisa und Siena zur Tagesordnung, dass sich die Bewohner gegenseitig meuchelten, war der Bruderkrieg in Lucca verpönt. Legte man sich anderswo mit dem Papst an, baute man in Lucca Kirchen. In Lucca wird auch anders gesprochen. Das in der Toskana verbreitete Unvermögen, das »k« auszusprechen (*hasa* für *casa*), wird hier als höchst lächerlich empfunden und konnte sich nie durchsetzen.

Vielleicht lag es aber auch an den Graffiti der Liebeskranken. »Michaela, lass uns zusammenbleiben, ohne dich kann ich nicht leben, ich liebe dich«, flehte jemand vom roten Stein der Luccheser Stadtmauer. Kein Stadttor, auf das nicht ein »Mariella, gib mir eine Chance!« passte. Keine Hauswand ohne Herz mit Pfeil, kein Mauervorsprung war zu schmal, als dass nicht ein schlichtes »Linda, ti amo« oder ein verheißungsvolles »Gabriella per sempre« Platz gehabt hätte. In anderen italienischen Städten kommen in Graffiti gewöhnlich außer Verliebten auch noch fanatische Fußballfans, politische Extremisten und Pornographen zu Wort. In Lucca aber wurde nichts anderes als die Liebe beschworen. Ich sagte mir: Ich bin zwar Toskana-Feindin, aber Lucca gefällt mir. Weil es weniger toskanisch ist.

Tapfer verteidigte ich die Reste meiner Gegnerschaft eine Zeitlang weiter. Aus Widerspruchsgeist. Und weil ich mich von der Mehrheit abgrenzen wollte. Schließlich gibt es kaum jemanden, der die Toskana nicht liebt. Ganze Landstriche wurden hier von Amerikanern aufgekauft, nachdem sie »Unter der Sonne der Toskana« gelesen hatten - einen Bestseller, der das Glück beschreibt, das die amerikanische Autorin beim Umbau eines toskanischen Bauernhauses fand. Jeden Sommer stürmen sie nun die aufgeräumten toskanischen Dörfer, kaufen Italien-Sehnsucht in Tüten, Leberwurst im Designerglas und Marcello-Mastroianni-Kalender, belegen Schreibkurse für »Italian Writing« - in denen sie lernen, die beim Umbau eines toskanischen Bauernhauses gemachten Erfahrungen zu Blatt zu bringen - und lassen sich bei Weinverkostungen erklären, wie sich 15 Prozent Riesling auf den Chardonnay auswirken.

All das nahm ich mir vor zu schmähen, als mich das Schicksal nach Cortona verschlug. Hier findet jeden Sommer ein von Amerikanern organisiertes Musikfestival statt, das Festival del Sole. Ich war entschlossen, alles grässlich zu finden. Das Festival und Cortona sowieso. Und dann stand ich am Fenster meines Hotels und musste schlucken. Nur weil ich gesehen hatte, wie Sonnenflecken in das Tal fielen, wie in der Ferne eine Ecke des Trasimenischen Sees glitzerte und Schwalben sich zirpend über moosbedeckte Dächer stürzten, über türkis schillernde Kirchenkuppeln und schwarze Zypressen. Und dann läutete darüber noch eine von den Jahrhunderten erschöpfte Kirchenglocke. Später saß ich in dem kleinen, abgeliebten, verstaubten Theater von Cortona, mit den alten Sitzreihen und dem leicht löchrigen Parkett, und hörte, wie zwei amerikanische Operndiven lachten und mit russischen Musikern improvisierten, die aussahen wie in lila Seidenhemden gesteckte Bauarbeiter. Und mir war, als hätte mich Federico Fellini gerade mit den Fingerspitzen berührt.

Kurz darauf erhielt ich den Auftrag, die Toskana per Vespa zu durchqueren. Ich nahm den Auftrag sofort an, im Hinblick auf Transportmittel wie Vespas, Motorräder oder Alfa Spider bin ich absolut bestechlich. Außerdem erinnerte mich die Vespa daran, wie es war, als ich in der Toskana Italienisch gelernt habe, in Castiglioncello, einem kleinen Seebad südlich von Livorno.

Vormittags widmete ich mich den Feinheiten der entfernten Vergangenheit, dem *passato remoto*, und nachmittags fuhr ich mit einer Vespa durch die Gegenwart, nach Volterra, wo weißer Flieder aus den Mauern des römischen Theaters wächst, nach Pisa, wo vor der Piazza dei Miracoli Schürzen mit dem Gemächt des »David« von Michelangelo verkauft werden. Ich fuhr auch nach Bolgheri, wo ich mitten auf der Zypressenallee beim Umschalten die Kupplung zu schnell kommen ließ, weshalb die Vespa einen Sprung machte und mich unter sich begrub. Am Ende meines sechswöchigen Sprachkurses waren meine Beine voller Blutergüsse. Und ich sprach ein schönes Hochitalienisch, ohne »K«-Schwäche. Als mich ein Mann aus Verona mit dem für die Stadt typischen stimmlosen S ansprach, glaubte ich, dass er mit einem schweren Sprachfehler geschlagen sei. Aber er hatte schwarze Locken wie ein Etrusker, was mich über seinen sprachlichen Defekt hinwegsehen ließ.

Mit einem winzigen Rest von Toskana-Feindseligkeit im Gepäck fuhr ich also vor kurzer Zeit wieder los und bemerkte, dass die Vespas heute sehr einfach zu fahren sind. Das Schalten ein Kinderspiel, nichts lenkt von der Landschaft ab, von dem silbrigen Schimmer der Olivenbäume, dem Krächzen der Krähen und vom Duft der frisch geschnittenen Wiese und der Akazien. Und vom Wind, der so sanft über die Hügel streicht, als würde er das Gras bürsten.

Ich fuhr zu einem kleinen Weingut in der Nähe der Stadtmauern von San Gimignano, nach Montenidoli. Der Weg dorthin war etwas sandig, ich fuhr sehr vorsichtig, auch um Blutergüsse an meinen Oberschenkeln zu vermeiden. Am Ende des Weges stand eine schöne, alte Frau, die mich mit schwarzen Augen anfunkelte. Ihre Haare waren schwarz und von silbernen Fäden durchzogen, und an ihren Turnschuhen klebte noch die Erde vom Weinberg, in dem sie seit dem frühen Morgen gearbeitet hatte.

Jedes Mal, wenn ich ein Glas toskanischen Wein trinke, muss ich an sie denken, an die Winzerin Elisabetta Fagiuoli, die über ihre Weine sprach wie eine strenge Erzieherin über ihre Zöglinge: Ich mache vier verschiedene Vernaccia, und der hier, der Vernaccia Tradizionale, ist der brutalste! Und der rote, der Garrulo, der ist etwas geschwätzig, aber ich mag ihn, wie er ist!

Signora Fagiuoli legte Wert darauf, festzustellen, dass der Wein aus der Erde kommt, und nicht vom Önologen, so wie es Mode sei in der Toskana, weshalb viele toskanische Rotweine wie Marmelade schmeckten. Das erzählte sie, während sie mich über das Gut scheuchte, bis hin ins Allerheiligste, wo der Wein in Fässern aus Trüffeleichen reift und der Weinheilige Vincenzo über allem wacht - genau wie der marmorne Achilleus, eine griechische Statue, die der Vater von Signora Fagiuoli einst von der griechischen Regierung für Verdienste, die er sich im Krieg erworben hatte, geschenkt bekam. Der Achilleus steht nun in einem kleinen Tempelchen hinter den Stahlfässern des Weißweins; Signora Fagiuoli, die sehr stolz auf ihre alte Winzerfamilie ist, staubt ihn regelmäßig ab.

Als die Sonne tiefer stand, saßen wir bei mehreren Gläsern des brutalen Vernaccia und des geschwätzigen Garrulo, und Signora Fagiuoli erklärte, dass weder Pestizide noch computergesteuertes Keltern in Montenidoli zum Einsatz kommen. Stattdessen hält sie mit dem Wein Zwiesprache wie mit einem Wesen.

Auch ich lauschte ihr wie hypnotisiert, als sie von den Tränen des Bacchus erzählte, und von den Abdrücken der versteinerten Muscheln, die sie täglich in der Erde fand - weil einst das Meer das Tal von San Gimignano bedeckte. Elisabetta hatte alle im Griff, die albanischen Landarbeiter, ihren Ehemann - und jeden Besucher, der sich nach Montenidoli verirrte. Allen gab sie das Gefühl, immer schon mit ihr verwandt gewesen zu sein. Und ich schämte mich für jeden einzelnen antitoskanischen Gedanken, den ich je gehegt haben sollte. Eine Landschaft, die solche Menschen hervorbringt, muss man lieben.

Vorsichtig und leicht angeheitert fuhr ich den sandigen Weg nach San Gimignano zurück. Und als ich auf der Piazza im Schatten der Geschlechtertürme saß, war mir, als hätte ich eine alte Liebe wiedergetroffen. Eine alte Liebe, die einst Zeuge meines intimsten Wunsches geworden war: immer in Italien zu leben. Die Toskana ist an allem schuld.

Antonio Tabucchi

DAS LAND DER SEHNSUCHT

Als Kind, das in der Toskana zur Welt kommt, ist man mit den dortigen Kunstwerken so vertraut, dass man sie für einen Teil der Landschaft hält. Ich habe lange gebraucht, schreibt der Schriftsteller Antonio Tabucchi, um auf diese Wunder aufmerksam zu werden.

Pisa, Lucca, Pistoia, Florenz, Siena, Arezzo. Wo sonst in Italien oder auf der ganzen Welt sind so viele Wunderwerke auf so kleinem Platz vereint? Ich habe lange gebraucht, um auf diese Wunder aufmerksam zu werden, denn ein Kind, das in der Toskana zur Welt kommt, ist mit Kunstwerken so vertraut, daß es sie für einen Teil der Landschaft hält. Ich erinnere mich, wie man mich als Kind in den Dom von Pisa mitgenommen hat und ich ahnungslos vor der Kanzel von Giovanni Pisano herumlief. Ich spielte mit dieser großartigen Statuengruppe, ich gab den Löwen Namen, ich machte mir einen Spaß daraus, mir die drei Damen (von denen ich nicht wußte, daß es sich um die Allegorien von Glaube, Hoffnung, Liebe handelte) als Zirkusdompteusen vorzustellen, die wilde Löwen zähmten. Die Toskana habe ich erst viel später entdeckt, als ich schon erwachsen war und das Land verlassen hatte. Und ich glaube, daß es auch so sein muß, denn um die Schönheit zu verstehen, muß man sich von ihr entfernen, muß man Distanz schaffen, den Gewöhnungseffekt verhindern.

Und so bin ich zurückgekehrt, habe der großen Sehnsucht, die ich nach der Toskana verspürte, nachgegeben und versucht, sie wie ein einfacher Pilger aus einem fernen Land zu besichtigen. Es ist seltsam, die Stätten der Kindheit und Jugend mit fremden Augen zu betrachten, aber genau das habe ich getan. Ich bin voller Liebe zurückgekehrt, ich gestehe es, voller wiedergefundener Liebe. Mit den Augen eines Fremden habe ich die Statuen von Giovanni Pisano wiederentdeckt, bin ich auf den Spuren von Shelley, Byron und Leopardi gewandelt, die einmal in Pisa gewohnt hatten. Mit den Augen eines Fremden bin ich an der Stadtmauer von Lucca entlangspaziert und habe den Sarkophag der Baria del Carretto besichtigt, mit den Augen eines Fremden habe ich die Madonnen von Ambrogio Lorenzetti besichtigt, mit den Augen eines Fremden habe ich mich auf die Suche nach Piero della Francesca begeben, dem metaphysischen Piero, dem geheimnisvollsten Maler der ganzen Kunstgeschichte. Aber seine bäuerlichen Madonnen sind unergründlich, seine mürrischen und stämmigen Christusfiguren schauen uns aus undurchsichtigen Augen an. Von ihnen kann man weder Gnade noch Vergebung erwarten, sondern sie flehen um Verständnis, das ihnen die Menschen heute vielleicht nicht mehr geben können. Mit den Augen eines Fremden habe ich in Florenz Santa Croce besichtigt und mich bemüht, genauso fremd und ergriffen zu sein wie einst Goethe, Lamartine und Stendhal. Und in Florenz, ausgerechnet in Florenz bin ich zwei Malern begegnet, die mein Leben prägten: Masaccio und Fra Angelico. Masaccio, der erdgebundene stoffliche Maler, leidend und melancholisch. Fra Angelico, der göttliche Maler, träumerisch, visionär und vollkommen. Das sind die beiden Gesichter meiner Toskana, einerseits das Gesicht dessen, der das Elend des Lebens und der Menschen kennt, und andererseits das Gesicht dessen, der durch den Körper hindurchblickt, auf der Suche nach der Wahrheit, die sich hinter den irdischen Erscheinungen verbirgt.

So sind auch die Menschen der Toskana, immer in der Schwebe, in einem prekären Gleichgewicht; Menschen, die mit der Harmonie Leonardos und Galileis vertraut sind und gleichzeitig die abgrundtiefe Angst Michelangelos kennen. Einem Klischee zufolge sind die Toskaner rebellische, bissige und antikonformistische Geister. Aber auch respektlos, obszön, cholerisch und rachsüchtig. Ja, all das sind sie. Aber ich glaube, daß sie darüber hinaus an einer unheilbaren Melancholie leiden und die Bedeutung einer schrecklichen Krankheit kennen, der Langeweile. Die Toskaner sind ein Volk, das sich langweilt, und deshalb haben sie sich in die Kunst und in die Phantasie geflüchtet: um die Langeweile zu bekämpfen, um sie zu besiegen, um sie mit Erfindungsgabe zu heilen. Ich liebe Völker, die sich langweilen, weil auch ich mich langweile. Und um uns nicht zu langweilen, flüchten wir Toskaner in die Träume.

Aber was bleibt heute noch von diesem Traum, der sich Toskana nennt? Ich weiß es nicht, und es ist schwierig zu sagen, denn es ist schwierig, die Wirklichkeit zu beurteilen. In den Zeitungen heißt es, die Toskana sei eine der besterhaltenen Regionen Italiens, eine der produktivsten und lebendigsten. Aber diese Lobpreisungen gelten einem Land, das so zerstört ist wie kein anderes in Europa, und einer Nation, die kurz vor dem endgültigen Zusammenbruch zu stehen scheint. Und alles verändert sich von Saison zu Saison, je nach Anzahl der Touristen. Im Herbst und Winter zum Beispiel gehört die Toskana zu den schönsten Plätzen der Welt. Mild, menschenleer, herzlich. Man lebt nach menschlichem Maß, wie es sich die Künstler der Renaissance vorgestellt haben.

Aber besuchen Sie die Toskana einmal im Sommer. Scharen von Touristen, unverschämt in ihren kurzen Hosen, fallen in die Städte der Kunst ein wie Horden von Barbaren. Es ist unmöglich, ihnen zu entkommen. Kommerzielle Interessen und Massentourismus haben diese göttlichen Städte in danteske Höllenkreise verwandelt. Die Toskana ist krank, drastische Maßnahmen und eine Menge Geld sind nötig, um die Wunden zu heilen, die ihr von der Zeit und den Besuchern zugefügt worden sind. Was tun? Die Stadtverwaltungen hecken Strategien aus, denken über Sanierungsprogramme nach. Aber in der Zwischenzeit sterben die historischen Stadtzentren, die Abgase ruinieren die Kunstschätze, die Lebensqualität entspricht bei weitem nicht jener Qualität, wie sie Landschaft und kultureller Hintergrund versprechen. Bin ich gerade dabei, schlecht über die Toskana zu sprechen? Gewiß, als Toskaner bin ich dazu verpflichtet. Aber ich tue es ungern, denn ich bin nach wie vor Toskaner. Und dabei hoffe ich, meine toskanischen Freunde werden sich – um die Langeweile zu besiegen, der sie nicht entkommen – intelligente, geniale Lösungen einfallen lassen. Ich bin mir sicher, früher oder später werden sie das tun.

Giovanni Ansaldo

EDLER TRAUM VON GRÖSSE

Die komplexe Geschichte der Toskana in wenigen, einfachen Worten zu erklären, das vermag nur ein wirklich großer Journalist. Giovanni Ansaldo ist kein gebürtiger Toskaner, sondern einer aus Leidenschaft.

Am Beginn der Geschichte der Toskana steht das Geheimnis: die Etrusker. Die Etrusker, wie man sie in Alabaster gehauen auf den Graburnen im Museo Guarnacci in Volterra sieht: die Körper zur Fülle neigend, die Gesichter von einer geheimen, verborgenen Melancholie überschattet. Man weiß nicht recht, woher dieses Volk kam, das sich 1000 Jahre vor Christus im Tal des Arno und den angrenzenden Landstrichen niederließ und dort eine ganz eigene Kultur entwickelte, deren dauerhaftester Ausdruck ihre Gräber wurden.

Von den Etruskern bekam die Landschaft ihren Namen: denn aus Etrurien wurde das spätlateinische Tuscien, dann Tuscanien im hohen Mittelalter und schließlich Toskana, der heutige Name. Und das antike Etrurien lebt in der heutigen Toskana weiter, in den einsamen Akropolen des Küstengebiets, in Roselle (Rusellae), der alten Stadt auf ihrem Hügel, in deren Mauern Kornfelder wachsen und im Sommer der Mohn blüht, es lebt in Populonia, wo die Etrusker das Eisen von Elba verhütteten, in Vetulonia, der Stadt, der Rom die Liktorenbündel entlehnte, es lebt in Volterra, Cortona, Chiusi …

Über diese allererste Toskana lagerte sich dann die Herrschaft Roms, die verhältnismäßig wenige Denkmäler hinterlassen hat; es kamen in Wellen nacheinander die wandernden Germanenstämme, zuletzt die Langobarden.

Es beginnen die Jahrhunderte der »barbarischen Toskana« - welch seltsame Wortkombination -, in denen Lucca vorangeht, das so liebenswürdige, gebildete, feinsinnige Lucca von heute; Lucca, das noch in seinem Stadtarchiv die älteste Urkunde bewahrt, die die Bluts- und Stammesmischung bestätigt, einen Schenkungsakt eines Langobarden an seine römische Frau über einen erheblichen Landbesitz in der Nähe von Altopascio. Es ist die Zeit der Feudalherrschaft in der Toskana, die Epoche der Markgräfin Mathilde, die im Winter ihre Burgen verläßt und sich in Lucca aufhält, die Zeit der großen Geschlechter meist germanischen Stammes, die ihre Macht auf die großen Liegenschaften in den Apennintälern stützen. Wer Überreste aus dieser Zeit sehen will, der unternehme von Pratovecchio aus einen Ausflug zum Kastell Romena, das den Guidi gehörte, oder von der Via Aurelia aus hinauf zum Kastell der Gherardesca, der mächtigen Familie des Grafen Ugolino, das wie ein Falke hoch über der Maremmen-Ebene zu schweben scheint, oder von Orbetello aus nach Magliano und nach Sovana, zu den wenigen Ruinen der einstigen Burgen der Aldobrandeschi, oder man fahre von La Spezia aus ins Magra-Tal hinein, um all die Burgen und Festungen der Malaspina zu sehen, jenes Geschlechtes, das sich bis zur Französischen Revolution in seinen kleinen Herrschaftsbezirken zu halten vermochte. Dies sind die pathetischen Denkmäler des toskanischen Mittelalters.

Doch es war kurz, dieses Mittelalter. Denn etwa um das Jahr 1100 ist in allen toskanischen Städten, die bis dahin unter dem bischöflichen Hirtenstab gelebt hatten, ein frischer Wind zu spüren: der Atem der Revolution! Überall begegnen wir den ersten Konsuln, den ersten Prioren, den ersten Ältesten; neue Namen für neue Aufgaben, deren Träger vom Volk wie von den Magnaten gewählt wurden. Pisa, reich geworden durch den Orienthandel, ist die erste toskanische Stadt, die sich eine freie Regierung gibt; doch 1116 ist praktisch auch Florenz frei; im Verlauf weniger Jahre stehen die Comunen, die freien Bürgerstädte, in der ganzen Toskana nebeneinander in »Blüte«: Es ist das rechte Wort zur Bezeichnung des Phänomens – das weniger in der Errichtung bestimmter politischer Ordnungen besteht als vielmehr in einer wunderbaren Entfaltung von Energien auf allen Gebieten des gesellschaftlichen Lebens.

Die toskanischen Städte, in ihrem erfolgreichen Streben nach Macht, beginnen alsbald, gegen die Baronalburgen zu Felde zu ziehen; oder, anders ausgedrückt: Die Bevölkerung der Städte, vorwiegend etruskisch-römischer Abstammung, bekämpft die auf ihren Landsitzen festverschanzten Feudalherren vorwiegend germanischer Herkunft. Die Florentiner geben das Beispiel: Sie überfallen, bekriegen, zerstören alle Burgen und Schlösser der Firidolfi, der Buondelmonti, der Guidi und vieler anderer und lassen den Feudalfamilien nur den einen Ausweg: Städter zu werden. Diese Angliederung der Feudalfamilien an die Stadtbürgerschaften verstärkt bei diesen noch die gärenden neuen Kräfte. So ist die Toskana das erste Land in Europa, das praktisch die Feudalherrschaft liquidiert und die Knechtschaft der Scholle aufhebt.

Die gleiche Energie, die die Comunale Revolution bewirkte, führt nunmehr innerhalb der städtischen Mauern die großen Familien gegeneinander und innerhalb des ganzen Landes die einzelnen Stadtstaaten gegeneinander; und so ist über drei Jahrhunderte hin die Toskana nunmehr Schauplatz von »Fehden« der Städte, im Geflecht mit den Fehden der Familien, eine Art allgemeine, wirre Rauferei, in deren Mitte die deutschen Kaiser auf ihren Zügen nach Italien vorüberziehen, bar jeden Verständnisses, ebenso wie Dante, in seine Empörung und seine Träume gehüllt, und der heilige Bernardin mit seinen Kanzelpredigten und die heilige Katharina von Siena mit ihren Mahnrufen aus dem Kloster und die großen Mystiker wie San Giovanni Gualberto, die in die Berge flüchten und Buße tun und um Erbarmen flehen …

Es gibt keinen ideologischen Grund als Erklärung für diese allgemeine Rauferei, denn auch die Feindschaft zwischen Guelfen und Ghibellinen ist nichts als ein Vorwand; und es gibt keinen stichhaltigen wirtschaftlichen Grund. Nein, diese Rauferei wird nur durch eines erklärt: überschäumende Lebenskraft. Und nur dadurch läßt sich erklären, wie trotz dieses endemischen Kampfzustandes die Toskana blüht und gedeiht; wie die Städte vom gleichmäßigen Rattern der Webstühle widerhallen, die Ländereien draußen ständig städtisches Kapital aufnehmen und verarbeiten können und alle Comunen, auch die kleinsten, aus Liebe zum Ruhm ihre prachtvollen Dome und Rathäuser errichten; wie die städtischen Patrizierfamilien sich auf Bauten einlassen, die einer Dynastie würdig wären; und wie zwischen all dem Waffenlärm die Humanisten das klassische Altertum wiederentdekken und es vor Europa enthüllen und die Maler die elegantesten Madonnen der Welt malen.

Wer heute die Zeugnisse dieser einstigen toskanischen Vitalität erleben will, der mache nicht bloß in den großen Städten der Ebene halt. Er fahre hinauf zu den kleinen Städten auf den Höhen: Er besuche San Gimignano, das seine dreizehn Türme wie dreizehn steinerne Bannerträger errichtete; er besuche Barga, das zwischen den kleinen Häusern, die beinahe Bauernhäuser sind, seine Kathedrale zu erbauen wagte; er begebe sich nach Volterra, um seinen düsteren Palazzo dei Priori zu bestaunen. Und er bedenke, wie stark dies Fluidum toskanischer Lebensenergie gewesen sein muß, wenn es die kleinen Städte dazu treiben konnte, mit den großen in Wettstreit zu treten …

Das Quattrocento, das 15. Jahrhundert, wird lebendig. In irgendeiner toskanischen Stadt verläßt ein Mann seinen Palazzo; er ist, dem Anschein nach wenigstens, unbewaffnet, doch ihm folgen Bewaffnete, die über ihn wachen; er hat offiziell keinerlei Amt, doch niemand wird in irgendeiner Behörde angestellt, ohne daß er es befürwortet und gutheißt; er trägt kein Zeichen seiner Würde, aber alle bezeigen ihm ihre Hochachtung, wenn auch manchmal aus Furcht. Wer das ist? Es ist der Signore; er ist die neue Gestalt des Quattrocento, der originalste Typus der toskanischen Geschichte, das schicksalhafte Ergebnis der langen comunalen Anarchie. Alle toskanischen Städte haben ihren Signore, ihren Herrn; Pisa hat seinen Gambacorti, Lucca seinen Guinigi, Volterra seinen Belforti und seinen Landini, Siena, mit etwas Verspätung, seinen Petrucci; und weiter, bis zur größten der toskanischen Städte, bis zu Florenz mit den Medici.

Am Ende des Quattrocento steht der größte, der genialste der italienischen Signori: Lorenzo il Magnifico, der Prächtige, dessen Nachfolger und Erben dann ein Jahrhundert später Herren der ganzen Toskana sein werden ...

Denn seit Florenz seine Comunale Revolution vollzog, seit Giano della Bella *trasse i baroni a pettinare il lin* (die Barone dazu zwang, Wolle zu kämmen), hat die Stadt einen weiten Weg zurückgelegt. Mitten in der großen toskanischen Rauferei hat es seine Herrschaft erweitert, mit Verträgen, mit Eroberungen, mit Gold. Es hat sich 1295 duckmäuserisch Pistoia einverleibt; hat 1350 Prato erobert, 1390 eine Besatzung nach Montepulciano gelegt, hat 1413 für sechzigtausend Gulden Cortona gekauft, hat 1453 die Unterwerfung von San Gimignano ausgehandelt, 1492 Volterra durch Belagerung niedergezwungen, hat nach und nach in die kleinen Comunen des Valdarno, des Mugello, des Casentino, des Chiana durch allerlei Pakte und Abkommen seine Vögte, die *podestà*, entsandt; es hat sein Wappen, den Marzocco, an allen kleinen Rathäusern einmeißeln lassen. Lange Jahre hindurch erschüttern seine Komplotte und seine Tumulte, seine Staatsstreiche und seine Restaurationen die gesamte Toskana; der Turm des Arnolfo di Cambio und Brunelleschis Kuppel scheinen der Stadt einen vollständigen Sieg zu weissagen. Vergeblich hält ihr am Ende des Quattrocento Fra Girolamo Savonarola ihren Luxus, ihre Verschwendungen vor; der Mönch endet am Galgen auf der Piazza della Signoria. Im Jahre 1509 gelingt es Florenz, Pisa zu erobern. Es ist die letzte Eroberung im Namen der Republik. Die nächste, Siena, vollbringt Cosimo I., nach der großen Krise von 1527 in Florenz, nach dem Sturz der Republik und der Einsetzung der Medici, die nun nicht mehr Signori, Herren, sondern Herrscher waren. Mit der Eroberung von Siena im Jahre 1555 hat der Sohn des Giovanni dalle Bande Nere bis auf die kleine oligarchische Herrschaft von Lucca die ganze Region zwischen Apennin und Meer unter sich - und ist ihr Großherzog.

Die Periode des Großherzogtums ist der große friedliche See - und mitunter ein etwas versumpfter See -, in den der tosende Strom der toskanischen Comunalgeschichte einmündet. Man möchte sagen, daß dieser ganze mächtige Energiestrom, der die Toskana der großen Jahrhunderte Wunder vollbringen ließ, schwächer wird, erlahmt und einem ruhigen, sogar etwas trägen Lebensrhythmus Platz macht. Der erste Mediceer dieser Periode, Cosimo I., ist noch ein Renaissancemensch, voller edler Träume von Größe und gleichzeitig unerbittlicher Realist in der Verwaltung des Staates; er läßt Cellini den Perseus gießen, aber mitleidlos alle Emigranten abschlachten, deren er habhaft werden kann. Sein Sohn Francesco ist bereits ein Mann der Gegenreformation, der sich seine Leidenschaft zu Bianca Capello durch Schenkungen an Klöster und Stiftungen von Kirchen verzeihen lassen will; Ferdinando I. ist nur ein umsichtiger Verwalter, mit ausgesprochenen Neigungen für eine gute Tafel. Die anderen sind schwache, bigotte Fürsten, in der Hand ihrer Frauen oder ihrer Beichtväter. Trotzdem verblieb ihnen stets etwas von den Mediceer-Tugenden; sie verspüren stets die Pflicht, Kultur und Kunst zu fördern; sie begreifen sehr wohl, daß sie die Schönheit ihrer Stadt Florenz wahren müssen; sie sind es, die die Uffizien-Galerie ausbauen, sie sind es, die die Kunstsammlungen des Palazzo Pitti anlegen. Inzwischen, in diesen beiden langen Jahrhunderten des Friedens, wird die Toskana so, wie sie sich dem Blick des Reisenden darbietet; die Landwirtschaft übernimmt das System der Halbpacht; damals wurde die Entsumpfung des Chiana-Tals eingeleitet; viel neues Land wird der Bebauung erschlossen; überall entstehen die ländlichen Siedlungshäuser, die schönsten des damaligen Europa, noch heute als solche zu erkennen; an den Hängen, zwischen Zypressen und Weinreben, stehen die Villen des städtischen Adels, der auch in den sommerlichen Landsitzen die Bequemlichkeiten der Stadtpalazzi nicht missen will.

Eine Schöpfung haben im übrigen die Medici der Großherzogszeit hinterlassen, ein Werk, das ihrem Namen für immer zur Ehre gereicht: die Anlage von Livorno. Diese Stadt – heute die größte an der ganzen tyrrhenischen Küste zwischen Genua und Neapel – ist eine reine Mediceer-Schöpfung. Die Idee stammte von Ferdinando I. Er ließ Ende des 16. Jahrhunderts diesen armseligen Flecken mit Mauern umziehen, förderte die Entwicklung des Hafens und baute Häuser und Straßen; er erließ ein besonderes Gesetz, die *legge livornina*, laut dem die neue Stadt den geflüchteten Juden aus Spanien und den geflüchteten Griechen aus dem Peloponnes geöffnet wurde. Dieser Zustrom von Menschen so verschiedener Herkunft gab Livorno jenen besonderen, so ganz von den anderen toskanischen Städten abweichenden Charakter. Livorno blieb bis zum heutigen Tage eine der lebhaftesten, jugendlichsten, regsamsten Städte Italiens.

Um die Mitte des 18. Jahrhunderts erloschen die Medici, und ihre Nachfolge trat, infolge diplomatischer Kombinationen, das Haus Habsburg-Lothringen an; es kam Peter Leopold, der spätere deutsche Kaiser Leopold II., ein typischer Fürst der Aufklärung, der vielen alten Geistlichen Schrecken einjagte, weil er rücksichtslos religiöse Orden aufhob; dann kamen seine Erben, Ferdinand, Leopold. Diese Herrscher aus Österreich waren treffliche Personen; ihre Regierung rechtfertigte die damals übliche amtliche Bezeichnung des Großherzogtums: *I felicissimi Stati*; doch vermochten sie nie, Italiener zu werden; ja, sie versuchten es nicht einmal. Bis zuletzt blieben sie stets österreichische Erzherzöge. Dies war gegenüber der italienischen Einigungsbewegung ihre unverzeihliche Sünde. Eines Tages, im April 1859, beschloß nach einer Volkskundgebung der letzte von ihnen, abzureisen.

Er reiste ab, unter den ironischen Zurufen der Florentiner, jener Florentiner aus dem Volk, die noch heute, unter der Tür ihrer Läden und Geschäfte stehend, so erstaunlich den alten etruskischen Alabasterfiguren auf den Deckeln der Graburnen gleichen, die wir im Museum Guarnacci in Volterra sehen …

STREIFZÜGE
ÜBERS LAND

Entdeckungen
in der Toskana

Erdmann Wingert

SPAZIERGANG NACH PITIGLIANO

Waldeinsamkeit, verschwiegene Wanderwege und Dörfer abseits der Touristenströme: acht Tage lang zu Fuß hügelauf und hügelab. Der Autor Erdmann Wingert nimmt seine Leser mit durch den schönsten Teil der Toskana.

Den Hügel hinab, dann wieder steil bergauf, die Morgensonne im Gesicht. Hinter mir kollert die Glocke des Klosters von Monte Oliveto Maggiore, kräht ein Hahn aus dem Dorf Chiusure, wo ich vor einer Viertelstunde einen letzten Espresso trank und den Rucksack buckelte. Beim Aufbruch strich die Katze vor der Trattoria Paradiso um meine Beine, und eine alte Frau, die in Pantoffeln durch die Gasse zum Marktplatz schlurfte, lächelte aus zahnlosem Mund, als ich sie grüßte. *Auguri, signore,* viel Glück.

Wege entstehen beim Gehen. Meine Füße entdecken sie als Spur im Lehm, hügelan, hügelab, von Brombeerhecken und Weißdorn gesäumt, quer durch die Stille. Wind raschelt durchs Gras. Eidechsen huschen vor meinem Schritt davon, unter einem Ginsterbusch gluckst eine faustgroße, erdbraune Kröte. Schon nach einer Stunde Einsamkeit bin ich vom Kopf auf die Füße gestellt, verweht das Getöse der Straßen und Städte, versinken Florenz und Siena mit all ihrer Pracht wie funkelnde Sternbilder hinterm Horizont.

Weites, menschenleeres Land. Verlassene Gehöfte an überwachsenen Pfaden. Die Mittagssonne glitzert auf Pfützen, die ein Wolkenbruch am Vortag den Crete Senesi bescherte. *Maledette crete*, verdammter Lehm! Er verklumpt die Stiefel und macht jeden Schritt zum Kraftakt. Im Schatten einer Ruine kratze ich ihn mit einem Stöckchen aus den Profilsohlen, die sich nach den ersten Schritten auf dem Kammweg wieder füllen. Rechts und links von mir senken sich gepflügte Äcker ab, knietief gefurcht, kilometerweit über Hänge gekämmt. Tief im Tal treibt ein Hirtenhund seine Schafherde über ein Stoppelfeld.

Am Abend stolpere ich über Lehmhänge, die unter der Sonne zu Geröllhalden versteinert sind, dem Berg entgegen, auf dem die Stadt Montalcino thront. Krumme Gassen im Schein der Straßenlampen, viel mehr sehe ich nicht von diesem mittelalterlichen Juwel hinter schartigen Mauern, berühmt für den samtigen Brunello, der in langen Rebenreihen den Berg umkränzt. Ich trage meinen Rucksack, der immer schwerer wird, von einem ausgebuchten *albergo* zum anderen und lande schließlich in einem Hotelkasten zwei Kilometer außerhalb der Stadt. Er liegt auf der Strecke, die ich am nächsten Morgen mit steifen Beinen und knirschenden Gelenken angehe, im Frühtau bergab, den heißen, hoffentlich lindernden Quellen von Bagno Vignoni entgegen, durch Wald und Wiesen, vorbei an einem Dörfchen zwischen Weingärten und Olivenhainen, die Häuser aus buckligem Feldstein, Geranien vor den Fenstern, darunter gurren Tauben in Käfigen, und auf dem Friedhof vorm Kirchlein wachsen Wein, Kohl und Tomaten. Eine kurze Rast am Quittenbaum, der sich unter seinen Früchten biegt, dann zieht es mich weiter. Schmetterlinge gaukeln, Mücken schwärmen über Pfützen, und aus dem Tal bimmelt die Glocke der Kirche von Sant' Antimo.

Karl der Große soll sie gegründet haben, und vielleicht stammen auch die Ölbäume auf der Wiese davor aus karolingischen Zeiten. Den müden Rücken gegen einen meterdicken Knorpelstamm gelehnt, beneide ich das Touristenvolk, das aus der Kirche quillt und in Bussen davonfährt, bequem gepolstert durch die Gartenlandschaft, über Flüsse im Tal und zu den Burgen auf den Bergen.

Am späten Nachmittag tauche ich meine Füße ins laue Bächlein, das aus dem teuren Thermalbad des Kurhotels ganz umsonst quer durch Bagno Vignoni sprudelt. Vor der gemauerten Rinne reihen sich die Schuhe planschender Kinder, schnatternder Mamas und palavernder Männer.

Für die Etappe nach Vivo d'Orcia, die mich einem Märchenwald entgegenführt, brauche ich den ganzen nächsten Tag. Vom Dach der Rocca Tentennano in Rocca d'Orcia entdecke ich ihn als grünen Pelz auf dem Kegel des Monte Amiata, der sich im Süden gen Himmel wölbt. Dahinter, noch weit entrückt, das Ziel meiner Wanderung - die alten Metropolen der Etrusker. Nagelneue Eisentreppen im Inneren der Rocca führen zur Aussicht auf den Turm. Kunterbunte Stilleben pflastern die Ziegelwände in den Räumen darunter, strotzende Früchte der Region, Kürbis und Reben, Rhabarber und Oliven. Doch die Gemälde haben es schwer, neben den schmalen Fenstern zu bestehen, die tiefe Einblicke ins Land rahmen: die ockerfarbene Ödnis der Crete mit ihren schraffierten Hängen, daran grenzend die grüne, feingefächerte, von Straßen und Flüssen geäderte Gegend, durch die ich noch bis zum Abend wandern werde. Im Hotel Flora zu Vivo d'Orcia, einem Dorf am Fuß des Monte Amiata, füllt der Sonnenuntergang die Fenster des Restaurants mit Purpur, doch die zwölfköpfige Gesellschaft am Nebentisch hat nur die Platten im Blick, die der *padrone* heranschleppt: Berge von Spaghetti, Wildschweinbraten mit Steinpilzen. Der Brunello fließt in Strömen, die Stimmung steigt und übertönt schließlich sogar den Fernseher, der hoch von der Wand sein Programm über unsere Köpfe wummert.

Ja, es ist ein Märchenwald, durch den ich am nächsten Tag spaziere, über Teppiche aus Buchenlaub, an hausgroßen, bemoosten Tuffgesteinsblöcken vorbei, die der Vulkan vor Urzeiten ausspie. Stunde um Stunde folge ich den roten Markierungen, die mich über Trampelpfade durch die kühle Dämmerung lotsen, trinke aus Bächen, die Felsspalten entquellen, und lasse mich auf Lichtungen von der Sonne wärmen, alle viere von mir gestreckt, den Kopf auf den Rucksack gebettet, bei der zweiten Rast aufgeschreckt von einer Familie, die mit Kind und Kegel und zwei Hunden durchs Unterholz bricht. Plastiktüten in der Hand, auf der Suche nach Pilzen.

Am Rastplatz der Madonna del Camicione, wo die Autos der Ausflügler parken, treffe ich sie wieder, zum Picknick versammelt. Stolz präsentieren sie ihre Beute: ein Dutzend Steinpilze, dazwischen gelbe Gebilde in Form und Struktur von Badeschwämmen, deren Name mein Wörterbuch verschweigt, eine Art Krempling von der Größe eines Suppentellers.

Natürlich werde ich auch zum Picknick gebeten. Signor Carraro säbelt Salami ab, seine Frau serviert Schafskäse und Oliven auf Papptellern, und als ich den Wein vom hauseigenen Weinberg lobe, werde ich auch schon eingeladen. Eh' ich einen Widerspruch radebrechen kann, landen mein Rucksack im Kofferraum und ich auf dem Beifahrersitz.

Eine Stunde später beginnt ein genuin toskanisches Gelage auf dem Bauernhof der Eltern Carraro: luftgetrockneter Schinken vom Wildschwein, eingelegte Artischocken, Peperoni mit Kapern in Olivenöl, Eier frisch aus dem Stall geholt und in die Pfanne geschlagen. Dazu ein herber, leicht harziger Weißer aus dem Weinberg, der einem Paradiesgarten ähnelt. Zwischen den Rebenreihen darf ich Feigen und Nüsse, Äpfel, Birnen und Pfirsiche von den Bäumen pflücken und vier Sorten Trauben probieren. Mit einem Korb voller Früchte und einer Flasche *vino della casa* werde ich am Abend in Santa Fiora abgeladen. Mein Hotel am Markt der Altstadt heißt Eden. Zufall ist, was einem zufällt.

Grüne Fensterläden, Treppchen, Torbögen zur Stadtmauer mit Blick über rostbraune Schindeldächer aufs grüngewellte Land. Efeu und wilder Wein überwuchern mürbe Wälle, zwischen Blumenkästen ein Vogelbauer, aus dem ein gelber Sittich quietscht. Ein Zwergpudel verbellt mich hinterm schmiedeeisernen Balkongitter, als ich die alte, nietenbeschlagene Holztür darunter bewundere. Auf den Stufen dösen Katzen. Überall Katzen. Und alte Frauen, die gebückt, einen Korb am Arm, zum Markt gehen.

Es fällt schwer, Santa Fiora zu verlassen, dieses verwinkelte Schmuckstück, von Eßkastanienwäldern umgeben, mit dem Park an der Stadtmauer, wo in einem prächtigen alten Fischbecken bunte Enten und ein schwarzer Schwan schwimmen. Aber mein Wanderweg durch diesen üppigen, von Lava-Asche gedüngten Garten Eden reiht weitere Perlen auf: Semproniano, Saturnia, Sovana und als Krönung die alte Etruskerfestung Pitigliano, die, einem verwitterten Riesenschiff gleich, auf einem Tuffgesteinsfelsen beim Krater von Valenta den Jahrhunderten trotzt.

Zunächst jedoch steige ich über tausend schiefe Stufen durch Roccalbegna, das aus einen Felsen zu wachsen scheint und von einem kleinen Kastell gekrönt wird. Vor dem Start zum nächsten Tagesziel wate ich unterhalb der Stadtbrücke durch ein Flüßchen, das in smaragdgrünen Wirbeln über Moosfelsen fließt, scheuche Frösche auf und lasse die Zeit mit dem Wasser verrinnen.

Denn das ist die schönste Erfahrung: Wandern gewährt Zeit im Überfluß, weil der Schritt zum Maß aller Dinge wird. Das Gesetz der Feldwege und Maultierpfade, über die ich durch die Knicklandschaft in Richtung Semproniano gehe, verbietet jede Eile. Ebenso das Flußbett bei Sovana, wo ich meine Hemden wasche und einen halben Nachmittag gewinne, während sie neben mir auf dem warmen Felsen trocknen. Immer noch Zeit genug für die Felsgräber und Hohlwege der Etrusker. Es soll ein lebenslustiges Volk gewesen sein, das dieses Land einst beherrschte, den schönen Künsten, der Liebe, dem Wein zugetan. Ein hedonistisches Himmelreich, zu dem sie tief im Tal, unter ihren Burgen auf den Bergen, als Pendant eine weitverzweigte Unterwelt schufen.

Lange und langsam wandle ich durch dämmrige Schluchten, deren Wände bis zu dreißig Meter neben mir aufragen, mit der Frage beschäftigt, welchen Sinn dieses Tunnelsystem wohl haben könnte. Vielleicht liegt er darin, daß sich zweitausend Jahre später ein Nachfahre diese Frage stellt. Nur beim Wandern kommen einem solche Gedanken.

Paula Almqvist

WAS BESUCHERN HIER SO BLÜHT

Die Gärten der Toskana bezaubern durch die Eleganz gezähmter Natur, durch raffinierte, weil arrangierte Reize und einen Charme, der aus Verfeinerung erwächst. Paula Almqvist schreibt das dem Willen ihrer noblen Besitzer zu, die Schöpfung in den Schatten zu stellen.

Toskanische Gärten sieht man nicht. Jedenfalls nicht im Vorüberfahren. Keine Rose winkt über den Zaun, keine Stockmalve salutiert, vor den Bauernhäusern ist nirgends ein kunterbunter Vorgarten wie ein Fleckerlteppich hingebreitet.

Den meist schwärmerisch gesonnenen Touristen fällt dies zunächst gar nicht auf. Oder sie interpretieren die Abwesenheit von blühenden Gärten als devote Verneigung vor der Natur. Vielleicht brauchten die Menschen in dieser deutschen Sehnsuchtslandschaft den Rücken nicht krumm zu machen, um sich trübe Tage zu verschönen durch einen Klecks Stiefmütterchen oder einen Klumpen Dahlien oder auch bloß einen Kasten Geranien vorm Fenster.

Wo noch nicht allzu angenagt vom Fremdenverkehr, sind toskanische Dörfer so streng wie die Städte: viel schöner Stein und wenig Grün in engen Gassen. Doch drum herum wölbt sich göttliche Landschaft. Erst wenn man eine der oft unscheinbaren Auffahrten hügelan genommen hat, die zu den alten Landgütern führen, gehen einem die Augen auf:

Hinter den hohen Parkmauern wird sichtbar, dass da seit Jahrhunderten Menschen versucht haben, den lieben Gott zu verbessern. Und zwar mit dem Lineal. Man betritt geordnete Paradiese. Schnurgerade Alleen, die sich sternförmig kreuzen, abgezirkelte Beete, akkurate Wasserbecken, Glyzinientunnel und Monogramme in Buchs. Blitzblaue Agapanthus-Büschel wetteifern mit goldenen Zitronen um die besten Plätze auf Freitreppen und Veranden. Und damit das Ganze nicht zu langweilig wird, gibt es ein bisschen inszenierte Natur in Form eines Wäldchens, in dem einheimische Steineichen und Alpenveilchen genau so wachsen, wie der Gartenarchitekt das wollte.

Toskanische Gärten sind eine Illustration der politischen Geschichte dieses Landstrichs. Dem in der Renaissance fast alles widerfuhr, was man weiter oben im Norden erst mit jahrhundertelanger Verspätung durchmachte: Gründerzeit! Wirtschaftswunder! Bankenfieber! Agile Florentiner Geschäftsleute drückten den verschlafenen Landadel an die Wand, die aufgeweckteren Mitglieder der Kaste mischten mit beim Boom in Wolle, Seide und Wechselreiterei. Die Florentiner hatten das Bankwesen erfunden und auch die ersten Mischkonzerne: handelten mit gleicher Wollust in Brokat, Öl, Leder, Teppichen, Gold und geliehenem Geld. Gründeten Filialen in London, Flandern und am Bosporus. Und neben all dem Handel und Wandel entdeckten sie auch das Immobiliengeschäft. Teils aus Gründen der Vermögensstreuung, teils weil säumige Schuldner ihre Hypotheken nicht bezahlen konnten, klaubten die Stadtmenschen vom Schlage der Medici rasch gewaltige Ländereien zusammen.

Nun saßen sie in ihren Kontoren und brüteten über noch höheren Gewinnspannen und Expansionsplänen; derweil auf dem Lande der Verwalter die Bauern zur Arbeit antrieb. Die Felder mussten bestellt, der Wein geerntet, die Oliven gepresst werden und die *ragnaia,* der netzüberspannte Vogelherd, für den Sonntagsbraten von Singvögeln geködert sein.

Doch bald erlebten die Frühkapitalisten aus Florenz das klassische Neureichen-Phänomen. Ab einer gewissen Masse will Geld auf einmal schön sein. Nicht nur auf dem Konto vorhanden, sondern in netter Form zu besichtigen. Man erwirbt Gemäldesammlungen oder stiftet Dichter-Preise. Die Florentiner aber begründeten in der Renaissance die toskanische Gartenkultur.

Im Jahr 1472 zählte man in der Umgebung von Florenz 3600 Landhäuser. 1520 waren es 32 000 Gartenvillen. Wobei man dabei um Gottes willen kein biederes deutsches Einfamilienhaus vor Augen haben darf. Sondern Prachtgelände, auf denen sich die besten Architekten und Bildhauer der Zeit austoben durften: Sangallo! Tribolo! Michelozzi! Buontalenti mit seinen Grotten-Künsten!

Eventuell vorhandene Schlösser, Burgen, Gutshöfe aus römischer Zeit wurden hochgerüstet fürs graziöse Leben und die Gärten neu erfunden. Bastionen geschleift - es stand ja nun kein Hannibal mehr *ante portas* - und in Promenaden verwandelt; Ackerland umgedreht zu Blumengärten, die mit Rosmarin, Thymian und Heiligenkraut gesäumt wurden.

Diese Gartenbauwut manifestierte sich nicht planlos. Sie hatte System und Stil, war fest verankert in der Rückbesinnung auf die Antike. Nicht nur die Künstler lasen wieder Platon und Vergil. Auch die ehrbaren Kaufleute gefielen sich darin, Petrarca und Plinius und deren Verherrlichungen des eleganten Landlebens zu studieren und nachzuahmen. Zum Bestseller im Bereich »home & country« avancierte die Schrift *Re aedificatoria* des Florentiner Architekten Leon Battista Alberti, der es verstanden hatte, die altrömischen Ideale auf die Gegebenheiten der Renaissancezeit in der Toskana umzumünzen.

Toskanische Gärten waren immer weltoffen; das lag schon

an den beruflichen Verpflichtungen ihrer Besitzer. Am nachhaltigsten haben jedoch die Engländer die Toskana-Gärten modernisiert. Sie kamen in drei Eroberungswellen. Zunächst herbeigerufen von Postkutschen-Reisenden wie Goethe, der in seinen Gedichten viel zum Italien-Weh beitrug. Oder von Königstöchtern wie Christina von Schweden, die sich in Rom auf die Suche nach Arkadien machte. Die Engländer waren pragmatischer: Sie kauften sich ein in der Toskana. Sie zeigten den Italienern, was ein Englischer Rasen ist und dass Trauerweiden romantischere Gewächse sind als die Zypressen – vielen Gartenbesitzern sowieso unheimlich, da sie die Markierungspflanzen von Begräbnisplätzen seit etruskischer Zeit waren. Die Engländer haben viele toskanische Gärten neu modelliert mit ihren Pflanzen aus der Neuen Welt und ihrem romantischen Landschaftsverständnis. Sie setzten sich fest nicht nur als Besitzer, sondern auch als Berater.

Die besten toskanischen Gärten bezaubern auf Pump. Beruhen auf einem Gestaltungssystem, das man »geborgte Landschaft« nennt. *Borrowed landscape* heißt, dass man nicht unbedingt besitzen muss, was man liebt. Bedeutet, dass der Architekt den Blick des Lustwandlers im Garten dirigiert hat auf ein verfallenes Castello auf ferner Hügelkuppe, auf einen Olivenhain, auf die S-Kurven der Zypressenallee des Nachbarguts, auf ein besonntes Bergdorf, einen bewaldeten Bergkamm, der in der Dämmerung aussieht wie ein Scherenschnitt auf Milchglas, einen erloschenen Vulkan, einen mäandernden Fluss. Auf die Schirmpinien und Zypressen am Gegenhang, die einem triadischen Ballett auf- und zugeklappter Regenschirme gleichen.

Um der umgebenden Landschaft zu huldigen, muss man freilich erst mal eine haben, die dieser Anbetung auch standhalten kann. Was erklärt, wieso das Geheimnis dieser Gärten nur begrenzt exportfähig ist. Ein Blick auf die Norddeutsche Tiefebene tat und tut es leider nicht. Auch doppelläufige

Freitreppen wirken eher lächerlich, wenn sie sich aus dem platten Nichts erheben statt aus Hängenden Gärten.

Der erzwungene Blick aufs Schöne ist eine Spezialität toskanischer Gartengestalter. Im Prinzip ganz einfach: Man nehme eine zehn Meter hohe Lorbeerhecke und lasse sie einen halben Kilometer lang auf das gewünschte Ausstellungsobjekt zulaufen. Im Licht am Ende des Tunnels steht dann der Blick auf eine bukolische Szenerie. Falls nicht vorhanden, wurde dort ein dramatischer Brunnen, ein Freilufttheater oder eine Grotte gebaut. Man konsultiere eine Sonnenuhr und grabe einen künstlichen See, in dem sich die Villa des Besitzers während seiner Sommerferien reflektiert. Wo solche perfekt getimeten Selbstbespiegelungen gewünscht wurden, durften die Bäume rundum natürlich nicht in den Himmel wachsen. Doch längst hatte man ja die Kunst des Stutzens wiederentdeckt. *Topiary*, die in geometrische, animalische oder phantastische Formen gebrachten Heckenpflanzen der duldsameren Art, gelten fälschlich als englische Erfindung. In Wahrheit trieben es schon die alten Römer so, und der Begriff kommt von *toparius*, dem Hauptgärtner, dem allein die Frisörschere zur Beschneidung zustand.

In einem Punkt freilich zeigten die Besitzer der feudalen toskanischen Villen eine erstaunliche Parallele zum modernen Kleingärtner: Es will der Mensch mit Grund und Boden und halbwegs grünem Daumen ja vor allem haben, was auf seiner Scholle nicht von selber wächst. In den Florentiner Hügeln freilich wurde die Lust auf südliche, unheimische Gewächse schon seit einem halben Jahrtausend zur Kunstform veredelt. Ein toskanischer Garten ist eigentlich nicht komplett ohne seine *limonaia*. Der Zitrus-Garten hat ein Sommer- und ein Wintergesicht: In der lieblichen Jahreszeit zieren die Limonen, Orangen und Zitronen einen besonders geschützten Gartenteil, wo sie in Tontöpfen aus bester Impruneta-Keramik aufgestellt werden wie die Zinnsoldaten.

In Reih und Glied oder zur Punktierung von Buchsrondellen, aber immer mit der Liebe zur Geometrie im Sinn. Den Winter verbringen die gehätschelten Kübelpflanzen in ihrem eigenen Haus, welches oft besser mit Licht, Luft, Wärme und architektonischen Finessen ausgestattet war als die Dienstbotenquartiere.

Die zweite Mangelware im Land, wo die Zitronen nicht so ganz von selber blühen, ist vielerorts das Wasser. Im verregneten Mitteleuropa schwer vorstellbar. In der Toskana ist Wasser kostbar und wurde dementsprechend mit allen architektonischen Ehren und Künsten behandelt: gefasst wie ein Edelstein in Marmorbecken, umrahmt von Skulpturen, betupft mit weißen Schwänen. Sanft tropfend durch moosige Muschelgrotten und farnbesetzte Gewächshäuser. Hüpfend über lange, schmale Wassertreppen. Hier ein gischtsprühender Springbrunnen und dort ein stilles Nymphäum, auf dem die Seerosen träumen. Hier ein brausender künstlicher Wasserfall, dort ein nur zwei Hand breiter Kanal nach maurischem Vorbild, in dem sich die Schwertlilien spiegeln. Statuen, die sich in permanenter Rachenspülung einen glitzernden Wassermantel umgelegt haben.

In der Hoch-Zeit von Manierismus und Barock blühte in den Gärten der Toskana eine Wunderwelt des Skurrilen: Wer sich's leisten konnte, legte sich eine *paggeria* an; nett über den Garten verstreute kleine Bauten als Unterkunft für die Pagen und die gesammelten Zwerge und Hofnarren. Das Pflanzensammeln kam erst später und setzte den virtuosen Verrücktheiten ein Ende.

Toskanische Gärten sind nichts für sozial empfindsame Gemüter. Denn sie legen deutlich Zeugnis ab, dass jahrhundertelang manche alles hatten und andere gar nichts. Der erzfranzösische Jardin du curé, wo der Priester und seine Haushälterin sowohl Madonnenlilien für den Altar sowie Heilkräuter für die Kranken plus etwas Gemüse für die Suppe zogen, hat in der Toskana kein Pendant. Hier war man entweder Kardinal oder ein armes Schwein. Aus englischen Cottage-Gärten weiß man, dass viele ihre Bildband-Würdigkeit erreichten, weil der Herrschaftsgärtner dann und wann einen kleinen Ableger und ein bisschen Saat mitgehen ließ. All das war dem Fußvolk in der Toskana verwehrt. Zwar wurde die Leibeigenschaft schon im 13. Jahrhundert abgeschafft. Jedoch ersetzt durch die *mezzadria.* Dies tückische System der Halbpacht wurde bis in die fünfziger Jahre des 20. Jahrhunderts durchexerziert. *Mezzadria* hieß: Grund und Boden gehören dem Herrn; er stellte dem Pächter eine Behausung zur Verfügung und bezahlte das Saatgut. Dafür rackerte der Pächter samt Frau und Kindern und Schwiegerkindern. Die Ernte wurde geteilt.

Als die *mezzadria*-Verträge endlich für rechtswidrig erklärt wurden, begann die große Landflucht. Es war das Ende der stolzen Autarkie auf den meisten Gütern. In den verlassenen Katen, Ställen, Ölmühlen, Weinpressen der ausgebeuteten Bauern macht sich heute die glückliche nordeuropäische Toskana-Fraktion breit.

Verena von Jerin

DIE ALTE GIOVANNA

Verena von Jerins Erzählung aus den sechziger Jahren führt uns auf Elba in das stolze Felsendorf Capoliveri, in eine untergegangene Toskana: Mädchen und Frauen sitzen, schwarz gekleidet, nähend in den Stuben, die Männer parlierend auf der Piazza. Fast gespenstisch wirkt die Gestalt der alten Frau, die jeden Abend ihren Gang um die Stadtmauern antritt.

Dreimal an jedem Abend läuft die alte Giovanna um die kleine Stadt, die hoch oben auf dem Berge liegt. Es ist ein richtiges Räubernest mit winkligen Straßen, steilen Treppen und überhängenden winzigen Balkons an schmalen Häusern; Wäsche und bunte Kleidungsstücke wehen von den Seilen, die über enge Gassen und Durchgänge gespannt sind. Vor den Haustoren und Türen, die von der Straße in niedrige, dunkle Wohnräume führen, sitzen des Abends Frauen und Mädchen, nähend und schwatzend.

Capoliveri heißt die kleine Stadt, ein Name, auf den die Bewohner stolz sind, denn *caput liberum* - freie Stadt - ist ihr Name bereits im Altertum gewesen. Im übrigen sind die Menschen, die in den finster aussehenden Häusern wohnen, freundliche und redliche Leute, nur eben seit eh und je von einem unbändigen Freiheitsdrang besessen.

Was nun die alte Giovanna und ihr seltsames Gehabe anbelangt, *ecco*, man hat sich daran gewöhnt, daß sie allabendlich aus ihrem windschiefen Häuschen hervorkommt und ihren Gang um die Stadtmauern antritt. Kein Zuruf kann sie von ihrem Tun abhalten, sie folgt keiner Aufforderung, sich auf einer Treppenstufe oder an einem Brunnen niederzulassen und sich eine kurze Rast zu gönnen. Fast gespenstisch wirkt die hagere, schwarzgekleidete Gestalt, wenn sie durch die Straßen huscht, deren Häuser in der Abendsonne scharfe violette Schatten werfen.

Hinaus zum Tor nimmt sie ihren Weg, die Wälle entlang, die wie Festungsmauern die Stadt umschließen. Giovanna beginnt Litaneien zu singen, ab und zu bleibt sie stehen und bekreuzigt sich. Kurz darauf aber hört man die Alte auch wilde, erbitterte Worte murmeln, Verwünschungen, Flüche. Sie hebt die ausgemergelte Faust gegen Westen, wo tief unten im Tal, hinter Hügeln und Bergen, die Hauptstadt des kleinen Inselreiches liegt - Portoferraio. In den verwirrten Gedanken Giovannas regiert er dort noch heute, Napoleone, der fremde Kaiser, den man abgesetzt und ihrer Heimat als Herrscher aufgezwungen hat, Napoleone, der hohe Steuern und Abgaben auf Elba erheben ließ und Capoliveri die Freiheit genommen hat, den seit frühen Zeiten heiligsten Besitz der kleinen Stadt.

Es gab seinerzeit deshalb eine Revolte in dem Felsennest; es war der einzige Ort der Insel, der sich dem Kaiser zu widersetzen wagte, dem Imperator, der einst Länder und Reiche niedergeworfen hatte, ehe man ihn auf das einsame Eiland verbannte. Vierhundert Soldaten hatte er ausgesandt, um den Trotz und Widerstandswillen der kleinen Stadt zu brechen. Man hatte damals den Bürgermeister, den Geistlichen und etliche angesehene Bürger Capoliveris gefangengenommen und als Geiseln in die Hauptstadt gebracht. Sie sollten dort in Haft bleiben, bis die Steuern und Strafen, die der neue Herrscher dem Bergstädtchen auferlegt hatte, von seinen rebellischen Einwohnern bezahlt würden.

Dies alles hat sich schon vor langer, langer Zeit zugetragen, über einhundertfünfzig Jahre sind darüber vergangen, aber für die alte Giovanna ist es Gegenwart geblieben. Einer ihrer Vorfahren war damals unter den Geiseln, aber in ihrem verwirrten Sinn ist es ihr eigener Vater, der schon seit Jahrzehnten auf dem Kirchhof von Capoliveri schläft, ist es ihr Bruder Matteo, der in Amerika verscholl, ihr Sohn Gino, der im Krieg gegen die Deutschen fiel. In Giovannas Wahn hält Napoleon die drei immer noch gefangen …

Sie huscht durch die engen Gassen und um die Mauern Capoliveris, murmelt Flüche gegen den Verhaßten und betet für ihre Stadt. Sie sammelt Papierfetzen in den Straßen auf; für sie sind es Dokumente, wichtige Schriftstücke, die dem Vater, dem Bruder, dem Sohn die Freiheit zurückgeben sollen. Andere zerrissene, verschmutzte Papierstückchen werden in ihrem armen wirren Kopf zu Geldscheinen, die sie mühsam zusammentragen muß, um die Ihren loszukaufen von dem Tyrannen … Wenn sich Gewölk zusammenballt über den schroffen Felsenbergen, in denen das Eisen schlummert, wenn dunkle Wolkenschwaden um Capoliveri ziehen, dann betet Giovanna, der Blitz möge ihn treffen, Napoleone, den Verhaßten, und ihn zu Boden schmettern, wie es das Schicksal in Wahrheit längst getan hat.

So kennt Capoliveri die alte Giovanna, so kennen auch wir sie und haben sie bei ihrem Treiben gesehen, zuletzt noch vor wenigen Tagen, als wir wieder einmal zu dem einsamen Felsennest hinaufgestiegen sind.

Heute nacht hat es ein großes Unwetter gegeben, wie es die Bewohner der Insel seit Menschengedenken nicht mehr erlebten. Sekundenlang erhellten Blitze die schroffen Berge und einsamen Buchten, das Meer brandete gegen die Klippen und überspülte schäumend die Stege, an denen die kleinen Fischerboote festlagen; losgerissen trieb manches in die offene See. Vom Fenster unseres Hauses konnten wir während des Gewitters hoch oben auf seinem Felsenberg Capoliveri liegen sehen, umzogen von schwarzem Gewölk, taghell erleuchtet von wild zuckenden Blitzen.

Am Morgen hörten wir die Glocke des Campanile, länger als sonst tönte ihr Klang zu uns herunter ins Tal. Nach dem Unwetter der Nacht war die Luft von jener tiefen Klarheit, die eine herrliche Fernsicht verspricht. Wir stiegen durch die terrassenförmig angelegten Weingärten hinauf in die Berge und beschlossen, auf dem Rückweg Capoliveri einen kurzen Besuch abzustatten.

Schon beim Betreten des Städtchens fielen uns die scheuen und ernsten Gesichter der sonst freundlichen und aufgeschlossenen Bewohner auf. In den Straßen und auf der Piazza standen sie flüsternd in Gruppen beisammen, etwas Ratloses, Verstörtes lag über dem ganzen Ort. Durch eine der engen Gassen bewegten sich fackeltragende vermummte Gestalten, die einem mittelalterlichen Femezug glichen. Es waren die Mitglieder der Misericordia-Bruderschaft. Nach altem Brauch geleiteten sie einen Toten zur Kirche.

Wir traten in die Trattoria an der Piazza. Nach längerem Drängen erzählte uns der Padrone die Geschehnisse der vergangenen Nacht:

Schon am gestrigen Abend war den Bewohnern des Städtchens das veränderte Gebaren der alten Giovanna aufgefallen. Gegen ihre Gewohnheit erschien sie, die stets nachlässig gekleidet umherlief, in ihrem besten Feiertagsgewand. Die huschende Eile und Unrast, die man sonst an ihr kannte, schien von ihr gewichen. Sie blieb bei den Leuten am Brunnen und an den Haustüren stehen und erklärte, nun wäre es endlich soweit: Sie hätte jetzt das Geld beisammen, das Capoliveri von Napoleone loskaufen und den Geiseln die Freiheit wiedergeben würde. Noch diese Nacht würde man sie alle zurückbringen, auch ihren Gino, den Matteo und den alten Padre. Die Bürger sollten nur achtgeben, was sich heute nacht alles zutragen würde! Die Soldaten und Reiter des Kaisers wären schon im Anmarsch, in wenigen Stunden träfen sie ein. Mit nachsichtigem Kopfschütteln hörte man die wunderlichen Reden der Alten an, trank sein abendliches Glas Aleatico oder Moscato und ging zur Ruhe.

Dann brach gegen Mitternacht das Unwetter los, alle Schleusen des Himmels öffneten sich, Donner grollte, der Sturm heulte und tobte durch die Gassen. Im Höllenlärm dieses Weltunterganges habe man aber plötzlich ganz deutlich kurze befehlende Rufe gehört, Hufgetrappel und Pferdegewieher, es hätte wie der Marschtritt vieler Füße geklungen, wie die gellenden Signale von Clairons. Man erinnerte sich nun der Reden Giovannas und versuchte, durch die Holzläden der Fenster oder den Spalt einer handbreit geöffneten Tür zu spähen. Doch alles, was man draußen zu entdecken vermochte, war tobende, schwarze Nacht. Gleich darauf aber sei es wieder zu hören gewesen, das befehlende Rufen, das Gellen der Clairons, die vorbeimarschierenden, stampfenden Schritte ... Da habe seine, des Padrones, Frau Maddalena die geweihte Kerze aus dem Schrank geholt, die sie unlängst von der Wallfahrt nach Madonna del Monte mitgebracht, und sie angezündet. Maddalena und die beiden Töchter begannen zu beten, und auch er, der sonst keineswegs fromme oder gespenstergläubige Padrone.

Ganz Seltsames aber habe sich bei dem alten Bartoluzzi zugetragen, bei dem Krämer, der nicht weit vom Häuschen der Giovanna in einer Kellerwohnung seinen Laden hat. Mitten in dem Unwetter sei bei Bartoluzzi plötzlich ans Fenster geklopft worden. Der Händler habe zuerst nicht öffnen wollen, das Pochen sei aber immer dringlicher und stärker geworden. Schließlich habe der Krämer aufgemacht. Da habe draußen im Sturm die alte Giovanna gestanden, ihm einige Münzen zugeworfen und ihn gebeten, ihr doch schnell einen Laib Brot und eine Flasche Wein zu verkaufen:

Der Padre, Matteo und Gino wären soeben hungrig und durstig von dem langen Marsch aus der Hauptstadt nach Hause zurückgekehrt. Um Giovanna loszuwerden und sich vor dem Regen und Sturm zu schützen, die durch das offene Fenster hereinpeitschten, habe Bartoluzzi den Wunsch der Alten erfüllt und ihr schnell ein Brot und eine Bottiglia Wein hinausgereicht.

Am Morgen aber sei der Krämer durchs Städtchen gelaufen und habe jedem, der es sehen wollte, die Münzen gezeigt, mit denen Giovanna in der Nacht bezahlt hatte: Es waren drei »Napoleons«, Goldstücke, wie sie zur Zeit der Franzosenherrschaft einst auf der Insel im Umlauf gewesen; weiß der Himmel, wo die Alte sie hergenommen! Giovanna selbst aber habe man nirgends entdecken können, ihr kleines Haus sei leer und verlassen gewesen, die Tür weit geöffnet ...

Gegen Mittag sei dann Sandro, der Hirtenbub, der an den Abhängen des Berges von Capoliveri die Schafe und Ziegen der Gemeinde hüte, ins Städtchen gelaufen. Er habe die Nachricht gebracht, die alte Giovanna liege in einer Felsschlucht. Da sei die halbe Stadt aufgebrochen und hinabgewandert, ratlos habe man die Tote umstanden, die still und mit zufriedenem Lächeln, wie schlummernd, auf den Steinen lag. In den hageren Händen aber habe sie ein verblichenes Papier fest umklammert gehalten.

Als man es der Toten behutsam abnahm, steigerte sich die Verwunderung und Betroffenheit der Umstehenden. Wie war dieses Dokument in die Hände der Alten gelangt? Der alte Professor Teroni, der seit Jahren in Capoliveri wohnt, erkannte das Schreiben als eine der Akten, die man im ehemaligen Wohnsitz Napoleons in Portoferraio verwahrt. In hohen Schränken werden dort alle Unterlagen gesammelt und aufbewahrt, die auf die einschneidende Herrschaft des Korsen über Elba Bezug haben. Das Blatt der toten Giovanna war zweifellos echt: Es war eine der Seiten der umfangreichen »Acte Capoliveri«, ihr Inhalt betraf die Freilassung der Geiseln, die in Portoferraio gefangensaßen. Da die Stadt die Steuern und Strafen nunmehr bezahlt habe, hieß es in dem Schreiben, könnten die Inhaftierten wieder in ihren Heimatort entlassen werden ... Das verblichene Dokument trug mehrere Unterschriften, auch das große, geschwungene »N«, das Signum Napoleons, womit der Kaiser alle Erlasse auf Elba zu zeichnen pflegte.

Da habe Don Manuele, der Pfarrer des Städtchens, angeordnet, das Blatt in den Händen der Alten zu belassen und sie in der Kirche aufzubahren. Wir hätten ja die Misericordia-Brüder vorhin gesehen, die die tote Giovanna auf ihrem letzten Weg geleiteten. Man habe das große Fahnentuch mit dem Wappen von Capoliveri, der Krone über dem von einer Harpune durchbohrten Fisch, über die Tote gebreitet, wie dies sonst nur bei Personen geschähe, die sich besondere Verdienste um die Stadt erworben. Und dies sei nur recht und billig, meinte der Padrone, das Leben der alten Giovanna habe sich ja unter diesem Gesichtspunkt vollzogen und erfüllt. Über die seltsamen und unerklärlichen Vorgänge um ihren Tod aber solle man das große Schweigen breiten, das über den ewigen Dingen liegt, die jenseits unseres Begreifens stehen, habe der Pfarrer gesagt. Der Herr schenke Giovanna seinen Frieden und seine Gnade ...

Der Padrone hatte seinen Bericht beendet. Nachdenklich stiegen wir zurück ins Tal. Wolken begleiteten uns, legten ihre Schleier um Capoliveri, die kleine Bergstadt mit ihren alten Wällen und Mauern und den schmalen, grauen Häusern. Die Wolken verhüllten den Campanile der Kirche, in dem die tote Giovanna nun schlummert, zwei Kerzen zu Häupten, umgeben von wildem Oleander und den Bergblumen, mit denen man ihren Sarg geschmückt, das alte verblichene Dokument in den Händen, das einst ihrer Stadt die Freiheit zurückgab und den Namenszug des Kaisers Napoleon trägt.

Swantje Strieder

ZUM VERLIEBEN HERB – DER MUGELLO

Mugello - das ist höchstens Rennsportfans ein Begriff. Denn auf der Piste bei Scarperia testet Ferrari seine Boliden. Ansonsten lassen Toskana-Reisende die Landschaft leicht links liegen. Ein schwerer Fehler, wie Swantje Strieder schreibt, denn nördlich von Florenz lockt nicht nur die Begegnung mit Wolf und Wildsau.

Der Frühnebel, der über Bosco ai Frati, dem Wald der frommen Brüder, wabert, umhüllt auch die 1000 Jahre alte Abtei, über die schon die Medici ihre schützende Hand hielten. Nur noch zwei Mönche leben hier, ein sehr alter und ein noch junger Bruder, der den Garten betreut. Klein und in sich zusammengesunken sitzt der ältere Franziskaner in der warmen Klosterküche, wo es nach Wildschweinbraten und frischgebackenem Brot duftet. »Padre Giorgio«, ruft die Köchin laut und zupft den Greis an seiner kastanienbraunen Kutte, »das Kruzifix!« Wenn es um den größten Schatz des bettelarmen Klosters geht, ist der 87-jährige Pater hellwach, zieht ächzend seine dunkelbraunen Turnschuhe an und hinkt durch den Kreuzgang zur Sakristei. Die ist mit Alarmanlagen gesichert, denn drinnen hängt, nur von zwei billigen Kaufhausleuchten angestrahlt, ein Kunstwerk von makelloser Schönheit: das elfenbeinfarbene Kruzifix, das vom großen Donatello stammen soll. »Es ist wirklich echt«, beharrt

Padre Giorgio. Einmal, bei einem Erdbeben um 1550, sei der Heiland vom Altar gefallen, wobei er sich seine rechte Wange abbrach. »Aber kein Holzschnitzer traute sich je, ihn zu restaurieren«, sagt der Mönch, »sie ahnten, dass das Kunstwerk aus der Hand eines Größeren stammt.«

Das Kloster Bosco ai Frati liegt im Mugello, dem Vorgarten von Florenz, nur eine halbe Stunde nördlich der hektischen Großstadt. Ein Stück herbe, unrasierte Toskana am Kamm des Apennin, das viele Italienreisende einfach links liegen lassen, weil sie das Land ihrer Sehnsüchte eher im lieblichen Chianti oder im Schatten der Türme von San Gimigniano suchen. Dabei gibt es im rauen, bäuerlichen Mugello eine einzigartige Erfolgsgeschichte. »In Cafaggiolo ganz in unserer Nähe kam 1360 Giovanni di Bicci, der geschäftstüchtige Stammvater der Medici, zur Welt«, erzählt Padre Giorgio. Der Sohn eines Schmieds – oder war es ein Köhler? –, der als Florentiner Bankier den Päpsten Geld lieh, die ersten Holdings gründete und dadurch richtig Kohle machte, die seine Erben als weltbeste Kunstmäzene und glücklose Kriegsherren wieder ausgaben. Natürlich legt uns der Padre auch den kleinen Ort Vicchio ans Herz, wo gleich zwei begnadete Maler, Giotto und Fra Angelico, geboren wurden. Dort gibt es die Casa di Giotto und die kleine Brücke, über die heute die Lastwagen auf der vielbefahrenen SS 252 vorbeidonnern. Hier soll der junge Giotto gerade Schafe gehütet und einen seiner wolligen Schützlinge so naturgetreu auf einen Stein gezeichnet haben, dass Meister Cimabue, der größte Maler im spätmittelalterlichen Florenz, der gerade des Wegs kam, ihn spontan als Lehrling in seine Werkstatt nahm.

Warum, fragt sich Padre Giorgio oft, reisen nur wenige Toskana-Liebhaber in den Mugello? Nun, wenigstens Rennsport-Fans wissen Bescheid: »Mugello« heißt nämlich auch die Piste bei Scarperia, wo die Ferrari-Jungs ihre jaulenden roten Geschosse durch die Kurven jagen. Doch wenn der

Rennzirkus vorbei ist, herrscht wieder Stille am Ring, unterbrochen nur vom Grunzen der Wildschweine.

Wer nämlich zu Fuß oder mit dem Mountainbike unterwegs ist, wird mehr Wild sichten oder seltenere Orchideenarten finden als vor 20 Jahren. Denn die Natur hat sich schneller als gedacht von Eingriffen wie der Rennstrecke, der seit zehn Jahren unvollendeten Schnellbahntrasse und dem Bilancino-Staubecken erholt. »Der See ist eine Oase für Zehntausende von Zug- und Wasservögeln geworden«, sagt Paolo Bassani vom Osservatorio Naturalistico Mugellano in Borgo San Lorenzo, »selbst die Wölfe sind zurück, im Wald bei La Moscheta haben wir neulich ein Rudel von neun Tieren beobachtet.« Ausgerechnet da, wo ich gestern gewandert bin, wenn auch ohne Wein und Kuchen im Korb ... »Signora, Rotkäppchen ist ein Märchen. Unsere Apennin-Wölfe sind ganz scheue Tiere, die mehr Angst vor uns haben als wir vor ihnen!«

Dagegen waren die Medici noch richtige Alpha-Tiere: Schon ihr berühmtes Wappen, das an Villen, Kirchen und Rathäusern prangt, ist schwer testosteronhaltig: Die *palle*, die sechs Kugeln, sind nach den edelsten Teilen des Mannes geformt. »Palle, palle« hieß auch der Macho-Schlachtruf der Medici-Anhänger, so wie die *tifosi* heute beim Fußball »Forza azzuri!« schreien. Auch wenn Florenz das Epizentrum der Macht war, kehrten die Renaissance-Fürsten gern in die Provinz zurück. Cosimo der Alte ließ seinen Baumeister Michelozzo die eleganten Landsitze Castello di Trebbio und die Villa di Cafaggiolo bauen, wo Lorenzo der Prächtige und sein geliebter Bruder Giuliano, der später im Dom ermordet wurde, eine wilde, glückliche Kindheit verbrachten. Hier wuchs auch der Medici-Papst Leo X. auf, traf sich die damalige Toskana-Fraktion zu Jagdpartien und glanzvollen Festen. Von uralten Zypressen wie Wachsoldaten gesäumt, führt der Feldweg in Serpentinen zum Castello di Trebbio hinauf. Hoch auf dem Söller bauscht sich die weißrote Lilienfahne im Sommerwind, ein Zeichen, dass der heutige Schlossherr, ein Privatier, anwesend ist. Vom Turm sollen illustre Gäste wie der Seefahrer Amerigo Vespucci, der 1476 vor der Pest in Florenz geflohen war, den Rundblick genossen haben. Der Entdecker der Neuen Welt wurde sicher mit mehr Ehren empfangen als heutige Besucher. Die müssen nämlich draußen bleiben und sich vom Hund des Aufsehers verbellen lassen.

Mehr Glück haben wir in der Villa di Cafaggiolo, die wenigstens stundenweise ihre Pforten öffnet. Das Mobiliar sei leider nicht mehr original, bedauert die sonnenblumenblonde Schlossführerin Milvia La Bardi, als sie uns durch die kalten, leeren Säle vorausstöckelt: keine prachtvollen Gobelins mehr, keine plüschigen Baldachinbetten oder Gemäldegalerien mit schmallippigen Adelsdamen, aber immerhin Tatort eines blutrünstigen Krimis. »Hier im Schlafgemach, wo Sie gerade stehen, wurde sie ermordet«, sagt die Signora und zeigt auf das einzelne Porträt einer lieblichen spanischen Prinzessin mit Perlen im Haar. In der Nacht zum 12. Juli 1576 ließ der krankhaft eifersüchtige Pietro de Medici seine Gemahlin Eleonora durch Häscher erdolchen, weil sie ihm angeblich untreu war. »Ein kleiner Unfall«, schrieb der Psychopath in einem krakeligen Bekennerbrief. Auch der Mördergatte wurde später erstochen und schmort wohl in Dantes Inferno. In den Gartensälen des Schlosses decken die Domestiken von einer Catering-Firma für die nächste Promi-Hochzeit am Wochenende. Die Sache hat Stil. »Der Name Medici zieht immer«, sagt die Signora.

Am Palazzo dei Vicari von Scarperia, einer Miniatur des Palazzo Vecchio in Florenz, findet sich das Medici-Wappen wieder. Scarperia war immer ein treuer Außenposten im Apennin, weshalb die Damen und Herren zum Palio Diotto, dem historischen Umzug am 8. September, in kostbaren

Brokatgewändern oder in Wams und Pluderhosen flanieren. Zur Tradition des Ortes gehört auch das uralte Handwerk der *coltinai,* der Messerschmiede. »Willst du mal bei uns reinschauen, Mädel«, scherzt Luca Acciaioli, der junge Boss der Bottega di Coltelli, »hier gibt es ziemlich gute Typen.« Lässig lässt er seine spinnenartigen Tattoos auf den Armmuskeln spielen. Zwischen Amboss, Schleifstein, Schneidstahl und Ofen werken seine Kollegen Piero und Roberto wie vor hundert Jahren. »Wir sind die einzige Schule für Messerschmiede in Italien«, sagt Luca stolz, »bei uns lernst du in einem 32-Stunden-Kurs, was 'ne scharfe Klinge ist.« Die Männer machen noch alles per Hand: Jagdmesser, Hirschfänger, Dolche, Degen, was Männer so brauchen. Auch Küchenmesser? »Das Beste vom Besten«, meint der alte Piero und zeigt mir einen Satz Edelstahl mit Schäften aus poliertem Olivenholz.

»Der Ölbaum ist unser größter Schatz«, sagt Paolo Pasquali, der toskanische Olivenöl-Papst, »da, riechen Sie doch mal!« Ich schnuppere gehorsam an den Steinkrügen mit goldgelber Flüssigkeit – und rieche nichts. »Um das *profumo* eines reinen Öls *extra vergine* von einem verpanschten zu erkennen, müssen Sie Ihre Nase wieder gebrauchen«, mahnt Pasquali. Tatsächlich, der eine Bottich duftet nach Wiesen, Kräutern und Zypressen, der andere eher nach Lampenöl. Riechprobe bestanden. Es gibt viele Vinotheken in Italien, aber nur eine *oleoteca,* wo man Olivenöl verkosten kann: bei Pasquali in der Villa Campestri, einem Vier-Sterne-Hotel in den Hügeln von Vicchio. Eigentlich könnte der Hotelier das beschauliche Leben eines Landedelmannes führen, der sich nur um seine Gäste, den Swimmingpool und sein 140 Hektar großes Anwesen mit Olivenhainen kümmert, aber er ist nun mal ein *maniaco,* ein Besessener, der wie David gegen die Lebensmittel-Goliaths kämpft. »Die haben in Brüssel ihre Lobby und speisen Sie als Supermarktkundin mit Billigprodukten ab.« Zu Pasqualis Öl-Offensive gehören nicht nur Seminare mit Feinschmeckern, sondern auch Kampagnen an der Basis. Erster Erfolg: »Einmal pro Woche gibt's für unsere Schulkinder statt eines industriellen Pausen-Snacks wieder Öl aufs Brot, eine Delikatesse, von der unsere Vorfahren höchst gesund lebten.«

Der Mugello war immer eine arme Gegend, wo die Pächter, die Wald- und Bergarbeiter ein knappes Auskommen hatten. »Als Silvano und ich Ende der Sechziger heirateten, gab's noch die *mezzadria*, die Halbpacht«, sagt die Bäuerin Marisa Maroncini in Caselle, »wir mussten die Hälfte der Ernte, Wein, Oliven oder Getreide, an den Baron in der alten Medici-Villa abgeben. Uns gehörte nicht mal das Haus.« Erst 1971 wurde das mittelalterliche Pachtsystem abgeschafft. Trotzdem gaben noch mehr Bauern auf, verkauften ihre Häuser an Toskana-Deutsche, an Holländer und Engländer, die Sehnsucht nach dem Land der Zypressen hatten. Marisa und Silvano, beide Ende 60, sind die letzten Landwirte auf dem Berg. »Das Haus ist gerichtet, die Zähne sind gerichtet«, sagt Marisa, *tutto bene*! Tauben gurren auf dem Dach, 40 Schweine wühlen auf den Hausweiden, 50 Rinder grasen auf der Alm. Einen süßen Enkel haben sie auch. Nur, der Schwiegertochter war es zu einsam auf dem Berg. Und ob Sohn Maurizio Lust hat, den Hof zu übernehmen? »Die jungen Leute haben heute andere Ideen«, sagt die Bäuerin.

Es ist Sonntag, der Tag des Herrn. Als ich aus dem Kloster Bosco ai Frati ins Freie trete, dringt von der Autorennbahn von Scarperia ein fernes Hornissengesurr, ein Summen und Aufjaulen, als ob man einer Katze auf den Schwanz tritt. »Brumm, brumm, brrriiiumm«, imitiert Padre Giorgio den Motoren-Sound und lächelt milde. »Signora, denken Sie draußen in der Welt auch mal an die Stille im Kloster zurück!« Dann schließt er die schwere Pforte.

Antonella Romeo

NUR DIE RUHE BEWAHREN – DIE MAREMMA

Im Jahr 2000 besucht MERIAN wieder einmal die Maremma. So weltabgeschieden wie in früheren Jahren wirkt sie nicht mehr. Nein, der Zug der Zeit rollt durch die weite Ebene, schreibt Antonella Romeo, aber der Fortschritt hat sie noch nicht überrollt. Zu unserem Glück.

Was ich von Roccatederighi sehe, raubt mir den Atem. Ich laufe durch die Gassen des Dorfes die Erhebung hinauf. Wind fährt zwischen die Häuser, die den Weg bis zur höchsten Stelle säumen. Eine kleine Kirche steht allein auf 500 Meter Höhe. Jenseits ist nur noch ein Felsvorsprung, dessen weiche Formen zum Sitzen einladen, während der Wind dazu zwingt. Die Ebene mit der vielfältigen Geometrie ihrer Felder, die jeden Monat neue Farben kombiniert, öffnet sich in die Ferne, umfließt immergrüne Hügel, die mit Steineichen bewaldet sind, und fällt schließlich ab zum Meer. In seinem Blau schwimmen Inseln vulkanischen Ursprungs wie die Felsen von Roccatederighi.

Einer der schönsten Aussichtspunkte der Maremma!

Das Wort Maremma deutet auf *mare*, aber auch diese Hügel des Hinterlandes sind damit gemeint, die wie ein Amphitheater über das flache Land hinweg aufs Meer schauen. In der breiten Ebene zwischen Flügeln und Meer, wo etruskische Städte geblüht, wo die alten Römer ihre Villen und Thermalbäder genossen hatten, dehnten sich im 15. Jahrhundert Sümpfe aus. Sogar die Via Aurelia, die in der Antike Frankreich mit Rom verband, stand unter Wasser.

Die Menschen gingen, die Mücken kamen und mit ihnen die Malaria. Jahrhundertelang blieb die Maremma menschenleer. Erst die Trockenlegung der Sümpfe seit 1930 und schließlich der Einsatz von DDT nach dem Zweiten Weltkrieg haben wieder Siedler in die Ebene gelockt. Doch die ärmste Gegend der Toskana, ihr Mezzogiorno, ist sie geblieben.

Um Orte wie Roccatederighi, Montemassi, Roccastrada oder Civitella Marittima zu erreichen, alles Dörfer der Alta Maremma, der Hohen Maremma, war ich von Grosseto durch die Ebene gefahren: Getreide- und Sonnenblumenfelder, Tomaten, Obstbäume – überall hier ist kultiviertes Land. Riesige Pinien schützen einige Straßenabschnitte wie gewaltige Sonnenschirme. Sie sind *pini buoni*, »gute Pinien«, weil sie Kerne geben.

Sobald die ersten Wellen die Landschaft bewegen, dienen die Felder als Weiden für die Schafe oder zum Anbau von Gemüse. Zu den Hügeln hin werden die Grundstücke kleinteiliger, ihre Nutzung vielfältiger. Was für eine Seltenheit, Olivenbäume zwischen Reben zu sehen! Kaum ein moderner Bau stört diese altertümliche Kulturlandschaft.

Die Obst- und Gemüsegärten gehören meist Rentnern, die so die Landschaft noch verschönert haben. Es sind ehemalige Bergarbeiter, zeit ihres Arbeitslebens haben sie Schwefel, Gips, Silber, Kupfer, Braunkohle aus dem Boden gekratzt. Sie pendelten bis zu den 40 Kilometer nordwestlich gelegenen Colline Metallifere oder südlich in die Ebene, bis nach Ribolla. Die Zechen waren die wichtigsten Arbeitgeber.

Bruno Marini war auch Bergarbeiter, bevor er in Rente ging. »In den fünfziger Jahren hatte Roccatederighi noch 4000 Einwohner«, erzählt er. Dann geschah der Unfall in der

Zeche von Ribolla, 43 Menschen ließen ihr Leben in 300 Meter Tiefe. Die Mine machte dicht. Heute zählt Roccatederighi tausend Einwohner und ein paar Stammgäste, die hier ihre Ferienwohnungen haben. »Ich spreche Deutsch, Französisch und Spanisch«, sagt Marini, der in der Schweiz gearbeitet hat. Deshalb ist er der richtige Mann für das Ufficio Turistico, das kleine Fremdenverkehrsbüro. Ist Vertrauensperson auch der Deutschen, die sich hier ein Haus gekauft haben. Sie stört es offenbar nicht, dass die Gassen Roccatederighis mit Beton versiegelt sind wie in vielen armen Gemeinden der Gegend und sie keine idyllischen Postkarten nach Hause schicken können. Das Dorf ist kein Ausstellungsstück für Toskana-Romantiker.

Die Schlüssel der Ferienhäuser hat die Signora Laura, Marinis Frau. Sie bereitet die Zimmer vor für die Besitzer aus dem Norden. Laura Marini versteht diese Hausherren nicht. Ihr gefällt es hier gar nicht. Sie stammt aus Süditalien und schwärmt von Lausanne, wo sie neun Jahre lebte und ihren toskanischen Mann kennengelernt hat. »Ich war nach Lausanne ausgewandert, um nicht auf dem Land leben zu müssen. Mir gefielen die Kaufhäuser, die Heizkörper, ich kam ohne Auto überall hin.« In die Alta Maremma ziehen hieß, die Zeit zurückzudrehen.

Das Hügelgebiet, das bisher weder von der Landwirtschaft leben konnte wie die Ebene noch vom Tourismus wie die Küste, versucht heute, Agrikultur und Tourismus zu vereinbaren, ohne die raue Schönheit der Landschaft zu zerstören. Brüssel hat sich der vergessenen Hügel angenommen: strukturschwaches Gebiet, Fördergebiet! Seit zehn Jahren fließt Geld.

»Wir haben zugeschaut, als andere Dörfer der Toskana den Aufschwung erlebten«, sagt Leonardo Marras, der 27 Jahre alte Bürgermeister von Roccastrada. Massa Marittima, 30 Kilometer entfernt und der wichtigste Ort der Alta

Maremma, habe schon in den siebziger Jahren seine Gassen neu gepflastert. Dorthin strömen jetzt die Besucher, um einen der schönsten Plätze Italiens zu sehen. In die Gegend von Roccastrada hingegen kommt, wer sich Zeit lässt und eine bescheidene Schönheit schätzt.

»Die Maremma blieb verschont, weil die Menschen hier konservativ sind, sie wollten keine Industrie«, sagt Giuseppe Mazzucchi, der sich als »Landmensch« definiert und nach seiner Pensionierung Florenz den Rücken kehrte. Seine Ersparnisse steckte der ehemalige Industriemanager in das Land, das schon seinem Urgroßvater gehörte. Er besitzt Olivenbäume, aber auch Wälder mit wertvollen Korkeichen.

Ein paar Kilometer südlich von Roccatederighi, wo die alte Ölmühle der Fattoria di Peruzzo stand, wohnt er heute mit seiner Frau Carla. Er ist rund und gesprächig und liebt den großen Auftritt. Sie ist eine feine, ironische Mailänderin, die im Ort wegen ihrer zierlichen Figur *la secca,* »die Dürre«, genannt wird.

Es regnet in Strömen an diesem Herbsttag. Schwer vorstellbar, dass die Familie Mazzucchi auf ihrer Terrasse schon einige sonnige Weihnachten gefeiert hat. Jetzt glänzt das ewige Silber der Olivenbäume feucht. Die Isola del Giglio liegt im Dunst, nur die nahen Steinhäuser sind zu sehen, die Ende des letzten Jahrhunderts für die Landarbeiter gebaut worden sind.

»Davor haben die Menschen ausschließlich in den Dörfern gewohnt«, erzählt Giuseppe Mazzucchi. Sein Urgroßvater lebte in Florenz und war einer der »zivilisierten Toskaner«, die um 1873 die Maremma entdeckten. Er hoffte, Metalle zu finden, und kaufte der Kirche ein Stück Land ab. Andere erwarben riesige Flächen und ließen ihr Vieh darauf weiden. Aus Florenz brauchte die Kutsche des Urgroßvaters zwei Tage zur Fattoria.

Giulia, die junge Tochter des Unternehmers Mazzucchi,

ist Kunsthistorikerin; sie möchte mir etwas zeigen. Wir fahren bergab zur Bauernfamilie Coralli, die ihr Haus hat, wo die Ebene beginnt, in Località Venturi. Die Corallis sind kleine Wein- und Olivenproduzenten, die nebenher Ferienwohnungen vermieten – alles auf ihrem 1926 erbauten Hof, den Zuschüsse der EU vor zehn Jahren vor dem Untergang retteten.

Die Familie lebt in einem weißen, schlichten neuen Haus, das sie sich in den siebziger Jahren baute, weil das alte einzustürzen drohte. Auf dem Tisch dampft eine Nudelpfanne. Die Signora meint, wir sollten uns dazusetzen und mitessen. *Mille grazie!* Eigentlich wollten wir nicht stören, nur etwas sehen. Das dicke Loch, *la buha,* wie es Nedo Coralli, der Bauer, auf Toskanisch nennt.

In jenem Loch hinterm Haus ist eine Krypta verborgen, bestimmt nicht jünger als 1000 Jahre. Giulia steigt vorsichtig die zwei Meter hinunter; die Metallleiter wackelt und ist wegen des Regens sehr rutschig. Die Säulen der Krypta sind notdürftig vor Feuchtigkeit geschützt, seit die zuständige Behörde in den siebziger Jahren eine Betonplatte daraufsetzen ließ. Sie stammen aus altrömischen Villen. Giulia betrachtet die Säulen zärtlich. »Jedes Kapitell ist einmalig, die Steinmetze wollten immer neue Formen ausprobieren.« In der Tat sind einige Säulenenden mit Blättern verziert, einige mit stierähnlichen Tierköpfen, andere zeigen nur abstrakte geometrische Motive.

Nachdem die Corallis 1967 das Grundstück gekauft hatten, entdeckten sie die Ruine unter ihren Füßen. Es waren die Reste der Abbazia di San Salvatore, der Abtei des heiligen Retters, aber das wusste die Familie damals noch nicht. Vergeblich benachrichtigte Nello Coralli die Sopraintendenza, die Oberaufsicht über den Denkmalschutz. Die Beamten kamen nur ein einziges Mal, ließen das Loch mit Beton abdecken und verschwanden wieder. Irgendwann hatte die Familie den Einfall, die *buha* als Stellplatz für die Kaninchenkäfige zu nutzen. Und so geschah es, bis sich jemand an den Kaninchen störte und Nello Coralli wegen Beschädigung eines Kulturdenkmals anzeigte.

So viel Ärger mit dem Loch! Mit den deutschen Gästen dagegen habe es nie Probleme gegeben. Nello Coralli, er spricht kein Deutsch, hat einen Stammgast, der kein Italienisch kann. Die zwei Männer sitzen jeden Abend bis Mitternacht zusammen. »Wer weiß, wie das geht«, wundert sich der Hausherr selbst über den Dialog, »vielleicht ist es der Grappa?«

Nur ein paar Kilometer weiter in Richtung Roccastrada steht auf einem kleinen Hügel Poggio Oliveto, einst Besitz der Grafen della Gherardesca. Mehr als 100 Hektar Land, ein Herrenhaus und Nebengebäude, Schuppen, Werkstätten und die Kapelle gehören heute der Familie Curatolo, die in der Lombardei Glasfaser herstellte. Jetzt hat sie sich von der Industrie ab- und der Landwirtschaft zugewandt. Der Sohn Filippo, 31, zeigt mir bereitwillig den Familienbesitz: die Ölmühle mit ihren Steinrädern, die renovierten einstigen Zimmer der Lohnarbeiter, in die bald Urlauber einziehen werden, den Bioladen.

Ich folge Filippo ins Haus, wo seine Frau Elisabetta Tee und Kekse reicht. Sie ist 28 Jahre alt und stammt aus Roccastrada. Für sie kommt der Lombarde Filippo aus einer anderen Welt: »Bei uns ist das Leben viel langsamer.« Filippo sagt: »Wenn es regnet, gehen hier alle in die Bar.« Für die Landarbeiter sei es unfassbar, dass sich ein Gutsbesitzer auf den Traktor setzt, wie es sein Vater tut. »Sie sind an eine steile Hierarchie gewöhnt, in der sie den Landherrn kaum zu Gesicht bekommen.«

Elisabetta ist Krankengymnastin in einem Altenheim. Davon gibt es hier eine Menge. Denn zu den Alten auf den Hügeln kommen noch viele aus der Ebene und den Städten.

Wegen der guten Luft und der Ruhe zieht es sie in die schläfrigen Dörfer. Nicht wenige Toskaner und Gäste hoffen, dass diese Maremma so spät wie möglich aufwacht.

Auf einer kleinen Anhöhe, etwa 20 Kilometer westlich der Superstrada in Richtung Cinigiano, liegt das Schloss von Porrona. Kaum einer kennt es. Porrona war ein einsames Bauerndorf mit einer Herrenresidenz, einer Befestigung außen herum und einer kleinen Kapelle in der Mitte.

Nun säumen Ferienapartments die kleine Piazza. Gerade hat ein Edelrestaurant mit Piano-Bar eröffnet. Eine bekannte Reederfamilie aus Neapel hat das Schloss, die Nebengebäude und die meisten Häuser des Dorfs gekauft und in ein »Anti-Stress-Zentrum« umgewandelt. Fitnesscenter und Tennisplätze liegen außerhalb der Burganlage. Im Dorf sind noch elf Einwohner übrig geblieben. »Mit denen will man schnell zu einer Einigung kommen», erzählt Dr. Dabundo vom »Investment Holiday Service«, der die Wohnungen vermakelt. Mit der fachgerechten Sanierung der Gebäude wären wohl auch Kunsthistoriker zufrieden. Und doch sähen hoffnungslose Romantiker das Schloss lieber verfallen.

Als ich die Alta Maremma in Richtung Siena verlasse, sehe ich – rechts ab von der Straße, auf einem Parkplatz! – ein verrostetes, fast unlesbares Schild, das den Weg zur Abbazia San Lorenzo weist. Die Holperstrecke, die zum Flüsschen Lanzo hinunterführt, ist offensichtlich seit geraumer Zeit vernachlässigt worden. Verlassen liegt das Gut von San Lorenzo da; der Bauernhof neben der römischen Kirche steht leer. Die Eigentümer müssen das Meeresrauschen auf Ischia dem Dröhnen der Schnellstraße vorgezogen haben. Während die Stromleitungen in der nahen Provinz Siena mit großem Aufwand vergraben werden, dürfen hier die Masten 100 Meter vor einer tausendjährigen Abtei stehen.

Nur selten kommt der Pfarrer von Civitella her, um eine Hochzeit zu zelebrieren. Die Kirche hat einen schlechten Ruf.

Wer hier heiratet, heißt es, werde bald wieder geschieden. Auf den grauen Steinen der Fassade hat sich gelbes Moos ausgebreitet. Von den Tierköpfen, die aus den Kapitellen ragen, wuchern Grasbüschel und Kapernsträucher.

Plötzlich wird es für einen Moment still. Nur das Gurgeln des kleinen Flusses Lanzo ist zu hören, und der Wind, der durch den Oleander und die *pini buoni* fährt.

Wolfgang Boller

IN DER FALLE DER DICKEN MIRANDA

Die Toskana ist kein Wanderland. Es gibt keine Wegmarkierungen, nicht genug Herbergen und schon gar keine verlässlichen Karten für Wanderer. Der Schriftsteller Wolfgang Boller packte trotzdem den Rucksack und zog durchs Chiantiland. Bis er auf die Wirtin Miranda traf, die so üppig war, dass Boller ihren Fiat für ein Spielzeug halten mochte.

Die blühenden Apfelbäume verschwammen in der Dämmerung wie Brautschleier, die in einem dunklen See versinken. Plötzlich hing der bleiche Tagmond als orangefarbener Lampion zwischen den Zypressen. Die Schwalben verwandelten sich in Fledermäuse, und aus den Gassen des Städtchens wehte ein kühler Hauch. Ich war erleichtert, daß ich mein Ziel vor Einbruch der Dunkelheit erreicht hatte, Radda in Chianti. Ich malte mir die Freuden von Einkehr und Rast aus: toskanische Wurst, Weißbrot und roter Wein und ein Bus zurück nach Greve. Doch ich hatte mich verrechnet. Die Umstände waren gegen mich. Die Pechsträhne riß erst ab, als ich Miranda fand.

Ich war nicht ungewarnt in die Chiantiberge gekommen. Ich wußte, daß die Toskana kein Wanderland ist, obgleich doch alle Welt dort wandert. Darum hatte ich im »Albergo Giovanni da Verrazzano« zu Greve ein zentral gelegenes

Standquartier bezogen. Der Seefahrer Verrazzano schaute mir mit einem Blick, der Amerikas Küsten umfaßte, geistesabwesend nach, als ich durch die Rebengärten von Melazzano auf schmaler, wenig befahrener Straße den Weg zum Monte San Michele und nach Radda in Chianti einschlug. Ich fühlte mich von knorrigen Rebenstrünken, die ihre Arme reckten, als hätten sie vor Begeisterung die Hüte in die Luft geworfen, wie von Regimentern von Wichtelmännern begrüßt und empfangen. Als aber der Abend kam, waren sie nicht mehr zu sehen.

So zog also auch ich durch Arkadien, den Stab in der Hand, den Peterich im Ränzel und den milden Spott des Landvolks im Rücken. Denn es will doch nicht glaubhaft erscheinen, daß einer freiwillig marschiert, wo's doch die schönsten Asphaltstraßen gibt, Ottomotoren und rollende Räder. Ich wähnte mich auf den Spuren deutscher Poeten, schönheitstrunkener Maler und fidelnder Müllersöhne. Die freilich bevorzugten die Postkutsche wie der Geheime Rat aus Weimar und der Taugenichts, der mit einem prächtigen Postillion reiste: »Ich legte mich, wie auf einem Kanapee, bald in die eine, bald in die andere Ecke des Wagens und lernte Menschen und Länder kennen.« Eichendorff war nicht in Italien, aber er hatte zutreffende Vorstellungen. Selbst Johann Gottfried Seume, Erzvater und Kronzeuge aller Italienwanderer, durchquerte die Toskana nicht nur zu Fuß, sondern »im Wagen, soweit ich mußte, zu Fuße, soweit ich konnte«. Der Magister aus Sachsen war gleich bis Syrakus durchmarschiert, doch auf dem Rückweg schloß er sich einer Reisegesellschaft an. »Man hatte während meines Aufenthalts in Rom auf der Straße von Florenz Kuriere geplündert, Soldaten erschossen und große Summen geraubt. Es wäre Tollkühnheit gewesen, allein zu wallfahren.« Der Wandersmann kam mitten durchs Chiantiland. In seinen Aufzeichnungen erwähnte er die köstliche Abwechslung von Berg und Tal und pries die

Landstraße: »Von Siena nach Florenz ist ein schöner, herrlicher Weg.«

Der herrliche Weg, genannt Via Chiantigiana, führt wie in seligem Taumel durch das Herzland der Toskana. Chianti ist der hügelige Garten, und Chianti ist der rote Wein mit dem feinen Duft von Veilchen und Schwertlilien. *Chianti classico* mit dem Markenzeichen des *gallo nero*, des schwarzen Hahns, auf goldenem Grund.

Die Landschaft scheint wie von Künstlerhand gegliedert nach dem Ideal vollkommener Schönheit und Ausgewogenheit. Sie ist wie erleuchtet vom Licht der Spiritualität, als seien die Rebenhänge, Steineichenwälder, die silbrigen Olivenhaine, die schwarzen Zypressenalleen Spiegelbilder für die Klarheit des Denkens - ein Garten der Dichter, in dem sich das Leben auf dem Lande als menschlichste und erstrebenswerteste Existenzform darstellt.

Das sind natürlich Irrtümer, die man dem verzückten Wanderer nachsehen muß. In der Toskana gibt es mehr Ruinen und verlassene Weiler als blühende Winzerdörfer. Und die Via Chiantigiana ist zum Wallen und Schwärmen ungeeignet. Der herrliche Weg ist die vielbefahrene Nationalstraße Nr. 222. An ihrem Rand habe ich nur eine Taverne mit Terrasse, steinernen Tischen und Blick ins Tal entdeckt: das »Albergo Montagliare« vor den Toren von Panzano. Die Einheimischen lieben das gute Essen und den Wein, Sonne und Romantik schätzen sie weniger.

Ich aber kam hüpfend über die Hügel der Toskana wie einer, der zur Liebsten geht. Das Land leuchtete von Farben, als wäre der Regenbogen explodiert und in tausend Splittern auf die Erde gefallen. Die Frühlingsblüte Anfang Mai war so überwältigend wie die Tutti eines Orchesters. In den Dörfern blühten Flieder und Magnolien, Kastanien und Aprikosen, in den Wäldern Anemonen, Ginster und wilde Tulpen. Und immer blühen die Rosen.

Die Toskana, so habe auch ich es erfahren, ist kein Wanderland. Die Via Chiantigiana mißt etwa 70 Kilometer und durchquert mit vielen Kurven das Chiantiland. Zwar ist es von Wegen durchzogen wie ein Weinbauerngesicht von Runzeln, doch die Wege sind Fahrstraßen oder Sackgassen. Es gibt keine verläßliche Wanderkarte. Die Entfernungen zwischen den Dörfern sind zu groß, die Zeit zwischen den Einkehren zu lang. Da gibt es einen wunderschönen Spazierweg von Panzano nach Mercantale, einem Ort hinter alten Mauern und blühendem Flieder. Die Entfernung: zwölf Kilometer. Von dort erreicht man nach weiteren fünf Kilometern auf der Landstraße das wehrhafte San Casciano Val di Pesa und nach abermals zwei Kilometern Sant' Andrea a Percussina, das Landgut Machiavellis.

Im ärmlichen Albergaccio verbrachte er die letzten 15 Jahre seines Lebens. Hier entstand das böse Buch vom Fürsten, »Il Principe«, für das der Fürst ihm zwei Flaschen Wein schickte. Hier schrieb er an den Freund Francesco Vettori, den Gesandten der Medici in Rom, die Zeilen: »Kommt der Abend, so ziehe ich mich in meine Behausung zurück. An der Schwelle meines Studierzimmers schüttele ich meinen verschmutzten Bauernkittel ab und werfe mich in Hofgewänder, und so, geziemlich angetan, gehe ich zu Hofe zu den Männern der Vergangenheit.«

Dem ergriffenen Wanderer, der so weit gewallfahrtet war, um in Machiavellis altertümliche geistige Welt einzutauchen, widerfährt schließlich: Die Erinnerungsstätte ist geschlossen und die benachbarte Weinprobierstube auch.

Ich wanderte auf Umwegen, überwachsenen Pfaden und Landstraßen zweiter Ordnung bis zu den Vorstädten von Siena und Florenz, trank Wein in ungemütlichen Bars mit pflegeleichter Ausstattung und Kinoplakaten an der Wand und verzehrte den Mundvorrat im Anblick von Lorbeerwäldern und blühenden Weißdornlichtungen. Manche Wälder längs des Wegs sind mit Verbotsschildern geradezu vernagelt. Sie untersagen das unbefugte Jagen sowie Sammeln von Pilzen und Trüffeln oder sonstwelcher Produkte der Erde. Das befugte Jagdrecht muß in jüngster Vergangenheit sehr gewissenhaft ausgeübt worden sein. Ich habe auf meinen Spaziergängen nicht ein Stück Wild gesehen. Sehr selten schreit ein Fasan. Nur der Kuckuck zählt die Jahre der Liebe. Der Fasan, man weiß es, kreischt aus Dummheit. Der Kuckuck muß sich sicher fühlen. Wahrscheinlich schmeckt er nicht.

Hundegebell aus einsamen Gehöften begleitete mich, oft das einzige Zeichen für die Nähe von Menschen. Weinbäuerlein wiesen mir in unverdächtiger Absicht die falsche Richtung oder empfahlen mir die Nationalstraße Nr. 222, die einer wahrhaftig nicht verfehlen kann. Ich las es ihnen an den wasserhellen, zwinkernden Augen ab, daß sie mich für einen harmlosen Narren hielten. Bisweilen liefen mir Kinder nach und versuchten, mich vom richtigen Weg abzubringen. Und immer wieder endete der Pfad vor dem Tor eines entlegenen Bauernhofs, an einem Feld oder Zaun. Die verlassenen Gehöfte der Toskana … Sie liegen wie Zwingburgen über der Schlucht und starren mit roten Augen ins Land. Die Dächer sind eingestürzt, die Bruchsteinmauern halten noch eine Spanne Ewigkeit aus. Einige habe ich in Gedanken wiederaufgebaut für einen Taugenichtslebensabend, eingerichtet mit Tisch und Stuhl und Bett, mit Kerzenlicht und Kamin, verschlossen mit Tür und Fensterläden aus Olivenholz. Das wäre wohl der Platz, und das wäre die Zeit, die Klassiker in ihrer Sprache zu lesen, die Liebesklagen Dantes und die Fibeln Leonardos.

Einkehr hielt ich nach langen Etappen in zeitgenössisch verunstalteten *trattorie antiche* und Tavernen, die, mit verschiedenen Gläsern und gefalteten Servietten auf dem Tisch, für meinen rauhen Kittel und das derbe Schuhwerk zu vornehm waren, die Portionen zu üppig, das Zeremoniell zu umständlich. Ach, es fehlen in der Toskana auch die ländlichen Wirtshäuser mit deftigen Brotzeiten, mit Bauernwein und heruntergesäbeltem Trumm Schinken und Käse.

Es gibt Ausnahmen. Gepriesen sei »La Cantinetta da Carlino« unmittelbar an der Via Chiantigiana zwischen Greti und Chiocchio! Karlchen ist ein hagerer Greis mit einem Schnurrbart wie ein Propeller, der immer mal ohne erkennbaren Grund sein winziges Reich durchmißt. In der Küche schnippeln zwei ältliche Schwestern, denen der Gesprächsstoff und die Zigarette nicht ausgehen. Ich denke mir, daß sie sich wechselweise über Karlchen beschweren. In Karlchens Kantinchen läßt sich die Speisekarte aus den Küchendüften erschließen. Es gibt kleine, scharfe toskanische Würste, gehackte Hühnerleber mit Zwiebeln und Kapern auf Toast, zarten Schinken, gratinierte Bohnensuppe (*ribollita*), geröstetes, von Olivenöl triefendes Knoblauchbrot und roten Chianti in der Karaffe.

Karlchen war ein Wirt nach meinem Herzen. Ich hab's in der Toskana nicht oft so angetroffen – eigentlich nur einmal noch, wenngleich zum dreifachen Preis, am Ende der Wanderung über den Monte San Michele, als in Radda die Nacht auf die blühenden Gärten fiel und die Schwalben sich in Fledermäuse verwandelten.

Der letzte Bus hatte Radda schon am Spätnachmittag verlassen. Im Städtchen gab es einen gefälligen jungen Mann, der gewöhnlich für solche Fahrten zur Verfügung steht, doch der war nun, ganz Radda kann's bezeugen, am Morgen mit seiner jungen Frau auf die Hochzeitsreise gegangen. Blieb als letzter Ausweg die kleine Herberge in der Hauptstraße, die einzige am Ort. Bang klopfte ich an zur finstern Nacht und erfuhr, daß leider alles besetzt sei. Aber da gäbe es noch einen Gasthof, in Villa, nur einen Kilometer entfernt ... Den Berg wieder hinunter, ganz recht, den Weg zurück, den ich gekommen war. Dann sähe ich schon das Licht.

Die tatsächliche Entfernung betrug über zwei Kilometer. Mir kamen sie vor wie 20. Ich wurde von Hofhunden verbellt und von Autoscheinwerfern gejagt. Ich verlief mich, sah aber dann das Licht und torkelte wie ein Nachtfalter in die Falle der dicken Miranda, die mir an diesem Abend wie eine fröhliche Räuberbraut erschien. Aber da war mir schon alles recht.

Zufällig sei noch ein Zimmer frei, ganz zufällig sogar eins mit *bagno*, das sei mir doch sicher recht. Und es gäbe ein Abendessen mit sechs Gängen und ein Faß voll Wein. Hierzulande wisse jedermann, daß die *tedeschi* mit den klobigen Schuhen in ihrer Wanderlust und in ihrem Durst gleicherweise unbegreiflich wie furchterregend seien. Die dicke Miranda wurde von brausendem Gelächter so gebeutelt, daß ihr langes, wehendes Haar und ihre flatternden Gewänder in wellenartige Bewegung gerieten wie das Tyrrhenische Meer bei Windstärke drei.

Miranda war so üppig, daß ich geneigt war, den *Cinquecento* vor der Tür eher für ihr Spielzeug als ihr Fahrzeug zu halten. Dabei war sie wieselflink und war schon, um mir das Zimmer zu zeigen, die Treppe hinaufgekugelt, als ich noch überlegte, wie sie wohl durchkäme. Das *bagno* war eine Waschschüssel mit, immerhin, fließendem Wasser. Mir war alles recht. Die Wirtsstube betrat man durch die Küche. Das Lokal war wieder eine *trattoria antica*, in der das Mobiliar, wie gehabt, zwar nicht antik, so aber doch von behaglicher Baufälligkeit war. Weitgereiste Wanderer lieben Lokalkolorit. Miranda wechselte die Rolle und erschien nun, unvermindert guter Dinge, als vielarmige nährende Göttin. Sie kochte, bruzzelte, schleppte Berge von wundervoller Nahrung herbei, Batterien von Chiantiflaschen (die billige Sorte im Bastfutteral), notierte im Rechnungsbuch sechs Gänge und addierte zwölf. Mir war auch das recht. Alles war mir recht. Ich saß gerettet in einer vergnüglichen Falle.

Hermann Peter Piwitt

EINTAUCHEN INS SCHÖNE ROSÉ DES GEMÜTS

So anheimelnd und pittoresk wie in San Gimignano präsentiert sich das Mittelalter in kaum einer anderen Stadt der Toskana. Der einstige Schauplatz blutiger Familienfehden hat sich zum Wallfahrtsort für Touristen gewandelt. Auch der Schriftsteller Hermann Peter Piwitt zeigt sich fasziniert von der Ausstrahlung der Stadt.

Man schnuppert: Aber es riecht nach nichts. Nicht einmal, nachdem es geregnet hat. Das ist der erste Eindruck. Blank geputzt sind Straßen und Plätze. Nicht die Spur von Abfall, der der Nase ein Lebenszeichen von sich gäbe. Und man muß sie schon in einen der zwei, drei Krämerläden stecken, wo die wenigen Einheimischen einkaufen, um sich zwischen Käse und Trauben zu vergewissern, daß man in Italien ist und nicht irgendwo in irgendeinem Museum, wo abends nach Toresschluß die Putzkolonnen ausschwärmen.

Vielleicht ist sie überhaupt nur ein Ausstellungsstück, diese Stadt, eingeschlossen in eine große Vitrine bis hoch zum Himmel, und Außerirdische haben ihren Spaß daran, wie die Busse von überallher, aus Dortmund, Como, Innsbruck und, Himmel! ja: Oggersheim, vorfahren und ihre Touristenfracht entleeren, hinein in die Via San Giovanni, durch die es dann, vorbei an den Souvenir-, Postkarten-, Wein- und

Prosciuttoläden, hinaufgeht zur Piazza della Cisterna, mit ihren vollbesetzten Cafétischen.

Mittag ist es. Ein zerrupfter alter Kater streicht über den Platz, ein rostrotes Glühen im schwarzen Fell. An einer Krücke geht ein großes Mädchen vorüber, das blonde Haar zu einem dicken Zopf geflochten. Es trägt einen schwarzen Gehrock und beißt in ein aufgebackenes Brötchen, daß man es bis herüber hört. Tauben, herumpeternd auf betulichen Zehen. Trocknes Laub, das weiterwill ... Und währenddessen strömen sie von unten, vom Wohnturm der Cugnanesi, unaufhörlich herauf, die Fremden: Engländer, Franzosen, Deutsche, Amerikaner, Holländer, Japaner. Tauchen auf wie Schiffe über dem Horizont: Man sieht den Kopf, dann den Rumpf, dann die Beine; sie bleiben kurz stehen – und dann nehmen sie die Kamera vors Gesicht: Torre Lupi und Torre Becci. Die Türme der streitbaren und unglücklichen Ardinghelli. Der Palazzo Cetti. Und der Palazzo Tortoli mit seiner grünen *vita americana* an der Fassade und seinen Doppelbogenfenstern, die so gotisch sind, daß sie auch schon wieder maurisch sein könnten; und natürlich der Brunnen, vollgehauen mit milder Jugend, wie er ist. Und da stellen wir doch gleich mal die Gattin dazu!

Zu Fotos werden die Zwillingstürme der Salvucci und der alte Rathausturm, die »Rognosa«. Und natürlich der *neue*, die Torre Grossa. Und sogar im dunklen Dom werden die brav gemalten Fresken geblitzt, als hätten die, die da Fotos machen, kein Gedächtnis mehr, in das sich Bilder unvergeßlich könnten einprägen und abrufen lassen kraft Erinnerung; als gäbe es diese Stadt selbst vielleicht schon morgen nicht mehr; nicht einmal mehr auf Postkarten, auf denen sowieso schon alles drauf ist: sogar Ghirlandaios wundersame »Verkündigung«, draußen, in einer Nische der Piazza Pecori, die jeden Tag für ein paar Stunden ein Holländer mit Renaissancemusik auf dem Cembalo verzaubert ... und Postkarte natürlich auch die Rocca oben, die Burg. O Mann, stöhnt der Sechzehnjährige, jetzt habe ich schon wieder nur noch vier Bilder auf dem Film!

Was soll dem Reisenden diese Stadt, so oft wie er schon bei ihr vorbeigeschaut hat: entzückt, andächtig, amüsiert, kopfschüttelnd, genervt? Dies Manhattan des Mittelalters, über das die Armut kam wie der Aschenregen über Pompeji und es der staunenden Nachwelt konservierte, damals, als Pest und Geschlechterfehden San Gimignano schüttelten und die neue Handelsstraße die Stadt rechts liegenließ; bis sie endgültig in den Dornröschenschlaf schickte Cosimo I. Medici, als er ihr 1563 selbst geringfügige Investitionen verbot, »seien sie heiligen oder profanen Bedarfs«.

Und ist sie denn daraus erwacht? Kann man es Erwachen nennen, was ihr rund vierhundert Jahre später widerfuhr? Zwölftausend Einwohner hatte San Gimignano Anfang des 14. Jahrhunderts; sieben- bis achttausend wohnen heute in der gesamten Kommune, davon kaum dreitausend innerhalb der Mauern. Und die leben vom Wein und den Touristenmassen. Aber dann, nach acht Uhr abends, sind, jetzt, Mitte September, die engen alten Straßen so leer wie so manches Haus, mit dem sein Besitzer spekuliert auf den meistbietenden Deutschen, Engländer oder Amerikaner, der hier für vier Wochen im Jahr, für ein paar Monate oder ganzjährig seinen Südentraum hinter Schloß und Riegel bringen möchte. Daß im historischen Zentrum am Ende nur noch Alte wohnen, befürchtet man in der kommunistischen Stadtverwaltung; und ist doch machtlos gegen geltende Gesetze.

Noch einmal: warum gerade San Gimignano? Sind es die Türme? Und sind sie denn »schön«, wie es heißt? Viele italienische Städte des Mittelalters sahen einmal aus wie San Gimignano, um nicht zu sagen: schlimmer. Von Siena berichtet ein deutscher Chronist, es habe einem Röhricht geglichen. Und von Lucca ein italienischer, es gliche einem Wald. Militärtechnisch waren die Türme ziemlich unbrauchbar und von einem Nachbarn, der es ernst meinte mit der Blutrache, durch Wurfmaschinen von unten zum Einsturz zu bringen.

Baute man zu hoch, waren Ziele unten mit Armbrüsten schwer zu treffen. Baute man zu niedrig, litt das Prestige; und da war man sensibel wie heute Bankiers in Frankfurt am Main. 13 Türme hat San Gimignano noch, nun von der Natur heimgeholt und also der Geltungssucht ledig, der sie sich verdanken; räudig, wie sie nun sind, zerrauft und verwittert. Travertin, weiche braune Tuffe und Backstein durcheinander verbacken. Aus den Fugen bis hoch oben Bärte von grünem Kraut. Und die Häupter voll von den Nestern der unablässig krakeelenden Dohlen. 72 Türme sollen es einmal gewesen sein. Denn viele Bürger waren im Woll-, Wein- und Gewürzhandel reich geworden und wollten entsprechend hoch hinaus. Und oft war der Besitz eines oder mehrerer Handelsschiffe im Hafen von Pisa zum Bau eines Geschlechterturms die Vorbedingung. Die Via Francigena, die wichtigste Nord-Süd-Achse damals, führte durch die Stadt und bündelte andere europäische Handelsstraßen südlich der Alpen wie ein Hauptstrom sein Delta. Man kaufte Rohwolle in London und Lyon und ließ sie daheim färben und spinnen zum Weiterverkauf. Leder-, Kupfer-, Glaswaren und Keramik verkaufte man nach Norden bis ins Baltikum und nach Süden nach Ägypten und ins Heilige Land. Und natürlich den Wein. Man ließ Maulbeerbäume anpflanzen für die ersten europäischen Seiden und gewann aus den Narben des *crocus sativus* den gelben Safran zum Färben.

Um die Wende vom 13. zum 14. Jahrhundert, heißt es, liefen selbst Minderbemittelte mit goldenen Gürtelschnallen herum. Im Vicolo d'Oro soll sich Juwelier an Juwelier gereiht haben. Junge Mädchen hüllten ihr Haar in feinste goldene, perlenbesetzte Netze. Frauen trugen Hermelinmäntel und mit Edelsteinen besetzte Diademe; und fegten mit bis zu drei Meter langen Schleppen aus Seide und Brokat die Straßen, so daß Gesetze erlassen werden mußten gegen die hier grassierende Schmuck- und Putzsucht. Und so groß die Handelsspannen, so hoch die Zinsen, die die Geldverleiher nahmen, voran die Finanzherren des Mittelalters, die die Vermögen von Königen und Fürsten betreuten und mehrten, die gefürchteten Geld- und Steuereintreiber der Zeit: die Templer, die in San Gimignano gleich drei Niederlassungen hatten und so ganz nebenbei die erste Kreditkarte der Welt erfanden, für die Rom-Pilger nämlich, damit sie nicht ausgeraubt werden konnten. Zwanzig Prozent Zinsen durften von Gesetzes wegen genommen werden. Nicht selten waren sie höher. Und daran kaputt gingen vor allem die Bauern. Verpfändet die Ernten noch vor der Saat. Damals begann die Toskana um Florenz und Siena herum so auszusehen, wie wir sie inzwischen als schön empfinden. Einzelhöfe von Halbpächtern am Fuß von Hügeln, zu denen ehrfurchtgebietende Zypressen den Weg hinaufweisen, hin zum Landsitz des meist städtischen Grundherrn. Auf ihn spitzte sich alles Leben, alle Arbeit zu und also auch die Architektur der Landschaft, hergerichtet, wie sie ist, offen und heiter stimmend wie ein Kontobuch voller schwarzer Zahlen, aufgeräumt und vermessen nach Maß und Maßgabe derer, die den Gewinn aus ihr zogen und die entsprechenden Vergnügen.

Eindrucksvoll sind sie, die Kirchen und Palazzi, die Türme, Tore und Mauern von San Gimignano; aber um das Leben, das hier einmal stattfand, seine sozialen und wirtschaftlichen Bedingungen scheint ihre architektonische Pracht restlos bereinigt. Wenig Tragisch-Heroisches zudem, was – mit Ausnahme der Fehden zwischen den Salvucci und den Ardinghelli – in dieser Kaufmannsstadt eine Legende hätte fettmachen können, die der Überlieferung wäre wert gewesen. Was sich vermittelt, ist allenfalls eine vage Anmutung von Mittelalter bis hinein in die Andenkenläden mit ihren

Nachbildungen von Armbrüsten, geflochtenen Peitschen, Kriegsbeilen und gebündelten Morgensternen. In der Vorrede für eine vergessene alte Oper, »Tassilone« von Agostino Steffani, heißt es: »Was weit zurückliegt, wird oft ins Rosige des Gemüts getaucht.« Von ebendieser Art dürfte auch das gewöhnliche San-Gimignano-Erlebnis sein. In der Absicht, alles architektonisch und künstlerisch Nachweisbare in Erinnerung zu bringen, ist alles andere in Vergessenheit gebracht.

Fast alles. Denn seit 1988 hat die Stadt ihr Museum für Kunst und Gewerbe. Und hier, in großen Vitrinen, kann man bestaunen, wer wie womit einen Großteil der Güter erarbeitete, aus denen andere ihr Vermögen machten. Holzpflüge, die Schar mit Eisen beschlagen. Das hölzerne Räderwerk einer Olivenpresse aus der Renaissance. Eine Schmiede aus dem 16. Jahrhundert mit dem angeblich größten historischen Blasebalg Europas. Backtröge. Eine Dampfmaschine, die eine Dreschmaschine antreibt ... Leider liegt das Museum etwas abseits vor der Porta San Giovanni. Zu leicht übersieht man es. Und meist ist es leer. Offenbar hat es keine Chance gegen das, was, ein paar Schritte weiter, die Via San Giovanni zu bieten hat: bemalte Tassen und Schüsseln, Weinkrüge, denen ein Hahnenkamm schwillt, mit dem Schnabel als Tülle. Reliefs und mit Früchten und Trauben bekränzte Masken aus Terrakotta. Keramikhunde und -katzen in Lebensgröße. Buddhas, Davids und Disney-Zwerge. Dazu alles aus dem heimischen Alabaster. Und natürlich Etruskisches, aus Kupfer, schön grün; sogar die Kopie des rätselhaften »Abendschattens«, der im Original in Volterra steht. Und nicht einmal die »Sturmtruppen« fehlen, deren Originale 1944 die Stadt zwei Tage lang mit Artillerie beschossen; jetzt, als Nippesfiguren, zeigen sie mit obszönen Gesten aus herabgelassenen Hosen einen verpickelten Hintern.

Dazu die Läden, aus denen wir die großen Schinken tragen können und die Dreierpacks mit Vernaccia. Tunesien, ruft der Schwabe in Sandalen und Feriengrau, sind wir hier in Tunesien? Während ein paar Läden weiter, lässig an den Türrahmen gelehnt, der *bottegaio* das ausgestopfte Wildschwein neben sich im Nacken krault …

Genug des schiefen Blicks auf schiefe Dinge und das, wofür sie geradestehen. Denn auch das ist San Gimignano: sich hinhauen ins Gras hinter der Burgmauer, die Nase in die Kräuter stecken, den Katzen beim Eidechsenfangen zusehen, den Spinnennetzen, wenn sie in der Sonne aufblitzen, den Insekten, wie sie durch die blaublühende Minze stromern. Sich verlieren eine Weile an die Geräusche des Nachmittags, an das Schreien der Hähne, das Hupen und Bremsenseufzen der Busse. Und die Seele ein bißchen gehenlassen, hinaus in den leichten grünen Wellenschlag des Landes. Kein Hügel ist hier sonderlich höher als der andere, mit seiner Villa oder seinem Kloster drauf und der dazugehörigen Wachmannschaft hoher Zypressen, der obligaten Pinie als Schirmherrn. Wein, Mais, Klee auf den Hängen. Und die Ölbäume natürlich, fast weiß, wie sie aussehen können, wenn der Wind die hellen Unterseiten der Blätter ins Licht dreht. Und dazwischen, hineingewürfelt, die Ortschaften und Gehöfte. Buschgewölk, das die Senken zwischen den Feldfluren hochkräuselt.

Zu guter Letzt zu dir, Fina, wundersame Heilige du, Schutzpatronin der Stadt. Schön hat dich Ghirlandaio gemalt, der »Kranzbinder«, zweihundert Jahre nach deinem Tod für die dir geweihte Domkapelle. Rechts, wie dir Papst Gregor der Große in einer Wolke erscheint, während aus dem Holzbrett, auf dem du fünf Jahre lang krank und gelähmt lagst, die schönsten gelben Veilchen sprießen. Links, wie sie dich aufgebahrt haben, die Geistlichen und Honoratioren der Stadt mitsamt ihren kessen Sohnemännern in ihren Meßgewändern drum herum. Und wetten, daß sie allesamt recht gönnerhaft vergnügt gewesen sind, nachher, darüber, daß er sie so gut getroffen hat, ihr Malersmann? Mit all den vielen San Gimignaneser Türmen im Hintergrund? Und den Engeln, die, gerade so wie die Dohlen heute, um sie herumsummsen?

Und damit nicht genug. Denn noch einmal du, im Stadtmuseum, in goldenem Rahmen, auf Holz der Bilderbogen deiner Wunder: wie du die Mutter rettetest vor dem Teufel, der sie die Treppe hinuntergestoßen. Einen Besessenen. Einen Schiffbrüchigen. Einen Dachdecker. Und dazu die ewigen Mäuse um deine armselige Schlaf- und Liegestatt.

Übrigens hat man jüngst eine verlorengeglaubte Statue von dir wiedergefunden. In Florenz. Sie wird dem Pietro Torrigiano zugeschrieben. Dem, der dem Michelangelo mit der Faust soll die Nase eingeschlagen haben. Addio, Liebe, Feine. In *diesem* Leben nicht mehr!

STREIFZÜGE DURCH DIE STÄDTE

Siena, Pisa, Arezzo und Co.

Carlo Fruttero

PALIO

Beim berühmten Pferderennen auf der Piazza del Campo feiert Siena sich selbst. Das mittelalterliche Ritual bringt die Stadt über Wochen in Wallung. Krimi-Autor Carlo Fruttero, selbst ein Großmeister der Spannung, war dabei und ließ sich anstecken.

Jeder von uns hat Freunde, auch intelligente, die völlig begeistert von irgendeinem fernen Winkel der Erde zurück nach Hause kommen. Sie sind in Amazonien, Afrika oder Neuguinea unterwegs gewesen und haben in einem Eingeborenendorf ein Begräbniszeremoniell gesehen, eine Hochzeit, einen Kriegstanz. Trommelwirbel ohne Ende, Federn, Fackeln, rot, gelb, schwarz angemalte Gesichter. »Wunderbar! Ein glücklicher Zufall! Das Schauspiel war total echt, absolut authentisch!«

Keine dieser abenteuerlustigen Personen scheint in der Lage zu sein, folgende Überlegung anzustellen: »Allein die Tatsache, daß ich hier stehe mit meiner Trekkingausrüstung und meiner Kamera, nimmt diesem Ritus jede Authentizität, degradiert ihn auf einen Schlag zur Touristenattraktion.« Von jenem Moment an ist alles Betrug. Unwiderruflich. Hat der Medizinmann erst einmal sein heiliges Klagelied gesungen, löscht er seinen Durst mit einer Cola, und die junge Schönheit wird sich nach ihrem Nackttanz Benetton-Klamotten überziehen.

Lohnt es sich überhaupt noch, den seltenen Schauder ethnologischer Authentizität zu suchen in dieser immer kleiner und bekannter werdenden Welt? Man bräuchte dafür schon einen ganz und gar nicht primitiven Volksstamm. Oder noch besser: einen äußerst zivilisierten, ein Volk mit solch urtümlichen, gesunden Traditionen, daß es keine Angst haben muß vor den sich einschleichenden Mystifikationen der Moderne. Ein eng mit seinem Dorf verbundenes Volk, stolz darauf, es durch die Jahrhunderte intakt erhalten zu haben, stolz auch darauf, sich selbst zu feiern, in einem Ritual von unverfälschter emotionaler Reinheit. Dieses »Dorf« gibt es: Es ist die Stadt Siena. Diesen Volksstamm gibt es: Es sind die Bürger von Siena. Dieses Ritual gibt es: den *palio delle contrade,* der jedes Jahr am 2. Juli und am 16. August in Siena stattfindet.

Für mich, der ich ja kein Sieneser und nicht einmal Toskaner bin, war der Palio irgendeines dieser Stadtfeste, die es so ziemlich überall in Europa gibt, veranstaltet von Förderungskomitees zur schnellen Beglückung von Touristen auf Durchreise. Diese Vorstellung sorgte natürlich dafür, daß ich zu Zeiten des Palio einen großen Bogen um diese Stadt machte. Es waren Freunde aus Siena, die mir - ein wenig beleidigt und äußerst geduldig - versicherten, es habe mit diesen Dingen etwas ganz anderes auf sich. Und was genau? Das lasse sich nicht in Worten erklären; man müsse einmal hingehen, mit eigenen Augen sehen, am besten mindestens einen Tag vor dem Rennen.

Ich kam also am Vortag des Rennens an, ließ das Auto draußen vor den Mauern stehen und ging durch eines der altertümlichen Tore in die Stadt. Siena ist rot, sämtliche Dächer und ein Großteil der Kirchen, Häuser und Palazzi haben die Farbschattierungen des Backsteins, auf dem seit Jahrhunderten Regen, Sonne, Schnee und Wind ihre Spuren hinterlassen. Die Stadt wirkt abweisend, so, als habe sie gerade eine Belagerung überstanden und würde nun einer neuen entgegensehen. Türme und Schutzwälle sind mit der Zeit brüchig geworden, aber das vorherrschende Bild bleibt das eines finsteren Mittelalters: kriegerisch, geballte Faust in eisernem Handschuh.

Aber an den Tagen vor dem Palio sind die engen, gewundenen, mal bergauf, mal bergab führenden Gassen vollgehängt mit Tausenden von Fähnchen in höchst lebendigen Farben. Blau und Rot zum Beispiel. Und dann, auf einmal, ist ein Palazzo an der Ecke mit gelb-grünen Fahnen geschmückt, und zweihundert Meter weiter hängen unvermittelt rot-schwarze Banner dicht an dicht. Es ist die erste Begegnung mit den *contrade*, den Stadtvierteln. Sie werden alsbald die Hauptdarsteller des Palio sein.

Über die Vorgeschichte dieser *contrade* sagen die Quellen nichts Genaues. Schon vom 13. Jahrhundert an standen sie in heftiger Rivalität, es kam zu blutigen Auseinandersetzungen im Zusammenhang mit dem politischen Geschehen, und die Regierung der Republik versuchte, sie zu besänftigen und unter Kontrolle zu halten, unter anderem durch verschiedene Arten reglementierter Wettkämpfe, damit sich ihre streitlustigen Bürger austoben konnten. Das großartige und komplizierte Ritual des Palio entstand also nicht aus einer Gemeinschaft friedfertiger Leute, alle in Feierstimmung, alle Sportliebhaber der feinen englischen Art, des Fairplay. Es wurde vielmehr mühsam entwickelt in einer dramatischen, aufrührerischen, zu Aggressivität und Gewaltsamkeit neigenden Stadt. Um die Gebietsabgrenzungen der Stadtviertel gab es Streit ohne Ende und viele Tote und Verletzte. Die Viertel verhielten sich wie kriegerische Kleinstaaten, sie dehnten sich aus, wurden geschluckt, geteilt, vereinten sich, waren gefangen in einer Art permanenten Bürgerkriegs, der erst im Jahr 1730 mit einem Erlaß der regierenden Prinzessin Violante von Bayern sein Ende fand. Darin wurde die Zahl der *contrade* auf 17 festgelegt, und dabei ist es bis heute geblieben.

Der Fremde, der sich wohlwollend auf ein malerisches Schauspiel eingestellt hat, wird nach wenigen Schritten merken, daß auch er auf mysteriöse Weise von etwas Fiebrigem, Furiosem erfaßt wird. Trommelwirbel in der Ferne. Kinder, die auf einem Platz die Fähnchen ihrer *contrada* in die Luft werfen. Ein diffuses Geräusch von Menschenmengen. Schwärme von jungen Leuten, die plötzlich auftauchen, die farbigen Tücher um den Hals geknüpft. Einzelne Schreie, ein rauher Chor von Stimmen, die skandieren oder beleidigen. Man bewegt sich inmitten der Spannung, der Erwartung, läßt sich vom Strom treiben, aber man spürt, daß dieser Strom ein ganz bestimmtes Ziel hat, und plötzlich, zwischen zwei finsteren Palazzi, geht es abwärts durch eine dunkle, enge Gasse, und dort unten – o Wunder! – liegt die weite, rote Muschel der Piazza del Campo.

Ein breiter Streifen eines Gemischs aus Tuff und Sand ist am äußeren Rand der Piazza aufgeschüttet worden. Hier haben an den Tagen zuvor schon die verschiedenen Probeläufe stattgefunden – unter den Augen Tausender von Hoffnung, Angst, Wut und Aberglaube geplagter *contra-daioli*. Die Pferde sind den Vierteln durch das Los zugeteilt worden, aber um den Palio – und somit den Geist der Stadt – zu begreifen, muß man sich vor Augen halten, daß dieses Los (das Schicksal, der Zufall) immer austariert wird durch äußerst präzise Regeln. Davon gibt es mehr als hundert, und eine bestimmt, daß die schnellsten und die langsamsten der rund zwanzig Pferde, die von den Züchtern präsentiert werden, vom Rennen auszuschließen sind, um den Durchschnitt so homogen wie möglich zu halten. Den Jockeys hingegen steht es frei zu wählen, für wen sie ins Rennen gehen. Manche wechseln öfter die Fahne, was böse Folgen nach sich zieht: Verdächtigungen, Erpressungen. Beschuldigungen, heimliches Feilschen, Verrat, der mal mit Prügeln geahndet, mal mit Geld geregelt wird. Skeptisch gegenüber der menschlichen Natur, seit unzähligen Generationen Kaufleute und Bankiers, wissen die Sieneser, daß kein Wettstreit jemals völlig »sauber« ablaufen kann. Korruption akzeptieren sie als Teil des Lebens, sie gestehen sie offen ein, geben ihr einen Namen: *i partiti* (»die Parteien«), das sind geheime Verhandlungen, die entweder den Sieg des eigenen Viertels begünstigen oder zur Niederlage des »feindlichen« Viertels beitragen sollen – was ein wenig ehrenhafter, aber aufregender Triumph wäre.

Der Aufruhr der Leidenschaften, der das ganze Jahr hindurch in den Vierteln wabert, dann anschwillt und sich schließlich bei dem verrückten Rennen auf der Piazza entlädt, wird ausgeglichen durch eine Harmonie, in der viele Beobachter ein Modell des Zusammenlebens sehen, das der Utopie nahekommt. Jedes Viertel hat seine Kapelle, sein elegantes Zentrum (*sede*), in dem sich ein Museum voller Erinnerungsstücke befindet, das aber auch Mittelpunkt intensiver sozialer Aktivitäten ist, die junge Leute von Drogen und Kriminalität fernhalten, die ihnen Hilfe bieten bei Krankheit und Not, beim Studium, aber auch bei den tausend Widrigkeiten des täglichen Lebens. Jeder Sienese weiß, daß er jederzeit auf sein Viertel zählen kann, er ist ein Teil davon, auch in 20 000 Kilometer Entfernung. Das Gefühl der Heimatlosigkeit ist ihm fremd, seine Wurzeln sind in diesem Viertel, ein für allemal.

Die Freunde, die mich mit dem Palio bekanntmachten, gehören zur *contrada* der *aquila*, des Adlers. Am Vorabend des Rennens ging ich mit ihnen zum traditionellen Festessen, das in den Straßen des Viertels stattfindet. Die ganze Stadt ist dann Bühne für ein phantastisches Bankett. Überall lange Tische und Reihen von Lichtern und Bänken, überall Körbe voller Speisen, Wein, Trinksprüche, Lieder. Besser gesagt: in jenen zehn Vierteln, die am Palio teilnehmen. Sie werden durch das Los bestimmt, und die sieben ausgeschlossenen werden beim entsprechenden Palio im nächsten Jahr dabeisein (die vom Juli im nächsten Juli, jene vom August im folgenden August). Aber alle 17 nehmen an dem historischen Festzug teil, der dem Rennen vorangeht und den man auf keinen Fall mit einem Hollywood-Spektakel verwechseln sollte. Wie tiefernst das alles gemeint ist, läßt sich unter anderem an der verblüffenden Abwesenheit jeglicher Reklame ermessen. Nicht ein Millimeter wird an die Werbewirtschaft mit ihrem Heißhunger auf freie Flächen verkauft.

Der Aufmarsch ist grandios, die Kostüme sind prachtvoll. Es wird applaudiert, man schreit, winkt, singt, während die Trommeln unaufhörlich wirbeln, die silbernen Posaunen schmettern, Pagen und Knappen feierlich vorwärts schreiten, die Pferde sich in die Brust werfen und die weißen Ochsen, die den Wagen mit der kostbaren Trophäe des Palio ziehen, über das Tuff-Sand-Gemisch trotten wie über ein zweitausend Jahre altes Basrelief.

Auf den ersten Blick ist es eine gravitätische, glanzvolle Darbietung von Prunk, Eleganz, Eitelkeit: in Wirklichkeit aber ein genau berechnetes und fast unerträglich quälendes Vorbereitungsritual. Wenn der Moment der *mossa,* des Starts, gekommen ist und die zehn sattellosen Pferde zwischen den beiden Seilen tänzeln, senkt sich auf den Platz und auf die Stadt eine Stille wie ein lautloser, aber ohrenbetäubender Donnerschlag. Während dieses Galopprittes über drei Runden, der wenig länger als eine Minute dauert, steht das Herz still, die Zeit fällt zurück ins 13. Jahrhundert. Und 57 000 Sienesen suchen ein allerletztes Siegesvorzeichen – in einem Vogelzug, einem Sonnenstrahl, einem Windstoß, in hundert anderen Glücksversprechungen.

Eines dieser Vorzeichen hat mit den Eingeweiden des Pferdes zu tun: Entleeren sie sich in der Kapelle der *contrada,* während der Priester wenige Stunden vor dem Palio das Tier segnet, ist der Sieg gewiß. Reiner Aberglaube, versteht sich, und ich bin alles andere als abergläubisch. Bleibt noch zu erzählen, daß ich an jenem Nachmittag dem Segnungsritual beiwohnte und beobachtete, wie das Adler-Pferd auf den Boden der Kapelle äpfelte. Und dann sah ich, wie es den Palio gewann, ich muß es gestehen.

Marianello Marianelli

ACH, ICH ARMER TURM VON PISA

Viel ist geschrieben und noch mehr gesagt worden über den berühmten Turm in Pisa. Besonders, wenn sich die Zeitungen im Sommerloch befinden. Dem Schriftsteller Marianello Marianelli ist es gelungen, das berühmte Bauwerk nun endlich zu einem Selbstzeugnis zu überreden. Die Geschichte des Turms in seinen eigenen Worten.

Nicht alle Glockentürme können sich einer Mutter rühmen. Meine Mutter war Witwe und hieß Berta di Bernardo. 1172 verfügte sie in ihrem noch erhaltenen Testament, daß man mit sechzig *solidi* ihrer Barschaft Steine kaufen sollte, um mich zu bauen.

Was meinen Vater angeht, streiten sich die Gelehrten nach wie vor; es amüsiert mich, ihnen zuzuhören. War es Bonanno, der dann die ersten Bronzetüren des Domes, meines Bruders, goß? Oder Deotisalvi, der schon meine Schwester, die Taufkirche, das Baptisterium, in die Welt gesetzt hatte? Oder war es doch ein gewisser Guglielmo (daß er aus Innsbruck kam, glaubt freilich niemand mehr), womöglich derselbe, der um 1160 unsere erste Domkanzel schuf? Wer immer es gewesen sein mag, mein Vater war ein phantastischer Mann – doch kein Phantast.

Sicher ist einzig mein Geburtsdatum. Monat und Jahr

können Sie, lieber Leser, der Inschrift oben neben dem Eingang zu mir entnehmen, unter dem kurzen Tierfries rechts (ein Stier, ein Basilisk, ein Bär, nett anzuschauen und von sinnbildlicher Bedeutung), den Tag finden Sie in zwei alten Urkunden: 9. August 1173. (Überall steht zwar, in römischen Ziffern, 1174, aber für die Pisaner begann das Jahr damals nicht mit dem 1. Januar, sondern bereits am voraufgegangenen 25. März, Mariä Verkündigung, *ab incarnatione* Christi.)

Der heiße August bot sich, als der Monat mit dem niedrigsten Grundwasserstand, meinem Vater wie kein zweiter an, mein Fundament zu legen. Schon vorher hatte er einen ringförmigen Graben – knapp 3 Meter tief, 7,55 Meter breit, Durchmesser 19,60 Meter – ausheben lassen. Da hinein preßte er zuerst ein etwa 40 Zentimeter hohes Steinbankett, und darauf schüttete er, bis an die Geländeoberkante, Bruchstein und Kalkmörtel, insgesamt an die 700 Kubikmeter. Rund drei Wochen arbeiteten unter seiner Leitung zügig und gut siebzig Maurer und Handlanger; bevor das Wasser im Herbst wieder anstieg, waren sie fertig.

»Wahnsinn«, werden Sie sagen, »nur drei Meter in die Tiefe zu gehen, wenn es ein solches Projekt hochzuführen galt.« Scharfsinn, entgegne ich. Mein Vater kannte die Beschaffenheit des Bodens. Er wußte, daß just die oberste Schicht, sandiger Lehm, auf ein paar Meter eine gewisse Festigkeit versprach, während darunter weicher Ton mit feinem Sand und Muschelschalen folgte (der erst, wie spätere Bohrungen zeigten, bei 20 Meter unter dem Meeresspiegel kompakter wird und selbst dann noch für weitere 20 zusammendrückbar bleibt). Er wußte auch, daß sich ein Bauwerk mit seinem Baugrund irgendwie arrangieren muß, wie jedes Einzelwesen mit der Gesellschaft. Und er vergaß nicht, zu bedenken, daß unweit von hier der Arno fließt: Nur sozusagen »federnd« hätte ich, vielleicht, auf diesem tückischen Terrain überleben können. Deshalb schloß er mit unserem naturgegebenen Partner eine Art Pakt: »Ich«, Bonanno oder Deotisalvi oder Guglielmo oder wer sonst, »verpflichte mich, den Campanile so leicht wie möglich zu bauen, und du, Boden, versprichst mir, ihn so lange wie möglich zu tragen.«

Um Wort zu halten, entwarf er mich als einen großen Hohlzylinder – lichte Weite 7,50 Meter –, den er mit einem Stufensockel auf mein ringförmiges Fundament setzte. Im Erdgeschoß hat mein Mantel, ein zweischaliges Mauerwerk, eine Stärke von durchschnittlich 4 Meter, aber schon vom ersten Stock an mißt er, zurückweichend, nur noch 2,40 Meter. Der Kern besteht aus locker gepacktem Bruchstein und darüber gegossenem Mörtel von bester Qualität, ist also porös und elastisch, eher geeignet, die Druckbeanspruchung aufzunehmen; die Verkleidung bilden akkurat einander angepaßte Marmorquader, die beiderseits mindestens 40, außen bis 60 Zentimeter dick sind (noch heute weist meine Haut nur wenige Sprünge, kaum Risse auf). In der Mauer befindet sich auch die 1 Meter breite Wendeltreppe mit ihren 293 Stufen. Ich hab es gern, wenn die Leute in mir herumsteigen; 1989 waren es 811 008 Besucher.

Am besten gefallen mir meine Säulen: 15 sind mir im Erdgeschoß einverleibt, 12 meiner Glockenstube, und 30 umrahmen jedes der Stockwerke dazwischen – lauter griechische Rundtempel, ein halbes Dutzend übereinander. Oft fühle ich mich wie ein sechsfach bekrönter König. Zu Recht nennt mich Ihr Rudolf Borchardt eine »Säulensäule«. Es ist kein Zufall, daß an mir alles rund ist, während bei meinem Vetter in Florenz, dem Campanile Giottos, das Rechteck dominiert. Im Grunde hatten die Florentiner nie ein so enges Verhältnis wie wir Seerepublikaner zu den Säulen der Antike. Nur die Pisaner konnten aus dem östlichen Mittelmeerraum den Modul, jenes Proportionssystem importieren, das später auch die Florentiner übernahmen. Und nur die Pisaner konnten so tollkühn sein, von der Isola del Giglio, von Elba und Sardinien auf Schiffen die 68 im Durchschnitt 7,50 Meter langen, monolithen Säulen, riesige Aale aus Granit, herzuholen, die Meister Buschetto (»mit einem Wink«, sagt sein Epitaph) im Dom aufrichten ließ. In der ganzen Toskana gibt es nicht so viele Säulen wie auf diesem Platz; und wo es welche gibt, stammen sie von unseren ab. In ihrem dichtmaschigen Netz halten die 180 schlanken Schönen der sechs Tempel meinen gemauerten Zylinder wie gefangen; er scheint einzig für ihre Schattenspiele dazusein. Aber selbst sie sind alles andere als nur Dekor. Auf ihnen ruht ein Teil meines Gewichts. Die sich von ihnen hochschwingenden Bogen und Gewölbe stützen jeweils die Umgänge des nächsten Stocks, die ihrerseits den eigenen Säulenkranz tragen und mir wie marmorne Wirbel das Rückgrat stärken. Mehr als an jedem anderen romanischen Bauwerk ist hier die Statik schon Ästhetik. Wenn Sie mein absurdes und doch logisches Geheimnis fassen wollen, müssen Sie wissen, daß mir »Stabilität« verleiht, was »labil« ist, eine gewollte, wohlausgewogene Leichtheit, ja Leichtigkeit, wie sie auch den meisten Menschen abgeht.

Meine ersten zehn Lebensjahre waren die glücklichsten; ich wuchs gesund, mit nur kleinen, immer gleich korrigierten Haltungsfehlern heran. In dem dunkelblaugrünen Körper der Pisaner Berge konnte ich schon die Wunde klaffen sehen, wo man die Steine für mich brach und den berühmten Kalk gewann. Schon träumte ich davon, daß sich mir bald der Blick auf das Meer, das damals viel näher an die Stadt heranreichte, und auf San Piero a Grado öffnen würde, die Kirche, die sich an der Stelle erhebt, an der Petrus, nach Rom unterwegs, an Land gegangen sein soll. Schon sagte ich mir: Bald sind sie komplett, meine Marmorarkaden: Einheimische und Fremde werden bequem (der Abstand zwischen dem Mantel meines Zylinders und den Säulen beträgt 1 Meter) um meine Achse kreisen, selig wie auf schneeweißen Karussells. Und: Bald werde ich mit meinen Glocken zu den

Leuten sprechen. Da passierte es, etwa 1185, fast unvermittelt, als die Arbeit meines Vaters bereits bis zur halben Höhe des dritten Obergeschosses gediehen war. Ich fühlte, wie ich sank, 30 Zentimeter, 40, Wasser umspülte meinen Fuß, mich packte Schwindel. Zu dem Zeitpunkt wog ich, wie später errechnet wurde, etwa 9000 Tonnen, die auf den 280 Quadratmetern meines Fundaments lasteten und eine Baugrundpressung von ungefähr 3,5 Kilogramm je Quadratzentimeter verursachten. Mein Überhang nach Süden war zwar noch minimal, keine 5 Zentimeter, nichts im Vergleich zu dem von heute, mehr als 5 Meter – aber mein Vater blies das Unternehmen sofort ab. Sie müssen ihn verstehen. Sicher, er war ein Genie, aber ein italienisches Genie, ein Realist, kein Himmelsstürmer, kein Fausttyp. Er wußte, daß er, wenn er es zwingen wollte, viel mehr als sein privates Seelenheil riskierte, wußte, daß meine Mitbürger mich schon, obwohl ich längst nicht mündig war, zum Wahrzeichen der Stadt erkoren hatten. Wie oft habe ich sagen hören, mein Vater hätte mich von Anfang an, aus einer Laune heraus, schief geplant, »auß Eigensinn«, »mit Fleiß«, »durch artificio vnd astutia«, »als eine besondere Probe« seiner Kunst, »damit er ... ein ewige memoria hinderlasse« (so kann man in alten Berichten deutscher Italienreisender lesen). Auf einen solchen Vater wäre ich nicht allzu stolz. Aber schon der Umstand, daß er 1185 aufgab, macht diese Hypothese zur Legende, in die sich allerdings immer wieder jemand verliebt, 1627 zum Beispiel verstieg sich, um sie zu erhärten, selbst der Ulmer Baumeister Joseph Furttenbach zu der Behauptung, daß, obwohl der Turm »vmh 12 Schuch auff ein Seitten sich wendet oder vberhengt ... die innere Mauer, das Loch, auffrecht vnnd grad da steht«. In jüngerer Zeit war ihr energischster Verfechter Karl Grün. Mein Vater, schreibt er noch 1861, tat Jahrhunderte vor Galilei und Newton, »mehr als die berühmten Gesetze der Gravitation empfinden und erkennen; er trotzte ihnen, er opponirte gegen sie, er machte ein Pasquill auf sie«; für Grün bin ich »ein gemauertes Kapitel aus der Physik«. Und doch konnte schon im Winter 1599/1600 Heinrich Schickhardt in seinem Tagebuch »anderst nicht erachten, dann das der Thurn sich vor vilen jahren … im Fundament gesetzt und also auff ein Seiten geneigt hab«, und Goethes Vater, der 1740 in Pisa war (sein Sohn ließ die Stadt aus, ihm entging ihre besondere Nähe zur Antike), notierte mit seinem gesunden Menschenverstand: »Es wäre auch wahrhaftig närrisch gewesen, den Turm so zu bauen, wie er heute dasteht, zumal sein ganzer innerer Aufbau sowie die verschiedenen Stockwerke, in die er unterteilt ist und die gleichermaßen überhängen, uns vom Gegenteil überzeugen.« Um nach meinem ersten, ernsten Fehltritt an mir weiterzubauen, hätte mein Vater sicher sein müssen, daß ich in der Folge zur Ruhe gekommen, ein standhafter Campanile geworden wäre; aber das konnte er nur hoffen. Dennoch glaube ich nicht, daß er mir aus reiner Resignation den Rücken kehrte. Er wollte seinem wankelmütigen Vertragspartner, dem Baugrund, Zeit lassen, sich zu festigen und an mich zu gewöhnen, wie es die Menschen tun, wenn sie ein Schmerz drückt. Jahre, Jahrzehnte gingen dahin, die Pisaner vergaßen mich nie ganz, bis ihnen endlich, gegen 1275, ein Architekt berufen schien, ihren Traum zu verwirklichen: Giovanni di Simone. Mein zweiter Vater, der dann 1277 auch den Camposanto begann, war ein kühner und zielstrebiger Mann, so tüchtig, daß er als Dombaumeister das Privileg der Steuerfreiheit genoß. Er hatte schon San Francesco, hier in der Nähe, mit einem Turm von quadratischem Grundriß ausgestattet, der nur an zwei Seiten auf Mauern – den Umfassungsmauern des Querschiffs – ruht und an den beiden anderen durch zwei einfache Konsolen abgestützt wird.

Bei Wiederaufnahme der Arbeiten geriet ich gleich von neuem in Bewegung. Giovanni setzte unbeirrt, sooft ich mich weiter neigte, alles daran, den jeweils nächsten Stock wieder ins Lot zu bringen. 1284 hielt auch er inne, einmal, weil das sechste Obergeschoß und damit der Hauptbau vollendet war (es fehlte noch die Glockenstube), und dann, weil mein Überhang inzwischen mehr als 90 Zentimeter betrug. Er soll im selben Jahr den Tod gefunden haben, vielleicht in der Seeschlacht bei der Meloria, einer kleinen Felseninsel vor Livorno. (Die Genuesen führten so viele Pisaner als Gefangene heim, daß es hier hieß: »Wer Pisa sehen will, gehe nach Genua«; es war der tragischste Tag unserer Geschichte.)

Erst nach 1350 baute mein dritter Vater, Tommaso Pisano, mein letztes Rund, von geringerem Durchmesser, das Glokkengeschoß; aber vorher mußte er – ich hing nun schon um 1,43 Meter über – den Fußboden wieder waagerecht stellen, weshalb er ihn auf der Südseite mit Hilfe von zwei verlaufenden Stufen mehr als gegenüber, insgesamt sechs statt vier, um 45 Zentimeter anhob. Damit war meine heutige Höhe erreicht: 54,73 Meter (vom höchsten Punkt bis zur untersten Stufe meines Sockels gemessen). Nach all den Korrekturen hatte und habe ich für den Betrachter die Form einer großen Banane; ich selbst fühle mich wie jemand, der an Schwindel leidet und, um nicht nach vorn zu fallen, die Brust herausstreckt und den Kopf in den Nacken legt.

Daß es im ganzen mit meiner Gesundheit hapert, ist mir bekannt. Ich glaube, es gibt auf der Welt keinen Kranken, der intensiver überwacht wird als ich. Die Apparaturen, die man mir eingebaut hat und die jede Änderung meines Zustands registrieren, sind so empfindlich, daß sie wohl auch das Gewicht der Wolkenschatten auf unserem Rasen bestimmen könnten.

Nach den jüngsten Ergebnissen sollte ich froh sein. Mein Überhang beläuft sich zwar heute, für den Abschluß der Glockenstube errechnet, auf 5,21 Meter (gelotet werden vom Gesims über dem sechsten Obergeschoß 4,42 Meter, was einer Neigung von 50°28′07″ entspricht); aber in der letzten Zeit hat man ein durchschnittliches Anwachsen meiner Schiefstellung von nur 1,2 Millimeter pro Jahr (in den letzten zwölf Monaten sogar von nur 0,4 Millimeter) beobachtet. Ich stehe also beinah still. »Sei unbesorgt«, sagen die Optimisten, »die Projektion deines Schwerpunkts liegt erst 2,20 Meter vom Zentrum deines Fundaments entfernt. Wenn du so weitermachst, kannst du theoretisch das Jahr 3000 überdauern; dann wird es hier auch von Ufotouristen wimmeln.« Die Skeptiker dagegen meinen, selbst manches diagnostische Verfahren sei mir nicht zuträglich, schon meine zwölf Thermometer gefährdeten mich; ganz zu schweigen von den leidigen Biopsien, den Kernbohrungen, mit denen man meinem Mauerwerk und dem Boden immer wieder Proben entnimmt. Wem soll ich glauben?

Jedenfalls mache ich mir keine Illusionen. Andere berühmte Glockentürme sind eingestürzt, so 1902 mein Vetter von San Marco in Venedig. Die Schönheit allein verbürgt noch keine Unsterblichkeit. Auf einem Flachrelief über meiner Tür unten läuft ein Schiff mit gestrichenen Segeln in den Pisaner Hafen ein. Es versinnbildlicht die Seele am Ende ihrer Erdenreise. Ich weiß, auch meine Tage sind gezählt. Und doch, mehr als die Vorstellung, zu Staub zu werden, beunruhigt mich, was sich die Menschen einfallen lassen, um mir mein Leben zu verlängern.

Dabei denke ich weniger an die gutherzigen, erfinderischen Laien, deren Vorschläge zu meiner Rettung, nach Nationen geordnet, im Archiv der Dombauhütte verwahrt werden und Manna für die Journalisten sind. »Warum«, fragt sich zum Beispiel der Südafrikaner Ron Middleton, »lehnt man den Turm nicht, wie einen Betrunkenen, an die Schulter eines nüchternen Kumpans«, eine Metallkonstruktion mit gewendeltem Treppenlauf und Terrassen? (Warum nicht – wennschon – dennschon! – mit Wendelrampen und

Parkmöglichkeit?) Ein Pole, Andrzej Wantuch, plädiert für einen siamesischen Zwilling, der ein modernes Hotel beherbergen könnte. (Wie wär's mit einem Solarium gleich neben den Glocken?) Joseph Kornischow aus Odessa empfiehlt, mich mit Stahldrahttrossen an einem Denkmal zu vertäuen. (Dann bitte ich mir aber vier Bronzepferde, eine Quadriga, aus. Ich würde gern den Wagenlenker spielen.) Ein Florentiner Ingenieur, Galliano Boldrini, möchte mich einer überlebensgroßen Statue unseres Stadtpatrons San Ranieri anvertrauen. Alfonso Maggiani, »Bauer, Maurer, Baumeister, Bildhauer und Erfinder« aus La Spezia, hat zu meiner Abstützung eine stilgetreue Freitreppe aus Marmor entworfen, die bequem zum dritten Stock führt, »ideal für ältere Leute, die bis nach oben weitersteigen wollen«. Ein Geomant aus Hamburg, Kurt Mahlberg, ist bereit, zu meinen Füßen eine magische Kugel zu vergraben, die die »negativen linksdrehenden Strahlungen«, die aus der Erde kommen und mein Gleichgewicht stören, »in rechtsdrehende positive« umzuwandeln vermag. (Ein russischer Wissenschaftler namens Piotr I. Fedotov schwört übrigens, die Schuld an meiner Auslenkung liege allein bei dem Techtelmechtel des Mondes mit dem Grundwasser.) Gleich mehrere Spaßvögel raten mir, mich von einem Kranhubschrauber oder von einer Traube Luftballons in der Schwebe halten zu lassen. Ich verstehe sie ja, meine rührenden Nothelfer, auch die Häftlinge, die mir schreiben. Im Grunde sind alle bestrebt, wenigstens eins auf der Welt zu verbessern – mich.

Viel mehr Kopfzerbrechen bereiten mir die Experten, die über mein Schicksal befinden werden, denn sooft die Menschen mir, zu meinem Besten, eine Hand gereicht haben, haben sie mir letztlich einen Bärendienst erwiesen. Nehmen wir den Architekten Alessandro Gherardesca, der 1838 (inzwischen war ich erheblich unter die Geländeoberkante gerutscht, an der Südseite um gut 2 Meter) meinen Stufensokkel freilegte und später mit einem Umgang versah, dessen Boden und Wand er absicherte und mit Marmor verschalte. Als, je tiefer er grub, immer mehr Wasser aus dem Boden quoll, wußte dieser Zauberlehrling nichts anderes zu tun, als es in eine schnell gebaute Zisterne zu leiten und periodisch wegpumpen zu lassen (eine unselige Praxis, von der man nie ganz abgekommen ist). Die Geschwindigkeit meiner Neigung - damals nicht nennenswert - erhöhte sich rapid und verlangsamte sich nur allmählich, wohl schon bevor man 1911 mit regelmäßigen Messungen begann. Sie steigerte sich erneut um 1935, als man meinem Fundament zur Stärkung 361 Injektionen, eine Mischung von Wasser und Zement (1860 Doppelzentner), verpaßte, und nochmals 1966/67, als wiederholt Bohrungen in meinem Baugrund niedergebracht wurden. Anfang der siebziger Jahre schließlich bestätigte sich mein schleichendes Übel, das ich auch, wenngleich nur indirekt, dem Eingriff der Menschen verdanke (es grassiert in manchen Landstrichen Italiens, zum Beispiel in Venetien und in der Poebene, scheint aber für mich eine besondere Gefahr darzustellen): die Subsidenz, also die Bodensetzung infolge der Absenkung des unteren Grundwasserspiegels. Dieses Phänomen wird vor allem durch die bedenkenlose Wasserentnahme in meiner Nähe ausgelöst, der man gottlob inzwischen mehr oder weniger erfolgreich Einhalt geboten hat.

Seit 1907 branden die Kommissionen, die sich mit meiner Sanierung befassen, an mir hoch. Die sechste, die 1965 gebildet wurde und der auch ein Landsmann von Ihnen, Prof. Dr. Edgar Schultze von der Technischen Hochschule Aachen, angehörte, legte 1971 einen detaillierten, dreibändigen Bericht über meinen Zustand vor. Unter Hinweis auf jene Daten wurde im Jahr darauf ein internationaler Wettbewerb für die beste Therapie ausgeschrieben. Von den 22 eingegangenen Vorschlägen fanden aber nur 5 Beachtung, keiner erwies sich als ohne Risiko durchführbar. Deshalb beauftragte ein endlich im Februar 1982 verabschiedetes Gesetz sieben Sachkundige von Ruf mit der Ausarbeitung eines eigenen Projekts, das 1986 seinen Weg von Pisa auf die römischen Schreibtische nahm. Seit 1988 ist auch ein Wissenschaftlich-Technisches Komitee von weiteren sieben Koryphäen am Werk. Ihm wurde nun noch eine Technische Delegation von vier hochqualifizierten Vertretern des Ministeriums für Öffentliche Arbeiten beigeordnet. Alle ereifern sich: »Es muß etwas geschehen«; aber über das »Was« gehen die Meinungen weit auseinander.

»Man brauchte«, sagt zum Beispiel einer der Therapeuten, die mich behandeln möchten, »deinen Gründungsring nur in einen größeren, eine Betonplattform von etwa 60 Meter Durchmesser, einzufügen, um eine bessere Sohldruckverteilung zu bewirken.«

Ein solcher Überschuh wäre zweifellos eine Erleichterung für mich, denn an der Stelle, an der sich mein Fuß am tiefsten gesenkt hat, am äußeren Rand der Südseite, beträgt die Baugrundpressung heute fast 10 Kilogramm pro Quadratzentimeter. Wenn Sie bedenken, daß sie auf der Gegenseite nur ein Vierzehntel beträgt, werden Sie verstehen, wie prekär mein sogenanntes Gleichgewicht ist und warum an den Ecken mancher meiner Kapitelle gewisse Köpfe, vor siebenhundert und mehr Jahren in den Stein gehauen, schon so entgeistert dreinblicken.

»Dein Vater war klug«, beneiden mich die beiden überhängenden Türme von Bologna, Garisenda und Asinelli, »als er dich rund schuf. Wenn du quadratisch wärest, hätte nämlich die unterste Kante deines Fundaments das weiche Erdreich längst zerteilt.«

»Eine Stahlbetonplatte, an der Nordseite, gleich neben dir, unter dem Rasen eingelassen und tief mit vorgespannten Stahlseilen im festen Sand verankert«, erklärt mir ein anderer Spezialist, »könnte deinen Baugrund dort zusammendrücken und dich, deine Neigung leicht zurückholend, an der Südseite - nach dem Prinzip des Streckverbands - sattsam entlasten.«

Wenn ich tatsächlich so anfällig bin, daß mir die kleinste Biopsie schadet, wie soll ich dann langwierige Eingriffe in mein Inneres verkraften? Und was wird sich im Boden meines großen Bruders, des Domes, drüben tun?

»Keine Bange«, antworten mir die sieben Experten, deren Projekt in Rom auf die endgültige Absegnung wartet. »Wir haben für dich für die Dauer der Arbeiten ein großes Stahlgerüst in Form eines Kegelstumpfs konzipiert. Seiner Basis, einem Kranz aus Spannbeton von 55 bis 60 Meter Durchmesser, der auf 40 Meter hohen unterirdischen Stelzen ruht, werden 15 Verstrebungen von 80 Zentimeter Durchmesser eingepaßt, denen der engere, obere Ring aufliegt. Dieser robuste Gurt soll sich deinem Mauerwerk auf halber Höhe des zweiten Stocks, wo du den Schwerpunkt hast, mittels 30 hydraulischer Zylinder - jeweils zwischen zwei Säulen, die alle unberührt bleiben, hindurchgeführt - aufpressen und es dank wohldosierten Drucks, notfalls stärker von Süden her, halten. Dein Erdgeschoß wird dagegen in eine Art Korsett gesteckt, durch Zugstangen an denselben Stahlgurt angeschlossen und so sachte geliftet. Das Ganze sieht wie ein riesiger Laufstall aus, an den du dich lehnen, dem du deine 14 486 Tonnen aufbürden kannst. Du wirst dich schwerelos fühlen, während wir uns an deinem Fundament zu schaffen machen.«

Ich weiß ja nicht, ob es meiner Mutter lieb wäre, mich, in meinem biblischen Alter, in einem Laufstall zu sehen. Und wie wird mein poröser, gebrechlicher Körper reagieren, wie meine alte, edle Marmorhaut? Wird mich die Umklammerung nicht erdrosseln, zermalmen?

»Eventuell spritzen wir deiner Mauer Zement ein, auf daß

sie der sanften, gesteuerten Gewalteinwirkung besser Widerpart bieten kann.«

Um von dieser Schreckensvision loszukommen, frage ich, was sie denn mit meinem Fundament vorhaben.

»Wir werden es«, belehren mich die sieben Weisen, »seitlich in einen neuen Ring aus Spannbeton fassen, von dem 6 justierbare Streben - 13 Meter lang und 2,50 Meter breit - ausgehen, die im Unterbau des Trägers deines Gerüsts verankert werden. Wenn das nicht klappt, werden wir dir ein neues Fundament legen. 184 Mikropfähle aus Stahlbeton - Durchmesser 22 Zentimeter, jeder kann 120 Tonnen tragen -, in etwa 50 Meter Tiefe sicher aufgesetzt, werden einen runden Spannbetonbalken stützen, der sich deinem alten Fundament von unten hilfreich anschmiegen soll.«

Bei Tag ist mir all das ein raffinierter technologischer Traum, nachts ein Alptraum. Vielleicht haben selbst seine Initiatoren ein bißchen Angst vor der eigenen Courage (ich habe es auch für sie), aber das will ich weiter nicht erkunden. Lassen Sie mich nur Luther variieren: »Hier stehe ich, anders kann ich nicht, Gott helfe ihnen, Amen.«

»Apropos Spritzen«, mischt sich eine Gruppe Japaner ein, »wir haben ein chemisches Verfahren entwickelt, mit dem wir deinen nachgiebigen Boden so hart wie Fels machen, petrifizieren können. Eine forcierte genetische Mutation.«

»Das einfachste wäre noch«, behauptet ein berühmter Hydrauliker, »deinen Tyrannen, das Wasser, in deinen Diener zu verkehren. Um die Setzung zu vermeiden, die durch das Sinken des Grundwasserspiegels in den tieferen Erdschichten verursacht wird, dürfte es genügen, ein paar Schächte - sagen wir, acht - auszuheben und dann nach Bedarf Wasser einzufüllen. Du könntest ruhig schlafen wie auf einer Wassermatratze.«

Oder sind auch Sie, wie so mancher, der Meinung, man sollte mich Stein für Stein demontieren und dann generalüberholt und möglichst gerade auf meinem gefestigten Fundament neu errichten? Eine solche Vivisektion erscheint mir wider die Natur. Ich nähme sie noch hin, wenn meine Marmorquader von den vertrauten Händen meiner Väter wieder zusammengesetzt würden, die den Wert eines jeden Bauelements kannten; für fremde, heutige Hände sind neue, anonyme Steine besser: eine Nachbildung meiner Wenigkeit, ein postmoderner Marmorspuk, in einem Städtchen in Kentucky, in Itzehoe oder Brisbane.

Gegen den wenig harmonischen Chor der tatenfrohen Tenöre (Laufstallmeister, Subsidenzler, Orthopädisten, Spritzenfritzen, Demonteure, Petrifikatoren und so fort) singt, wie es sich für eine italienische Opera buffa schickt (nicht zu vergessen die Baritone der Minister und der Politiker schlechthin), der Bassochor der Gemäßigten an, zu denen viele Pisaner zählen (für sie ist, wie die Vorsicht, auch das Phlegma die Mutter der Weisheit), und die warnen: »Hände weg vom Schiefen Turm. Kein Eingriff nur aus Ruhmsucht oder weil die Gelder einmal da sind.« (Schon lange 15 Milliarden Lire, nun offenbar weitere 100 Milliarden.) »Wir fordern vor allem Videoüberwachung rund um die Uhr und eine kosmetische Behandlung, die keinen Stein, keine Fuge ausläßt.« Mein Fall hat in den letzten Jahren eine Kettenreaktion von Kontroversen zwischen Geologen und Architekten, Ingenieuren und Kunsthistorikern, Chirurgen und Homöopathen ausgelöst, zwischen Rom und Pisa, zwischen dem Ministerium für Öffentliche Arbeiten und dem für Denkmalschutz. Es tut mir weh, mit ansehen zu müssen, wie sich meine zu vielen Schutzengel raufen. Und weh tut mir, wenn ich bis auf weiteres für mein Publikum geschlossen bin. Die Einsamkeit ist für mich hart; ich brauche Menschen, ihr Pulsieren in mir. Zum Glück bleiben mir noch all jene, die sich da unten naiv mit ausgestreckter Hand fotografieren lassen, daß es so aussieht, als stützten sie mich. Am Ende halte ich mich wirklich ihretwegen auf den Beinen. Wer weiß, lieber Leser, ob ich, wenn Sie nach Pisa kommen, schon eingestürzt sein werde (möglichst des Nachts, und ohne meine Geschwister mitzureißen, und, bitte, ohne Fernsehkameras) oder Rekonvaleszent bin oder noch in meinem Laufstall oder etwa mit einer Art Bruchbinde umgeben dastehe (letztere, fünf stählerne Seile jedes von 1,5 cm Durchmesser, will man mir in Höhe des ersten Stockwerks verpassen, auf daß mein alter Körper nicht platzt, wo die Belastung am größten ist). Vielleicht werde ich nach wie vor jeden Morgen mit meinem Schatten die Schultern meines großen Bruders streifen. Vielleicht werden meine seit Jahrzehnten zwar nicht stummen, aber reglosen Glocken - sieben an der Zahl - endlich wieder, wie einst weit ausschwingend, zu meiner Stadt sprechen können.

Eins aber will ich Ihnen schon heute anvertrauen. Es hat mich lange Zeit gekränkt, daß die Leute meiner Neigung mehr Interesse entgegenbringen als meiner Schönheit, daß ich für sie vor allem »anders« bin, wunderlich. Dann habe ich endlich verstanden, wie reich an Nuancen meine Schiefstellung ist.

Noch frage ich mich, ob ich aus Sympathie für die Erde überhänge oder weil mich der Himmel drückt - aber das ist wohl dasselbe.

Henning Klüver

EINE STADT MIT ZWEI SEELEN

Siena ist eine merkwürdige Mischung, schreibt Henning Klüver. Manchmal benimmt es sich wie im Mittelalter, dann wieder ist es der Zeit voraus. Selbst beim Palio, dem archaischen Pferderennen, berechnen heute Computer die Bahn.

Welcher Geist in Siena sein Unwesen treibt, ist ungewiss. Angeblich kann man ihn hören, im alten Garten der Akademie der Wissenschaften, das weiß in der Stadt jedes Kind. Ein unheimliches Geräusch, wie der Huf eines Pferdes auf Holzbohlen. Siena gehört mit Turin, Lyon und Prag zu den esoterischen Orten Europas, in denen Zaubertrank und Hexensprüche heute noch Wirkung zeigen sollen.

Es könnte an der magischen Zahl drei liegen. Drei Stadtbereiche hat das mittelalterliche Siena, das auf drei Hügeln erbaut wurde. Drei Machtfaktoren bestimmen auch die Stadt der Gegenwart: die Universität, das sieht man an den vielen Studenten, die sich vor allem abends auf der Piazza del Campo treffen; die lokale Bank Monte dei Paschi, deren Geschicke viele Gespräche beherrschen; und die *contrade*, die 17 Stadtbezirke – sie prägen das Leben in einer Weise, die Außenstehenden manchmal so mysteriös erscheint wie der Spuk im Botanischen Garten.

In spiritistischen Sitzungen haben Medien versucht, mit dem Geist Kontakt aufzunehmen. Die Seele eines verkannten Malers? Eines gehängten Mönches? Als wir unsere Gastgeberin Monica danach fragen, muss sie lachen. Die 39-jährige Monica Banfi arbeitet im Prüfungszentrum der Università per Stranieri, das mit italienischen Sprachschulen in aller Welt vernetzt ist. Mit Gespenstern aus der Vergangenheit kann sie nichts anfangen. Seht euch die Stadt lieber von einem anderen Blickwinkel an, rät sie und schickt uns zum Rathausturm.

Herrliches Siena: Von der Torre del Mangia lässt sich die ganze Stadt überblicken, und das hügelige Umland noch dazu. Wie die Beine einer Spinne ziehen sich die Hauptstraßen Sienas von der Piazza del Campo aus über drei Hügel. Drum herum zieht sich eine Mauer, als hätten die Erbauer die Spinne am Weglaufen hindern wollen.

Unter uns sehen wir die muschelförmige Piazza del Campo, auf der die *contrade* zweimal im Jahr, am 2. Juli und am 16. August, das berühmte Pferderennen um den Palio, eine seidene Marienfahne, austragen. Schon Tage vorher liegt eine fiebrige Spannung über der Stadt. Sie entlädt sich in einem verrückten, archaischen Spektakel: Dreimal geht es in rasantem Galopp und ohne Sattel um den abschüssigen Platz, erlaubt ist alles, was den Gegner behindert. Reiter stürzen, Pferde stürzen, werden überrannt. Auch ein Pferd ohne Reiter kann Sieger sein. Und nach etwa 100 Sekunden ist alles vorbei.

Aber eigentlich dauert der Palio das ganze Jahr, »il palio dura tutto l'anno«, wie viele in Siena sagen. Denn das Rennen und die wilden Feiern danach seien nur die Explosion eines tief in den Seelen sitzenden Gefühls der Zugehörigkeit zum eigenen Bezirk, der *contrada*.

Die *contrade* tragen noch ihre Namen aus der Ritterzeit: *aquila* (Adler) oder *chiocciola* (Schnecke), *oca* (Gans), *drago* (Drache) oder *leocorno* (Einhorn). Einmal im Jahr tauft jeder Bezirk seine Neugeborenen an einem eigenen Brunnen. Jede *contrada* hat auch einen Vereinssitz mit einer Bar, einer Kapelle und einem kleinen Museum voller Erinnerungsstücke. Hier bereitet man sich nicht nur auf den großen historischen Festumzug vor dem Palio vor – hier spielen auch die Kinder, schwatzen die Alten miteinander; auch gekocht wird hier gemeinsam und Nachbarschaftshilfe organisiert. Es nehmen zwar nicht mehr so viele wie früher am *contrada*-Leben teil, aber immer noch gilt das Viertel als eine Art erweiterter Familienverband. Diesem engen sozialen Netz, sagen die Sienesen, sei zu verdanken, dass die Stadt kein Problem mit harten Drogen kennt. Monica Banfi ist froh, dass sie ihre 12-jährige Tochter bedenkenlos zum Sitz ihrer *contrada*, der *aquila*, im Vicolo del Verchione schicken kann, wo sie unter den Augen von Nachbarn und Bekannten spielt.

Jahrhundertelang gehörten Sienesen automatisch zu der *contrada*, in der sie geboren wurden, doch inzwischen gilt das Verwandtschaftsprinzip: Man kann sich der *contrada* der Mutter, des Vaters, des Onkels anschließen. Die mittelalterliche Tradition musste sich modernen Zeiten anpassen – die *contrade* umfassen nämlich nur das Altstadtgebiet, immer mehr Sienesen aber kommen außerhalb der Mauern zur Welt.

Die neue Vorstadt sieht vom Rathausturm wie ein Ölfleck aus, der sich weiter und weiter in die Lehmhügellandschaft ausbreitet. Fast 80 Prozent der 54 000 Sienesen wohnen hier. Auch wer eine Wohnung in der Altstadt besitzt, vermietet oft lieber, zum Beispiel an Studenten, und zieht selbst an den Rand der Stadt. Das ist lukrativer – 500, 600 DM für einen Schlafplatz sind keine Seltenheit, die Wohnungspreise in Sienas Zentrum gehören inzwischen zu den höchsten Italiens. Und Studenten gibt es in der Stadt genug: 24 000 an der staatlichen Universität, dazu die 4000 an der Universität für Ausländer, die Siena auch in touristenarmen Zeiten ein internationales Flair geben.

Modernes Siena: Der Sprecher der Universität, der seine Alma Mater als »Oxford Italiens« anpreist, sitzt kettenrauchend neben seinem Computer und redet viel von Kommunikation, Innovation und Zukunftstechnologien. Die Touristen würden immer nur das rot geziegelte Siena mit Palazzo Pubblico und Dom, mit Goldgrundmalerei und gotischen Fresken, mit engen Gassen und romantischen Winkeln erleben. Das wirkliche Siena sei jedoch nicht »gotisch virtuell«, sondern »modern real«, sagt er und schiebt unternehmungslustig die Ärmel seines Pullovers höher.

Der Schlüssel zu dieser Stadt? Die Stadtverwaltung hat ihn längst an alle Bewohner herausgegeben: die Siena-Card, eine Plastikkarte, die man aufladen kann, um Parkgebühren zu bezahlen oder das Strafmandat; die als Busfahrkarte dient, als Bibliotheksausweis und für die Versicherung.

Eine Siena-Card hat auch der Angestellte der Monte-dei-Paschi-Bank (MPS) in der Tasche, der uns in einem anonymen Büro hinter den mächtigen Mauern des Palazzo Salimbeni empfängt. Schließlich hat die Bank die Karte zusammen mit der Stadtverwaltung entwickelt. Die MPS-Bank, 1472 gegründet und damit das älteste noch aktive Bankhaus der Welt, ist der größte Arbeitgeber der Stadt. Einem Bonmot nach arbeitet ein Drittel der Sienesen bei der Bank, besteht das zweite Drittel aus ihren Pensionären und wartet das letzte Drittel auf einen Arbeitsplatz bei der Bank.

Obwohl die MPS von einer öffentlichen in eine private Bank umgewandelt wurde und als drittgrößte italienische Gruppe inzwischen landesweit Interessen hat, ist die Nabelschnur zu Siena nicht abgerissen. Denn der Satzung nach fließen die Reingewinne eines Geschäftsjahres in die Stadt und ihren Landkreis. Das waren im Jahr 1999 immerhin gut 130 Millionen DM und in den Vorjahren kaum weniger. Damit werden Restaurierungen und Forschungsprogramme, Schulen und Sozialarbeit unterstützt.

Auch das alte Krankenhaus Santa Maria della Scala gegenüber vom Dom wurde mit Unterstützung der Bank zu einem großen Museumskomplex umgebaut. Monica Banfi und ihr Mann wohnen ganz in der Nähe, in der zentralen Via di Città. Um die Ecke liegt der Palazzo delle Papesse, einer der wenigen Palazzi aus der Renaissance im sonst gotisch beherrschten Siena. Die Stadt hat ihn zu einem Ausstellungsort für moderne Kunst gemacht.

Monica erzählt, dass die Sienesen vor allem die herrliche Aussicht von der Dachterrasse lieben, weniger die Gegenwartskunst im Inneren. Ein Madonnenbild von Simone Martini oder Duccio di Buoninsegna entspricht trotz Siena-Card und bald vollständiger Verkabelung der Stadt weit mehr ihrem Kulturgefühl.

Merkwürdiges Siena. Manchmal wacht die Stadt im Nebel auf. Dann ist das Haupt des Rathausturms verhüllt, und die Gassen scheinen noch enger als sonst. Siena entzieht sich, kriecht in das Schneckenhaus einer anderen Zeit. Um das Jahr 900 zogen die Bauern aus dem Umland zu einer Handvoll Handwerker und Händler, die in einer kleinen antiken Stadtanlage wohnten. Städter sind sie eher unwillig geworden, ihr Misstrauen gegenüber dem Nachbarn legten sie nie ab, sie blieben verschlossen und ein bisschen zanksüchtig wie alle hier in der Gegend.

Trotzig haben sie sich gegen Machtansprüche des nahen Florenz wie gegen ferne Päpste und Kaiser gewehrt. Stolze Siege haben die Sienesen errungen. Auf den Fresken von Simone Martini in der Sala di Mappamondo des Palazzo Pubblico reitet der Feldherr Guidoriccio in die Schlacht. Im Saal nebenan beschreibt Ambrogio Lorenzetti in seinem Freskenzyklus anschaulich die gute und schlechte Regierung des republikanischen Siena. Allen Ruhmestaten zum Trotz blieb es lange ein Spielball der Politik in Mittelitalien, bis es sich 1559 ganz dem Großherzogtum Toskana unterwerfen musste. Schuld daran hatte auch die innere Zerrissenheit der Stadt. Die Adeligen stritten sich untereinander und kämpften gegen die in Stadtbezirken organisierten Bürger um Macht und Einfluss. Aber auch die Stadtbezirke, die *contrade*, befehdeten sich gegenseitig bis aufs Blut. Jahrhundertelang herrschte ein Kleinkrieg, der erst nach und nach durch spielerische Kämpfe wie den Palio in einigermaßen geregelte Bahnen umgeleitet werden konnte.

Spielerisch? Es kann noch heute ganz schön ernst werden bei diesen Kämpfen, nicht nur zwischen den Anhängern rivalisierender *contrade*. Ein *carabiniere* erzählte uns, wie er einmal ins Krankenhaus eilen musste, um einen Jockey vor Anhängern seiner eigenen *contrada* zu schützen. Der Unglückliche war zwar schon in der ersten Kurve vom Pferd gestürzt und hatte sich einen Arm und ein Bein gebrochen – aber es ging das Gerücht, der Unfall sei Absicht gewesen, eine gegnerische *contrada* habe den Reiter bestochen.

Die Freund- und Feindschaften zwischen den Vierteln sind jahrhundertealt, und zur Niederlage des Erzrivalen beigetragen zu haben ist auch ein Triumph. Der berühmte Journalist Indro Montanelli, selbst ein Toskaner, sagte einmal, der Geist der *contrade* sei die gesteigerte Form einer beunruhigenden toskanischen Untugend: »Nie habe ich so viele Energie nur darauf konzentriert gesehen, die des anderen zu lähmen.«

Wehe, wenn einem gleich zwei Erzfeinde das Leben schwermachen. Die *contrada del torre* hat sowohl *oca* wie *onda* gegen sich – und seit 1963 keinen Palio mehr gewonnen. Die Viertel setzen viel Geld in diesem Wettstreit ein, aber auch unorthodoxe Methoden wie die Anrufung von Hexen. Wer weiß, vielleicht versucht man es demnächst auch mit einem Software-Virus. Denn im mystischen, modernen Siena kontrolliert die Stadtverwaltung inzwischen computergestützt Temperatur und Feuchtigkeit des Tuff-Sand-Gemischs, auf dem die Pferde um den Campo rennen.

Manfred Sack

GESTALTET, NICHT GEWACHSEN: PIAZZE

Die Plätze in Siena, Lucca, Arezzo und anderen toskanischen Städten beeindrucken den Besucher aus dem Norden. Sie sind Herzstücke des städtischen Lebens. Der Autor Manfred Sack sagt, ihre Harmonie ist kein Zufall.

Nicht weniger als zwölf Maurermeister waren ausgesandt, sich den Schaden anzusehen. Ihr Urteil war hart. Alsbald bekam der Bösewicht Nicchol̀ò Toni die ganze mittelalterliche Macht der Stadt Siena zu spüren, und den nicht zu bremsenden Ehrgeiz, ihr Bild durch nichts und niemanden trüben zu lassen, sondern es im Gegenteil von allen ästhetischen Schmutzflecken zu reinigen. Was hatte Signor Toni im Jahre 1370 angerichtet? Sein Laden ragte um dreiviertel Ellen, also 40 Zentimeter, um ganze zwei Handspannen aus der Häuserfront heraus. Der für die Schönheit der Stadt zuständige Rat ordnete den Abriß an, bitter entschlossen, die *major turpitudine campi,* die große Häßlichkeit, an der Piazza del Campo aus der Welt zu schaffen.

Es war eine offensichtlich verdienstvolle Unternehmung, denn der Campo ist der unbestritten schönste Platz der Welt; er hat genau die spannungsreiche Harmonie, die einen solchen städtischen Raum zum Klingen bringt. Grundlage des Verwaltungsaktes gegen den Bürger Toni war ein Statut, das sich Siena 1262 gegeben hatte und das, wie der Kunsthistoriker Wolfgang Braunfels in seinem Buch über die »Mittelalterliche Stadtbaukunst in der Toskana« anmerkt, die »vollendetste Bauordnung« des Zeitalters war. Seit nach den Ghibellinen wieder die städtisch gesinnten Guelfen regierten, war die erste Devise der Politik nicht mehr die Sicherheit der Stadt, sondern ihre Ordnung. Es begann ein heute kaum noch vorstellbares Großreinemachen. Wahrscheinlich genoß der Städtebau niemals wieder eine so große Bedeutung und eine so spürbare Publizität wie damals. Es wundert nicht, daß es in Siena *ufficiali de l'ornato* gab, einen Ausschuß, der sich ausschließlich und ausdrücklich um die Schönheit der Stadt zu kümmern hatte, der sich jede Straße, jeden Platz, jedes Haus vorknöpfte und zu weit vorspringende Erker und Altane, Außentreppen, überbaute Fluchtlinien beanstandete und sich um die Pflasterung und ihre Sauberkeit sorgte. Mehr noch: Die Kommune, deren Fachbehörde fast ohne Einschränkung das gesamte Bauen kontrollierte, entschied nicht nur über Neubauten und Abrisse, sondern, das ist wichtig, auch in Fragen der Gestaltung. Sie hatte das letzte Wort.

Demzufolge ist es zumindest fragwürdig, noch von der »gewachsenen Stadt« zu sprechen, die krumm und prächtig und pittoresk wuchernd irgendwie von selber gediehen sei. Da, wie Wolfgang Braunfels berichtet, in den toskanischen Städten »alles Bauen von der Genehmigung der Behörde abhängig« war, sind ihre Schönheiten keine künstlerischen Zufälle, und so sind auch die Plätze, die so viel ästhetisches Entzücken hervorrufen und ja nicht zuletzt deswegen auch kommunikative Lüste wecken, nicht einfach gewachsen, sondern im wesentlichen gemacht, gestaltet, verändert, komplettiert, ausdrücklich verschönert worden.

Das Paradebeispiel ist immer wieder der unvergleichlich originelle Sieneser Campo, dieser in einem Tal zwischen drei

Hügeln angelegte, das Tal nachzeichnende, muschelförmig gekrümmte, fächerförmig gegliederte rote Platz vor dem Palazzo Pubblico.

So hatte auch die Bauausschußsitzung im Mai 1297 dem Platz gegolten, genauer: den Fassaden der Privatpaläste, die ihn einfassen. Den Maßstab bildete dabei uneingeschränkt der Palazzo Pubblico, das Rathaus, mit seiner großartigen Umarmungsgeste, die der zweimal leicht geknickte Bau ausübt. Man verlangte nun bei allen anderen Gebäuden die gleichen Fenster und legte besonderen Wert auf die beiden kleinen Säulen, die sie unter den Spitzbögen teilen. Wo es not tat, half man hier wie an anderen Stellen der Stadt finanziell nach, sorgte für preiswerte Grundstücke, winkte mit verlorenen Baukostenzuschüssen. Dem Bauherrn des imposanten Palazzo Sansedoni, dem Rathaus schräg gegenüber, wollte man jetzt ein hohes Amt nur deswegen verschaffen, damit er seine Fassade mit den Säulchenfenstern vollenden konnte. Denn nicht ein Haus für sich allein ist wichtig, sondern der Zusammenhang, in dem es steht, der Platz also.

Und so fällt bei näherem Hinsehen auch auf, daß der Turm des Sansedoni-Palastes einen trapezförmigen Grundriß hat, daß er aber von der allerwichtigsten Stelle des Platzes, vom Rathausportal her, aussieht, als sei er rechtwinklig. So erhöht die Gesamtheit eines solchen Platzrand-Ensembles die Charakteristika der Einzelbauten. »Seht, wie schön die Stadt ist«, schrieb Fra Giordano da Pisa, »wenn sie wohl geordnet ist.«

Man möchte den Satz an vielen toskanischen Stadtplätzen deklamieren. Der Verlockung trotzend, sie alle schwärmerisch vorzuführen, sollen hier ein paar Beispiele genügen.

Pistoia: Drei Seiten werfen sich hier in die Brust – der Dom mit Glockenturm und Baptisterium, der Palazzo Comunale mit dem zum Dom führenden gotischen Laubengang, einer wunderbaren Bühne für Schaulustige; der Palazzo del Podesta ihm genau gegenüber mit seinem wuchtigen Innenhof; die vierte Seite gibt sich gewöhnlicher mit ihren Bürgerhäusern. Alles das bildet die äußerst facettenreiche Fassade des Platzes, der dadurch Züge einer überraschend unprätentiösen Lebendigkeit erhält. Besonders wenn Markt ist, wenn die kunterbunten Planen, die ganze Bonbonfarbenwelt der Pullis, Taschen und Unterrücke fröhlich mit den Säulen und den Marmorintarsien des Doms in Konkurrenz treten.

Ein paar Ecken weiter entdeckt man im Vorübergehen eine besonders liebenswürdige, in toskanischen Städten zuhauf gepflegte Platzvariante, eine Piazzetta, mehr der Situation abgewonnen als mit Aplomb geplant, mehr Idyll als Paradeplätzchen, eine Fermate in der Stadtplanmusik. Hier ist es der kleine Platz vor der Pfarrkirche Sant' Andrea, der (finde ich) weithin schönsten Basilika mit ihrem sehr hohen, sehr schmalen Hauptschiff und ihrer schmucklos-gelassenen, feierlichen Düsternis.

Lucca: berühmt durch die über vier Kilometer lange, zwölf Meter hohe und 30 Meter breite Festungsmauer, aber auf einzigartige Weise geprägt durch ein ganzes Netzwerk von Plätzen und Plätzchen, Ecken und Nischen. Sie geben der Stadt ihren unbeschreiblichen Rhythmus: Man schwingt gewissermaßen durch die Stadt. Wie das geht?

Da ist zum Beispiel der Dom San Martino; der hat gleich zwei Plätze, einen an der Längsfront und einen an der Eingangsseite. Sogleich führt eine Gasse durch eine Straßenenge zur kleinen Piazza San Giovanni und schon weiter zur Piazza del Giglio, die wiederum in die Piazza Napoleone übergeht, ein von Platanen rauschend gesäumtes Rechteck, das wie ein Echo auf den Palazzo Ducale an seiner Längsseite wirkt. Dieser repräsentative, seiner Größe zum Trotz anmutige Platz ist der unvermutet phantasievollen wie durchsetzungsfähigen Schwester Napoleons zu danken, der Herzogin Elisa Baciocchi, die die Stadt einst vom Bruder geschenkt bekommen hatte.

Wenigstens zwei Plätze muß man noch in Lucca hervorheben. Der eine ist der von San Martino (dessen riesige Portalfassade das Kirchenschiff deshalb so angeberisch überragt, weil den Erbauern das Geld ausgegangen war). Der Platz ist, wie viele andere Kirchenplätze, um einige Treppenstufen höher als die Straßen und von dicken weißen Steinpollern mit monumentalen durchhängenden Ketten eingefaßt; das weitmaschige weiße Linienkaro, das ihn gliedert, ist raffiniert auf die architektonischen Ausrufungszeichen, die Portale, bezogen.

Der andere Platz ist die Piazza del Mercato, früher Piazza dell' Anfiteatro. Er ist so ungewöhnlich, weil er eine geometrische Figur ganz konsequent wiedergibt, eine Ellipse. Er ist still wie ein Hof und auch so intim, genauso groß wie die lärmende Arena des Amphitheaters, auf dessen Fundamenten er angelegt worden ist. Das Oval ist von alten Mietshäusern umrandet.

San Gimignano ist ganz anders, es hat ein Wunder von einem dreifachen Platz: Er beginnt neben dem Dom mit dem Gemüsemarkt, erfährt seine große Pointe vor der Kirche und ihrer prächtigen Freitreppe und zieht sich an der Rathausloggia durch eine Straßenverengung hinüber zur Piazza della Cisterna. Lauter unregelmäßige, höchst eigenwillige Formen mit geneigten Platzflächen, auf die die Schatten der Geschlechtertürme fallen. Volterra wiederum hat sich mit der Piazza dei Priori ein strenges mittelalterliches Viereck gebaut, eingefaßt von »einer kampfeslustigen Versammlung von Türmen und Palästen« (wie es ein Ortsführer beschreibt): hüben der Palazzo Pretorio mit dem Torre del Porcellino, dem Schweinchenturm (benannt nach dem Eber in einem Basrelief), drüben der Palazzo dei Priori von 1257 mit seinem vierschrötigen Turm (dem ältesten Stadtpalast der Toskana), unübersehbar die Hauptfigur in dieser Runde; auf ihn sind, fast unmerklich, auch die Hauptlinien gerichtet, die das graue, mal waagerecht, mal diagonal gemusterte Pflaster ordnen.

Nun sollte man noch Arezzo nennen mit seiner auffällig abfallenden Piazza Grande; man möchte vermuten, daß die Geometrie der weißen Steinstreifen die Täuschung befördern soll, es handele sich um einen waagerechten Platz. Man muß auch Cortona erwähnen, mit seiner Piazza Repubblica, deren monumentales Zeichen eine lange, sehr mächtige Freitreppe ist, die sich den Platz gefügig macht (und daran erinnert, um wieviel lieblicher die Spanische Treppe in Rom ihr sonnen- und schwatzsüchtiges Publikum umfängt). Und Colle di Val d'Elsa darf man nicht auslassen, mit seinem schweigsam dösenden Platz, der wie ein vergessener Pensionär stumme Selbstgespräche über die Höhepunkte seiner Vergangenheit murmelt.

Ein Platz aber ist ganz außergewöhnlich, weil er seine Wirkung aus der Vielfalt der Einzelbauten und aus der Geschlossenheit der Bautengruppe zieht, also (übertrieben gerafft) Romanik und Gotik in der Renaissance versammelt: die Piazza Pio II in Pienza, einer der besonders schönen Plätze der Toskana. Das Geviert ist, wie die ganze kleine Stadt, so in Schuß wie wohl keins der 20 000 *centri storici* Italiens. Und es läßt die Schöpfungsidee überraschend deutlich werden: die Lust des kunstsinnigen, mit dem Dichterlorbeer bekränzten Papstes Pius II., das Dorf seiner Geburt in eine Stadt zu verwandeln.

Das seitlich abgeschrägte Quadrat des Platzes umarmen von der Mitte der Dom, von rechts der Renaissancepalast Piccolomini (gebaut nach Plänen von Bernardo Rossellino), von links der gelbe Bischofspalast, von hinten das mittelalterliche Rathaus mit Turm und Loggia sowie ein, zwei Bürgerhäuser. Die weißen Streifen, die das florentinische Fischgrätmuster aus rotem Backstein in Rechtecke faßt, sind auf den Dom gerichtet. Es liegt nahe, an den Kapitolsplatz in Rom zu denken, denn er ist ähnlich geformt und ausgerichtet.

Das Pflaster, das Streifendekor, der Brunnen in einer Ecke sind allgemeine Charakteristika toskanischer Plätze. Tatsächlich stößt man immer wieder auf den gleichen Vokabelschatz und die gleiche Syntax in der architektonischen, mehr noch der städtebaulichen Sprache.

Alle Plätze, vor allem die mittelalterlichen, gewinnen ihre Persönlichkeit durch die Topographie. Niemals wird eine Fläche eingeebnet um einer abstrakt ästhetischen Vorstellung willen. Man akzeptiert im Gegenteil nicht ungern die Buckel und schiefen Ebenen, die Ecken und Engen.

Alle wichtigen Plätze sind kommunale Zentren, städtische Herzstücke. Sie machen Bedeutungen sichtbar, und Mächte: den Bischof mit dem Dom (und dem Sonntagskleid seiner aufgeputzten Fassade), die freien Bürger freier Kaufmannsrepubliken mit dem Palazzo Pubblico oder Comunale, dem Rathaus also (und der kraftvollen Gebärde ihrer oben meist auskragenden kantigen Türme, die die Campaniles merkwürdigerweise an Selbstbewußtsein übertreffen); der Kaufmanns-, Kirchen-, Bürgeradel mit seinen maßvoll prächtigen Palazzi, meist Kabinettstücken einer ruhigen Architektur voll Würde und Gelassenheit.

Alle Plätze sind ebenerdig oder, sofern eine Kirche dominiert, um ein paar Stufen erhöht, teils mit flachen grauen Steinen, selten mit Platten; meistens mit senkrecht verwendeten, zu Fischgrät- oder Zopfmustern gesetzten roten Backsteinen gepflastert und von weißen Bändern zu einfachen geometrischen Figuren geordnet.

So gut wie kein Platz gehorcht einem geometrischen Regelmaß: Die Quadrate und Rechtecke sind in Wirklichkeit keine, die Gebäude bilden keine rechten Winkel und folgen selbst in ihren Grundrissen lieber den Formen ihrer Grundstücke als dem Regelmaß abstrakter Figuren, es gibt Lücken, überraschende Pforten und Passagen, Verengungen, Gebärden des Öffnens: hundert Plätze, hundert Individuen. Und das ist es wohl, was ihre Faszination ausmacht: die Vollkommenheit ihrer Unvollkommenheit, die Harmonie der unregelmäßigen Raumbildungen, der eigenartige, lebendige, stimulierende Rhythmus der Unebenheiten, der Formenwillkür, der Situation. Es ist die Planung, die sich am Vorgegebenen orientiert und den Status quo respektiert. Planung und Ordnung unterwerfen sich nicht das Leben.

STREIFZÜGE DURCH FLORENZ

Vom Ponte Vecchio zur Piazza Pitti

Otto Brües

AUF DEM PONTE VECCHIO

Eine Oase der Ruhe in Florenz, abgeschieden vom Straßenlärm und den Benzinschwaden, das ist der Ponte Vecchio für den Schriftsteller Otto Brües. Bis die schlanke Musetta auf ihren langen Beinen auftaucht. Sind nicht Frauen wie sie der Grund, warum es viele Passanten auf die alte Brücke zieht?

Wenn Kinder im Spiel einander nachlaufen, gilt ihnen ein Baum, ein Türpfosten oder ein in den Erdboden geritzter Kreis als »Freio«: nämlich als ein Ort, an dem der Gejagte sich ausruhen darf. Uralte Gepflogenheiten aus frommen Zeiten wirken hier nach - am Altar des Tempels, unter dem Ewigen Licht in der Kirche war selbst der Verbrecher für eine Frist geschützt.

Der Kern des alten, vielgerühmten Florenz leidet unter den Automobilen und ihren Benzinschwaden. Die Wagen drängen sich in den Straßen, die so schmal gebaut sind, weil der Schatten sommers vor der Sonne schützen soll, und der bläuliche Nebel weicht auch im Winter nicht. Vom Lärm sei gar nicht erst gesprochen.

Doch eine Stelle gibt es, die für die Florentiner und ihre vielen ausländischen Gäste zum »Freio« geworden ist, den Ponte Vecchio, die Alte Brücke, die die beiden Residenzen der Medici, die Uffizien und den Palazzo Pitti, mit ihnen zugleich die Nordseite der Stadt und den Süden des Oltr'Arno verbindet. Kein Automobil darf sie befahren, keine Vespa, sogar die Radler müssen vom Sattel steigen, und vom frühen Morgen bis zum späten Abend, nur die Mittagsstunden sind ausgenommen, drängen sich die Menschen dort, Florentiner und Nichtflorentiner, und genießen den Wind, der meist in der Richtung des Stromes über die Brücke bläst.

Leider muß ich abschweifen – das Bild einer schlanken, blonden, hochbeinigen Person taucht vor mir auf, der ich in den letzten Tagen mehrmals begegnete. Sie kam immer wieder, und ihr Begleiter mühte sich, daß er im Gedränge sie stets an der Innenseite des Bürgersteigs gehen ließ, wie sich das für einen aufmerksamen Verehrer gehört. Schlanke, blonde, hochbeinige Frauenwesen tragen in Skizzen wie dieser meist den Namen Diana; jene Dame freilich, ich hab es zufällig mit angehört, hieß Musetta. Musetta kam auch zur alten Brücke, um Lethe zu schöpfen ...

Auf dem Ponte Vecchio standen von jeher im ansteigenden und absteigenden Drittel – die Mitte war davon freigelassen – die einstöckigen Läden, über denen an der Ostseite der gedeckte Gang für die Fürsten verlief, Uffizien und Palazzo Pitti miteinander verbindend. Den vornehmen Damen aus der Familie der Medici drang der Geruch aus den Fleischbänken unlieb in die hocherhobenen Näschen – was eine Geschichte für sich ist; von einem Tag auf den andern mußten so die Metzger die Läden räumen. Dafür zogen die Gold- und Silberschmiede mit ihren funkelnden Waren ein und blieben dort bis auf den heutigen Tag.

Von der Brückenmitte her wandert der Blick den Fluß entlang zu Berg und Tal, im Osten zu den vielen weichen Hügeln mit der weiß und schwarz hervortretenden Fassade der ehrwürdigen Kirche S. Miniato, bis zum Gebirge; im Westen in der Richtung zum Meer und zu den Höhen des Apennin – nirgendwo lassen sich Morgenfrühe, Mittag, Nachmittag, Abend und Nacht mitten in der Stadt so verfolgen wie von hier aus.

Doch da ist Musetta! Ihre schlanke Gestalt lehnte sich an einen Pfeiler in der Brückenloggia, sie schaute nach Osten und sog den Windatem ein. Ihr Begleiter schaute nur sie, die schöne Freundin, verzückt an, die soeben mit ihrer schlanken Hand den Hals und das hocherhobene Kinn streichelte.

Es wäre wohl ein Irrtum, anzunehmen, daß der Ponte Vecchio wegen der frischen Luft über dem Strom und um der Weite des Blickes willen als Zuflucht dient; je öfter ich zu dem Freio fliehe, desto sicherer bin ich, daß zumindest die eine Hälfte der Passanten aus einem anderen Grunde kommt, ich meine natürlich die Frauen. Ob jung, in mittleren Jahren oder alt; ob Florentinerinnen, ob Italienerinnen aus den anderen Provinzen des Landes oder Ausländerinnen, ob Frauen und Mädchen aus dem Norden, Süden und Westen Europas, ob Amerikanerinnen, Afrikanerinnen oder Asiatinnen; ob unvorbereitet auf das, was sie sehen werden, oder vorbereitet: Sie gönnen dem durchströmten Tal zwar den Blick von der Brücke, was sie aber tiefer und inniger fesselt, ist der Schmuck in den Juwelierläden.

Und freilich, was in Kästchen dort funkelt, Finger-, Arm- und Ohrringe, Ketten auf Hälsen aus Samt, Bänder und Broschen, Miniaturen aller Art, Gold, Platin, Brillanten und Edelsteine, mag rein als Sachwert einzig sein – wen verlangt noch nach den Schätzen aus Tausendundeiner Nacht, nach Bagdad und den Gewölben der Kalifen, nach Haidarabad und den Schatzkammern altindischer Fürsten! Hier hat er das alles im hellen Licht oder abends im Lampenschein auf der luftigen Straße quer über den Fluß! Der ist manchmal schmal und manchmal, wenn's im Gebirge regnet, auch breit: Die Schatzkammern über dem Ponte Vecchio bleiben, wie sie sind, und kaum wird ein Ring, eine Kette herausgenommen, so füllen neue die Lücken.

Haltet mich für einen Ketzer: Von einem märchenhaft reichen Mann aufgefordert, ein Dutzend Frauen – was für ein

Wunschtraum! – mit Gaben aus den Läden auf dem Ponte Vecchio zu beschenken, ich fänd' es schwer! Denn es gibt zwar dort unzählige Kostbarkeiten, dem gerechten Preise nach, aber wenig schönen Schmuck. Blumensträußchen aus Goldblättern und Edelsteinblüten, feurig funkelnde Vögel aus Rubinen, Brillanten, Jaspis und Aquamarin, Schlangen aus geschupptem Gold mit Rubinaugen, Ührchen aus Gold mit emaillenem Zifferblatt, Ketten und Gewichten (auf die Brust zu heften!): Da herrscht ein trotz wertvollen Stoffes billiger Naturalismus vor, den die Goldschmiede früherer Zeit belächelt hätten. Ihr Handwerk ging auf Kunst, das heißt Umsetzung der Natur. Indessen, zwölf gute Schmuckstücke würden gleichwohl zu finden sein.

Als ich mir das überlegte, wurde hinter der über die Schwelle schlüpfenden Musetta die Tür eines Ladens geschlossen, um ihren Hals hing eine dreifache Goldkette mit Perlen darin. Blonde Italienerinnen sind so selten nicht, hochbeinige sehr selten, und der junge Herr, an den sich Musetta voll Glück des Besitzes lehnte, wußte das wohl. Sie gingen nordwärts, auf Orsanmichele und die Domkuppel zu, die auch diese Straße beherrscht. Ich werde Musetta nicht wiedersehen, sie hat, wonach sie verlangte. Die Luft wehte warm über dem Freio, es lohnte sich, mit vollen Lungen zu atmen.

Ludwig Harig

ES IST MAI, WIR SITZEN AUF DER PIAZZA PITTI

In jungen Jahren schon wird Ludwig Harig ein wichtiger Vertreter der Konkreten Poesie. Selbst seine Prosa hat etwas Lyrisches. Er sitzt in Florenz, und Bacchus reitet auf einer Schildkröte vorüber. Dostojewski taucht auf. Eine literarische Collage.

Es ist Mai, Bacchus sitzt an der Piazza Pitti. Er sitzt auf seiner Schildkröte und reitet in die Boboli-Gärten. Nichts ist verborgen, versteckt, verdeckt, verhüllt, verkappt, verkleidet, verschleiert, versiegelt, versperrt, vergraben. Bacchus sitzt nackt, mit prallen Schenkeln und mit fettem Wanst auf seiner Schildkröte und spreizt die Finger der rechten Hand. Die linke hat er in die Seite gestemmt, und so reitet er in die Boboli-Gärten. Es ist Mai, die Schildkröte ist aus ihrem Winterschlaf erwacht, sie speit Wasser und setzt zu einem sanften Galopp an. Sie ist älter als vierhundert Jahre, nie hat sie einen Bissen zu sich genommen, aber sie greift tapfer aus und trägt Bacchus in die Boboli-Gärten. Er ist Lenaeus, der Kelterer; man ruft: »Eleleu!«, und er ist Eleleus; er ist Bromius, der Lärmer; man ruft: »Euan!«, und er ist Euhan; er ist Lyaeus, der Sorgenlöser; man ruft: »Iacchus!«, und er ist Iacchus; er ist Thoneus, der Brauser, aber er und die Schildkröte sind nie angekommen, obwohl Bacchus die Schildkröte unverdrossen zum Laufen ermuntert.

Valerio da Settignanos steinerne Hornplatten sind unbeweglich, sein marmornes Fleisch ist starr. Wer vorbeigeht, klopft Bacchus auf den feisten Bauch, aber Bacchus kümmert sich nicht um verborgene Gefühle, um versteckte Gedanken, um verdeckte Peinlichkeiten, um verhüllte Schenkel, um verkappte Lüste, um verkleidete Gewöhnlichkeiten, um verschleierte Brutalität, um versiegelte Treue, um versperrte Freiheit, um vergrabenen Trieb. Bacchus trägt den Fleck, den die Leute ihm auf den Bauch geklopft haben, weil Settignanos Marmor hart und unverwüstlich ist. Der Marmor ist an dieser Stelle speckig geworden, obgleich den Leuten nur ihr mageres Innenleben auf die Hand gerät.

Die Leute kommen in Scharen über die Piazza Pitti, Italiener aus Italien, Franzosen aus Frankreich, Engländer aus England und Deutsche aus Deutschland. Es ist Mai, schon liegt Staub auf den Autos, Lehm auf den deutschen, Kreide auf den englischen, Sand auf den französischen und Terra di Siena auf den italienischen. Die Parkwächter wachen, winken und weisen ein, und im Nu ist die ganze Piazza ein Wagenbeet. Es ist Mai, und es blüht auf der Piazza Pitti, blaue Volkswagen und rote Opel, gelbe Austins und weiße Alfa Romeos. Es gibt Käfer und gelb-schwarze Admirale, eine bunte Maiwiese zwischen der Häuserwand und dem Palazzo. Kein Wagenrad rührt sich mehr bis zum Abend, bald schlagen Motorhauben und Dächer aus: Rüben aus dem Lehm, Gras aus der Kreide, Korn aus dem Sand, Wein aus der Terra di Siena. Die Leute setzen den Chianti an den Mund und spülen den Staub hinunter.

Inzwischen ist Bacchus auf seiner Schildkröte keinen Schritt vorwärts gekommen. Die Leute eilen an ihm vorbei, klopfen ihm auf den Wanst und steigen zu den Boboli-Gärten empor. Bacchus redet nicht aus einem hohlen Bauch, und die Leute steigen ungewarnt in die weiten Prospekte. Vor ihnen breitet sich die Stadt aus, aber in ihrem Rücken liegen zwischen Farnen und Moos, unter Pilzen und Flechten verborgen, die Grotte von Buontalenti, versteckt der Teich mit den Fischen, verdeckt die Bänke aus Marmor, verhüllt die Figuren von Giambologna, verkappt die Fontana dell'Oceano, verkleidet der alte Neptun, verschleiert die Große Allee, versiegelt das Beet mit den Rosen, versperrt das Amphitheater, vergraben das Goldstück des Tribolo. Es ist Mai, aber die Leute gehen zwischen Wurmfarn und Goldnem Frauenhaar, und auch sie verheimlichen ihr inneres Blühen.

Während Bärlapp und Lebermoos das Grün der Boboli-Gärten mischen, während Fontänen das Blau der Augen spiegeln, während Marmorkopien das Weiß und die nackte Unschuld probieren, während so die Leute ehrerbietig Boskette, Brunnen und Brüste feiern, folgt der Asphalt der Piazza einem Satz Malapartes und blüht, vielleicht weil »wir die Intelligenz wie Blütenstaub auf die Steine übertragen und daraus Kirchen und Paläste, männliche Türme und weibliche Stadtplätze entstehen lassen«. Im Reiseführer heißt es, das Sinnbild dieser Stadt sei eine Blume, und auch ihr Name erinnere daran, sie selber gar sei eine Blume, und sie sei die schönste Blüte der Kultur. Aber auf der Piazza Pitti blüht das Blech der Automobile; es ist Mai, wir sitzen auf der Piazza, dieweil die Leute das Chlorophyll und den Marmor der Boboli-Gärten lieben, und wie überall sind nicht nur die Pinien kryptogam.

Dostojewskij verließ die Piazza, weil sie Phantasie und weil er selbst Phantasie dieser Phantasie gewesen war, »obwohl hier ein wundervoller Himmel ist ... ist das schlimmer als Verbannung nach Sibirien«. Carlo Levi war aus der Verbannung gekommen, er hatte die Berge Lukaniens verlassen, kam über Eboli »durch die geometrisch eingeteilten Felder der Romagna« »in jene geheimnisvolle Zukunft der Exile, der Kriege und der Toten« hierher an die Piazza Pitti. Anna Maria Ichino hielt ihn unter Schleiern und Gardinen, hinter

Masken und Hüllen, in Schlupflöchern und Katakomben versteckt.

Die Leute gehen an der Häuserfront vor der Piazza entlang. Sie kommen von der Porta Romana und eilen zum Ponte Vecchio, oder sie kommen vom Ponte Vecchio und eilen zur Porta Romana, sie gehen an Anna Maria Ichinos Tür vorbei, sie gehen an der Tür des Rahmenhändlers vorbei, sie gehen an der Tür vorbei, durch die Dostojewskij vor hundert Jahren gegangen war. Dostojewskijs Tür ist verschlossen. Als er für immer fortging, hat er sie zugetan. Aber es gibt nichts hinter dieser Tür als einen Dostojewskij, den es nicht gibt. Er ging wieder nach Rußland zurück, um ein Stück Wirklichkeit zu werden. Hinter dieser Tür an der Piazza Pitti schrieb er die letzten Sätze des »Idioten«. Lisaweta Prokofjewna sagt: »All das hier, euer ganzes Europa, alles das ist nur Phantasie, und wir Russen, wir alle hier im Ausland, sind nichts als Phantasie.« Die Tür des Rahmenhändlers steht offen, und an den niedrigen Wänden der Werkstatt sieht man die Rahmen hängen, quadratische Rahmen, rechteckige Rahmen, kreisrunde Rahmen, ovale Rahmen, Rahmen für Andrea del Sartos quadratische »Verkündigung«, Rahmen für Fra Bartolommeos rechteckige »Beweinung«, Rahmen für Michelangelos kreisrunde »Heilige Familie«, Rahmen für die ovalen Wirklichkeiten des Gruppo Settanta. Europa präsentiert sich als Objekt, und Dostojewskij floh vor einem Mißverständnis.

Aber Anna Maria Ichinos Tür ist nicht zu finden, denn an der Piazza Pitti ist eine Tür wie die andere. Eine Tür wie die andere liegt neben einer anderen Tür wie eine andere, dahinter immer der gleiche dunkle Flur, die vier halben Treppen, die Licht- manchmal unter den Klingel-, die Klingel- manchmal unter den Lichtschaltern, dann folgt eine halbe Stiege, wieder eine Tür wie jede andere Tür, Gänge, die nach links, und Gänge, die nach rechts führen, Gänge, an denen geschlossene Türen liegen mit unbekannten Bewegungen dahinter, und Gänge, an denen die Türen offenstehen und hinter denen nichts geschieht. Da gibt es Zimmer mit Pfühlen und Bildern, mit Tischen und Stühlen. Eine sechste Treppe führt unter das Dach, und Anna Maria Ichinos Dachgarten schaut über die Piazza Pitti.

Es ist Mai, die Piazza blüht mit Austins und Alfa Romeos, Käfer schwirren, und gelb-schwarze Admirale schaukeln über die markierten Beete. Die Leute schreiten jetzt im Palazzo über die geblümten Teppiche oder spazieren durch die blütenlosen Pfade der Boboli-Gärten. Nur die Piazza blüht, im Palazzo blättert der klassische Gips, und in den Boboli-Gärten grünen die Marmorkopien zwischen den geometrischen Hartlaubhecken. Die Leute steigen durch die klassischen Schuttabladeplätze, sie streicheln die anämischen Madonnengesichter Botticellis und berühren Neptuns Dreizack; aber auf der Piazza Pitti blüht das Blech ihres Jahrhunderts.

Anna Maria Ichino steht auf dem Dachgarten ihres Hauses, klein und verwachsen, schmal und schwindsüchtig. Sie raucht eine Zigarette und schnippt die Asche über die Brüstung. Sie reicht mit ausgestreckten Armen nicht an den Wäschedraht. Aber sie sieht zu ihm auf, dort sitzt eine Taube, und es ist Mai. Sie steigt nicht durch ihr Treppenhaus hinab auf die Piazza, aber sie faßt die sonnenbestrahlte Brüstung ihres Dachgartens an, und es ist Mai. Sie begibt sich nicht ins Gedränge des Palazzo Pitti, aber sie betrachtet Carlo Levis Gemälde an ihren Wänden, und es ist Mai. Sie raucht eine Zigarette, sie hustet, aber sie atmet auch die warme Luft, die über das Dach streicht, und es ist Mai. Anna Maria Ichino schaut über die Piazza Pitti, und das, was sie verbirgt, versteckt, verdeckt, verhüllt, verkappt, verkleidet, verschleiert, versiegelt, versperrt und vergräbt, kommt jetzt von selbst zum Vorschein und will blühen.

Die Taube auf dem Wäschedraht weiß schon, daß sie zu ihrem Brot auch *caffè con latte* bekommen wird, die Brüstung des Dachgartens ist warm, Carlo Levis Gemälde erinnern wieder an das Ende der freiwilligen Gefangenschaft, und die Mailuft aus den Boboli-Gärten dämpft die großen dramatischen Gebärden der Renaissance. Die gemalten Menschen im Palazzo Pitti mildern ihre Mienen, manche werden gar zu glatten Raffaelgesichtern.

Noch leidet Sodomas heiliger Sebastian an den Pfeilen, die durch Hals und Schenkel ragen, aber schon lächelt er mit dem Engel und lechzt nach seiner Berührung; noch kreisen Fra Bartolommeos Heiligenscheine über dem Beweinten und den Weinenden, aber schon sind die Tränen versiegt; noch rafft Andrea del Sartos Maria den Rock vor den Schenkel, aber über die Balkonbrüstung beugt sich schon König David und schaut nach der schönen nackten Bathseba; noch trägt Parmigianinos *Madonna con collo lungo* ihren kahlen Knaben auf dem Schoß, aber schon spreizt die elegante Dame die Finger über der Brust und lockt das Verborgene, das Versteckte, das Verdeckte, das Verhüllte, das Verkappte, das Verkleidete, das Verschleierte, das Versiegelte, das Versperrte, das Vergrabene hervor.

Die gemachten Wirklichkeiten sind die Phantasie, die Dostojewskij nach Sibirien trieb, Kirchen und Paläste, Türme und Plätze Michelangelos. Heute ist es Persio Nestis italienischer Goethe in der Via dell'Erta Canina, sind es Miccinis Aufstellgegenstände und Pignottis Hör- und Schaugedichte bei Feltrinelli in der Via Cavour. Die naiven Wände des Piazzale Galileo sind von Ottone Rosai für Dostojewskij gemalt, und die Schutzbleche der Piazza Pitti blühen für die Happenings auf dem Autofriedhof von Carcasci Giovanni.

Ein Wärter in Uniform erscheint hinter der Fontana dell'Oceano des Giambologna. Der Pfiff seiner Trillerpfeife hallt über Marmor und Schachtelhalm. Neptun zuckt zusammen. Er sticht mit seinem Dreizack in den Schachtelhalm.

Der Halm ist hohl, und hohl ist Neptun selber. Die Leute verlassen die Boboli-Gärten und kehren auf die Piazza zurück. An der Ecke des Palazzo sitzt Bacchus auf seiner Schildkröte und reitet. Er ist prall, und er ruft etwas aus dem vollen Bauch. Aber die Leute eilen an ihm vorbei. Sie suchen ihre Autos auf der Piazza. Auch aus dem Palazzo treten jetzt die Galeriebesucher und drängen sich zwischen Kotflügeln und Stoßstangen. Bärlapp und Lebermoos sind der Grünspan der Boboli-Gärten. Neptuns Dreizack rostet, Raffaels *Maddalena Doni* schuppt sich unterm Kinn. Die Leute sind Italiener aus Italien, Franzosen aus Frankreich, Engländer aus England und Deutsche aus Deutschland. Sie sind die Phantasie Dostojewskijs, und sie sehen nicht, wie der Asphalt der Piazza Pitti Blüten treibt. Obgleich es nichts Verborgenes gibt, nichts Verstecktes, nichts Verdecktes, nichts Verhülltes, nichts Verkapptes, nichts Verkleidetes, nichts Verschleiertes, nichts Versiegeltes, nichts Versperrtes, nichts Vergrabenes, sehen sie nicht, wie sich Bacchus auf der Schildkröte müht. Anna Maria Ichino steht auf dem Dachgarten und atmet. Wir rufen: »Eleleu!« Wir rufen: »Euan!« Wir rufen: »Iacchus!« Es ist Mai, wir sitzen auf der Piazza Pitti.

Nando Vitali

ÜBER DIE KUNST, IM MUSEUM ZU LEBEN

Florentinern bleibt der Zauber des ersten Flirts versagt. Sie sind schlimmer dran als Ehemänner, die mit einer allzu schönen Frau verheiratet sind, meint Nando Vitali. Erst die Touristen lehren die Einheimischen, die Stadt wieder mit den Augen des Fremden zu sehen.

Wir Florentiner befinden uns, auf die Schönheit der eigenen Stadt hingewiesen, ungefähr in der Lage von Ehemännern, die schon allzu lange mit einer allzu schönen Frau verheiratet sind. Das heißt – nein, wir sind noch schlechter dran als Ehemänner. Denn jeder spätere Ehemann war doch zumindest beim Kennenlernen seiner Zukünftigen völlig geblendet, während uns Armen ebendies Kennenlernen und damit der Zauber des ersten Flirts versagt blieb. Wir sind in Florenz aufgewachsen. Unsere Augen haben sich wohl nach und nach für die Schönheiten unserer Stadt geöffnet, aber auf familiär-nüchterne Weise. Man kann nicht alle Tage vor Entzücken in Ohnmacht fallen.

Was tun nun diese vielbeneideten, wenn auch nicht immer glücklichen Ehemänner, um sich die Reize der Gattin stets von neuem zu vergegenwärtigen? Sie hüllen die Angetraute, sofern sie das nötige Kleingeld haben, in die letzten Modeschöpfungen, bringen sie unter die Leute, auf Empfänge, auf Bälle, zeigen sie möglichst viel bei Bekannten, Freunden und sogar Fremden herum. Diese Methode ist nicht ungefährlich, aber was bleibt den Ärmsten anderes übrig? Nur in den leuchtenden Augen der Bewunderer finden sie wenigstens noch einen Abglanz der Schönheit, die sie im normalen Alltag längst nicht mehr wahrnehmen.

Der Schreiber dieser Zeilen kann ein Lied davon singen. Sein Geburtshaus steht nur ein paar Schritte vom Dom entfernt. Schon als Säugling hatte er die berühmte Brunelleschi-Kuppel täglich vor Augen, wie ein Bild im Rahmen des Kinderzimmerfensters. Der leichte Aufbau des fensterdurchbrochenen Tambours, das warme Ziegelrot mit den weißleuchtenden Marmorrippen, die schwungvoll zu den Pfeilern der Laterne aufstreben, die Eleganz der in den Himmel ragenden Laterne selbst, ihrer Spitze und der großen goldenen Kugel obendrauf – alles hat sich allmählich, doch von Tag zu Tag unauslöschlicher, in die Netzhaut des Kindes eingeprägt, so daß es ihm später unmöglich war, Brunelleschis Meisterwerk je für sich zu »entdecken«, das heißt: den ungeheuren Eindruck nachzuempfinden, den der glückliche Fremdling, der zum ersten Male davorsteht, haben muß.

Und dasselbe gilt leider auch für alle anderen Sehenswürdigkeiten. Ein gebürtiger Florentiner müßte geradezu mit geschlossenen Augen von der Via Calzaiuoli her auf die Piazza della Signoria kommen, um *vielleicht* (indem er die Augen ab und zu weit aufreißt und sofort wieder zukneift) ähnlicher Augenblicksbilder teilhaftig zu werden wie die Touristen, statt nur die »gewohnte« Piazza, den »gewohnten« Palazzo Vecchio, die »gewohnte Loggia dei Lanzi (samt dem Gewimmel von Kunstwerken eines Cellini, Giambologna, Michelangelo und anderer) zu sehen. Andernfalls sind wir Armen dagegen immun; wir kennen alles in- und auswendig, unsere Stadt hat uns abgebrüht.

Ein Bekannter von mir, der sich damit nicht abfinden wollte, kam auf folgenden Trick: Er durchwanderte Florenz mit einem Taschenspiegelchen, das er sich an den berühmtesten Punkten vor die Augen hielt, indem er besagten Punkten den Rücken zukehrte. So sah er alles, was rechts war, links (und umgekehrt) und spielte seiner von Jugend auf übersättigten Netzhaut einen Streich. Diese Art, sich selbst und die verdammte Gewohnheit zu überlisten, funktioniert wie jede andere ... Versuchen Sie es mal, lieber Leser!

Das alles war nun eigentlich nur eine Vorrede, um die besondere Touristenfreundlichkeit der Florentiner zu erklären. Die Touristen nämlich sind für uns unersetzliche Vermittler: Sie lehren uns, unsere eigene Stadt wieder zu lieben. Ohne Touristen wären wir ihrer samt und sonders überdrüssig wie die anfangs genannten Ehemänner allzu schöner Frauen, die im trauten Heim verkümmern, statt (von anderen!) gebührend bewundert zu werden. So aber geschieht es oft, daß sich Florentiner Bürger den offiziellen Fremdenführungen anschließen, um sich mit geheimem Stolz die Erklärungen und Lobpreisungen »ihrer« Werke anzuhören. Sie schauen weder auf Stadtbilder noch Gemälde, noch Statuen: Sie forschen gierig in den Gesichtern der Fremden. Und welch eine Wonne, wenn sich in diesen Gesichtern immer wieder von neuem Begeisterung spiegelt.

Genau das gleiche Motiv steckt hinter dem seit Jahrhunderten unverminderten Gewerbefleiß unserer Handwerker. Ohne den Zulauf der Fremden wären ihre kunstfertigen Hände längst erlahmt. Wo bliebe die Inspiration, wenn der Kunsttischler von San Frediano nicht mehr von den Lobeshymnen seiner französischen, englischen, deutschen und amerikanischen Kunden angefeuert würde? Er verlöre jeglichen Spaß an der Arbeit und sänke zu irgendeinem Wald- und Wiesenschreiner herab. Die italienische Kundschaft interessiert ihn nicht besonders (am allerwenigsten die florentinische) – erst die Bewunderung, die die Ausländer ihm entgegenbringen, macht ihn zum wahren Künstler.

Ich gedenke mit Rührung eines solchen Künstlers in einer armseligen Straße bei Santa Maria Novella, der in echt antiken Imitationen Unübertreffliches leistete. Das hagere Männchen war stets in einen Grundschulkittel gewandet und von oben bis unten mit Firnis und Kleister bekleckert. Eines Tages kam ein Zwischenhändler zu ihm, zeigte ihm unter vier Augen zwei prachtvolle Elefantenzähne und fragte: »Traust du dir zu, zwei Cinquecento-Lauten mit stilechtem elfenbeinernem Gehäuse daraus zu machen?« Das Männchen zauderte. Aber als der Zwischenhändler erklärte, er sei von einem berühmten Museum in einer ebenso berühmten *ausländischen* Stadt beauftragt, solche Instrumente herbeizuschaffen – und sie müßten unbedingt echt sein! –, nahm das Männlein geschmeichelt an. Sein schöpferischer Ehrgeiz wurde belohnt. Die beiden vielgerühmten Lauten befinden sich, glaube ich, heute noch in jenem Museum.

Als »Bruder im Geiste« muß ich nun auch jenen Handwerker erwähnen (sein Laden liegt nicht weit vom Palazzo Pitti entfernt), der mir kürzlich eine zauberhafte kleine Louis-Quinze-Kommode zeigte, ein äußerst wertvolles Stück, das er mit viel Zeitaufwand und Fingerspitzengefühl restauriert hatte, um die feine Patina des Holzes und der Bronzebeschläge ja nicht zu beeinträchtigen. Aber der Stolz des Restaurators bezog sich kaum auf die eigene Tüchtigkeit. Viel wichtiger war ihm die Tatsache, daß ein *Pariser* Kunsthändler, noch dazu von der Rive Gauche, also aus der Branchenspitze, ihm die Kommode anvertraut hatte. »In Frankreich hätte das eben keiner so fertiggebracht!« sagte er voller Genugtuung und im reinsten florentinischen Tonfall.

Nun ziehe jedoch niemand daraus den Schluß, die Florentiner hätten nichts anderes als Fremdenverkehr und Selbstbeweihräucherung im Kopf. Natürlich sind sie nett zu den Besuchern, empfangen sie freundlich in ihren Gasthöfen, bringen gern ihre (nicht immer perfekten) Sprachkenntnisse an den Mann, wenn es gilt, einem Fremdling Auskünfte oder Ratschläge zu geben, lächeln vornehm zu seinen Begeisterungsausbrüchen - doch sobald sie wieder unter sich sind, üben sie herbe Selbstkritik.

Die italienischen Zeitungen polemisieren oft und gern gegen Florenz, und die Florentiner selbst nennen ihre Stadt öde, verspießert, ideenarm, dreckig und laut. Haben sie recht oder nicht? Die Schuld ist jedenfalls immer im Charakter dieser Guelfen- und Ghibellinen-Nachfahren zu suchen, deren Neigung zu Zwietracht und Hader die Jahrhunderte überdauert hat. Leute von Geist und Tatkraft gäbe es schon genügend, wenn sie einander nur zum Zuge kommen ließen. Man hat Fiorenza, die Blühende, recht treffend mit einer Baumschule verglichen, in der die Stämmchen zu dicht stehen und sich gegenseitig erdrücken; verpflanzt man eines davon in eine Umgebung, wo es Licht und Luft hat, so wächst es zum vielästigen Giganten heran. Die besten Entfaltungsmöglichkeiten für unsere Genies lagen meistens im Ausland.

Erinnern wir uns nur an Eugenio Barsanti, den Erfinder des Verbrennungsmotors und geistigen Vater des Automobilzeitalters. Er ließ seine Erfindung patentieren und gründete eine Aktiengesellschaft; doch seine Mitbürger zeigten ihm die kalte Schulter, statt ihn zu unterstützen - und den Nutzen davon hatte England, das aufgeschlossener war und die großartige Neuheit zuerst auswertete.

In diesem Sinne sind die Florentiner reiche Verschwender, welche die Schätze, die ihnen in den Schoß fallen, immer wieder leichtfertig aufs Spiel setzen.

Sie hatten einen Dante Alighieri und trieben ihn in die Verbannung; sie haben die schönste Altstadt, die man sich denken kann, und ersticken sie mit einem gräßlichen Beton- und Eisengürtel; sie sind von der Natur mit dem lieblichsten, blühendsten Hügelkranz beschenkt worden und zerstören ihn mit Neubauten; sie haben herrliche Kunstdenkmäler und verrammeln die Sicht darauf mit gedrängt vollen Autoparkplätzen – sie, die doch andererseits so stolz auf die Bewunderung der Fremden sind!

Wie erklärt sich dieser Gegensatz? Ich glaube, es liegt an der etruskisch-römischen Blutmischung, die wir in den Adern haben; das etruskische Element ist zugleich das künstlerische, das römische das nüchtern-praktische, und meistens kämpft das eine mit dem andern um den Vorrang. Aber nicht immer! Das erwies sich bei der Überschwemmungskatastrophe vom 4. November 1966. Damals konnte eine erschütterte Welt das Schauspiel verfolgen, wie sich eine halbe Million Männer, Frauen und Kinder in spontaner, freiwilliger Eintracht daranmachten, Keller und Wohnungen auszupumpen, Straßen vom Schlamm zu säubern und vor allem die bedrohten Kunstwerke zu retten.

Eine Rettungswagenkolonne aus Frankreich führte ein langes Spruchband mit sich, auf dem mit Riesenbuchstaben geschrieben stand, was in jenen Tagen der Bewährung wohl die ganze Welt empfand und was alle sonstigen Einwände gegen die Florentiner aufhebt: *Florentins, vous êtes formidables!*

Agnes Miegel

IL MAGNIFICO

Im Königsberg des späten 19. Jahrhunderts blieb Italien für eine junge Frau unerreichbar. Ein erster Literaturpreis ermöglichte Agnes Miegel einen Aufenthalt in Rom, und die Reisebriefe eines noch unbekannten Schriftstellers namens Hermann Hesse führten sie in die Toskana. Gegen Ende ihres Lebens erzählt sie von der Begeisterung und dem Fieber, das sie damals in Florenz erfasste.

Wie in früheren Jahrhunderten die Tour du monde für den jungen Mann von Welt, so galt in meiner Jugend noch »die Reise nach Italien« beim norddeutschen Bürgertum als krönender Abschluß des Bildungsgangs. Worunter die Älteren, noch im Nachglühn der Goethezeit aufgewachsen, recht eigentlich nur Rom verstanden. So wurde diese Reise schon von der Schulzeit an auch mein Lebenstraum. Aber sie schien es zu bleiben, da allerlei Notwendiges immer meinen Sparschatz hinschmelzen ließ. So fand ich mich schon damit ab, las über Rom, was mir erreichbar war, und hörte als stummer Gast bei einer reise- und kunstfrohen Freundesfamilie nicht nur über Rom und Neapel, auch, ja am allermeisten, über Florenz. Dies war mir bisher nur aus der Geschichtsstunde vertraut, dann aber als die Heimat eines sehr schönen, klugen und treuen weißen Spitzes, den meine Großtante von dort mitgebracht und den sie aus Verehrung für den großen Lorenzo »Magnifico« genannt hatte.

Bei diesen Teetischgesprächen gewann ich den Eindruck,

daß die Arnostadt mich bildungsmäßig überanstrengen würde. Sie schien eine Gralsburg, wo Lorenzo der Tafelrunde von Dante zu Dante Gabriel Rossetti präsidierte und unerwünschten Barbarengästen schwierige Fragen stellte. –

Aber als ich schon fast auf Italien verzichtete, brachte eine Osterzeit durch einige Honorare und einen allerersten Literaturpreis mir doch noch die Erfüllung. Da ich mich sogleich zwei lieben Freundinnen anschließen konnte, für die dies Land Heimat war, so genoß ich – vor allen Reise- und Sprachschwierigkeiten bewahrt – sorglos-selige Tage in Rom.

Unsern Reiseführer von dort durch das, damals nur erst von wenigen Engländern besuchte, gebirgige Umbrien bildeten die Reisebriefe eines noch wenig bekannten jungen Dichters namens Hermann Hesse, die zu unserer Begeisterung in der Heimatzeitung erschienen und denen wir dort viele schöne und merkwürdige Erlebnisse verdankten. Aber als wir dann in das mildere Siena kamen, packte mich eine jener tückischen Krankheiten, die dort den Nordländer überfallen. Ich war ganz sicher, wie Tausende Unbekannter vor mir, hier an einer kahlen Friedhofsmauer mich zu meinen Landsleuten zu betten. Doch die Universität der alten Stadt, die als einzige neben Rom die Wölfin im Wappen führt, ist von alters her durch die Kunst ihrer Ärzte berühmt. Und ein kleiner, feiner alter Professor kurierte mich mit seinen – von unsern recht abweichenden – Methoden und mit der Pflege meiner Freundinnen so weit, daß ich dann wie eine welke Gliederpuppe in dem Lehnstuhl unsrer freundlichen alten Padrona unter ihrem Oleander auf der Terrasse saß und nach dem schönen Stadtturm blickte, der lilienweiß und golden im Abendlicht stand. Etwas mühsam folgte ich dem Gespräch der andern mit dem Professor. Ich hatte nur den einen Wunsch, möglichst rasch über den Brenner zu kommen, als der Arzt wie einen Befehl »Firenze!« sagte. Worauf ich in Tränen ausbrach, überwältigt vom Gedanken an Sehenswürdigkeiten. Heute noch, im Alter, verlasse ich jede Galerie bedrückt vor Mitgefühl mit verstümmelten Göttern ohne Tempel, mit Madonnenholdheit ohne Weihrauch und Gebet und frech angestarrten Königinnen und Aspasien.

Aber der feine, kleine alte Professor schien meine Gedanken zu erraten. Er lächelte beschwichtigend »no, no!« - breitete die Arme aus und erklärte mit plötzlicher Beredsamkeit, daß ich nur in Florenz gesund werden könne, durch drei Heilmittel: die wunderbare Luft (oh, *wie* er das sagte!), die Medikamente der altberühmten Apotheke und die noch viel berühmtere Kindermilch der städtischen Kühe, die direkt von der weißen, breitgehörnten Herde des großen Lorenzo abstammen!

So kam es, daß ich mich zwei Tage später beim Erwachen verwundert in einem fremden, sehr hellen Zimmer fand, auf dessen verblichne Rosentapete meine Vorgängerin vom Spiegelchen zur Öldruckmadonna eine Girlande von Lichtbildern angeheftet hatte, die die ganze Sippe der Medici, jung und alt samt verwandten Geschlechtern zeigten, im Mittelpunkt den großen Lorenzo. Ich betrachtete sie mit der wohlwollenden Aufmerksamkeit der Genesenden und atmete den warmen Morgenhauch ein, der in das weiße Gardinchen des weit offenen Fensters blies und das vielfältige Gebraus einer lebens- und lärmfrohen Stadt herauftrug. Denn es war ein hohes, altes Haus. Dunkel erinnerte ich mich, unter ermunternden italienischen und deutschen Zurufen sehr steile, hohe Treppen wie einen Felskamin heraufgeschleift zu sein. Auch war da eine sehr heiße und qualvolle Bahnfahrt gewesen, deren Rattern nur einmal kurz verstummte. Wobei ich neben einem grellen Steinhaus mit zerfetztem Dach einen krummen, alten Ölbaum erblickt hatte, in dessen flirrendem Schatten ein Gespann weißer, breitgehörnter Ochsen vor einer Fuhre Klee rastete - geduldig und schön wie verwunschne und erniedrigte Zwillingsgötter.

Darüber fiel mir die Herde des Medici ein und die Milch, die noch unberührt in dem bunten Becher auf dem wackligen Tisch stand. Ich trank sie mit Genuß, sie war wirklich ausgezeichnet, und dachte dabei an meine Freundinnen, die nun wohl schon mit dem Baedeker den vierten Saal der Uffizien in Angriff nahmen. Ich betrachtete hier in Ruhe den Magnifico, der knollennasig und mit dunklem Struwwelhaar zwischen den kahlschädligen Vettern wie ein Bauer und Herdenzüchter unter seinesgleichen stand, würdevoll und väterlich, gar nicht Mäzen und Schöngeist, aber mir so sympathisch, daß ich mich entschloß, seine Stadt gründlich zu erkunden.

Es war drückend heiß und merkwürdig düster geworden, es grollte leise, so daß ich halb angekleidet wieder auf das Bett fiel, bis ein lauter Schlag mich weckte. Wie ich ans Fenster kam, war das Gewitter schon im Abziehen, feuchte Kühle schlug mir entgegen, aber der Regen rauschte nun so dicht wie ein silberner Vorhang nieder, der erst ganz allmählich klarer wurde. Und aus dem zuerst ungewiß, dann im aufhellenden Licht immer deutlicher die Umrisse der Gebäude tauchten, die um den noch dampfenden, sprühenden Platz standen.

Was ich am Abend auf der Hausschwelle nur gleichgültig vor Übermüdung wie ein altbekanntes Bild gesehn, stand jetzt auf einmal vor mir, immer klarer, als der Regen nun plötzlich wie ein Vogellied verstummte. Nur ein leises Tropfen vom schöngeschwungenen Dach perlte noch aufblinkend nach, dem von weither das Rauschen des Brunnens antwortete. Aber schon funkelte hier und da ein Gesims im ersten Sonnenblitz, und Zinnen und Turm der Signoria standen schon hell im Licht vor fliehendem Gewölk.

Doch glaube ich, leise fröstelnd, schon an einen neuen Fieberanfall, als über dem vom Wetter leergefegten und wie ein See blinkenden Platz es nun hinter den Bogen der Loggia dei Lanzi blau und grün und bräunlich aufschimmerte, aphrodisisch zu leuchten und sommerrosenrot zu glühen begann. Unsichtbare Hände hingen dort die Pracht der Festteppiche aus, vor deren Mosaikbuntheit die Bildsäulen zu grauen Schatten verblichen. Nur Perseus, schön, schlank und ein bißchen prahlerisch, hielt silbern glänzend das Medusenhaupt wie eine Traube empor. Und nun quoll, zögernd erst und vereinzelt, dann immer dichter und eiliger, das Leben aus der Zuflucht der Straßenenge, aus dem Unterschlupf der Torbogen, der Cafés.

Wie Wassersturz kam das Tappen und Klatschen der Füße, das Klappen der Hufe, das Räderrollen der offenen Wagen mit den Fremden, der Eselskarren mit den halbleeren Gemüsekörben, der Wägelchen und Blumenkarren herauf, das Rufen, Schreien, Lachen, Pfeifen. Es wimmelte von barfüßigen Jungen, die durch die Pfützen patschten, von dicken Matronen mit Körben, von eleganten Damen mit bunten Schirmen, von Engländerinnen und Deutschen mit farbigen Strohtaschen und gestreiften Beuteln, von geputzten Kinderfrauen, von Mönchen und Kartenhändlern, von schwarzen Pudeln und weißen Spitzen. Und aus diesem Menschen- und Wagengequirl, über Brunnen, Denkmal und Götterbilder stieg mit dem Lärm durch die wieder glühendheiße Luft ein betäubender Duft, süßer als der Honighauch deutscher Lindenblüte – der Sommerduft der weißen Madonnenlilien, welche die Händler feilhielten, die Frauen beim Marktnetz, die Fremden überm Reisebuch trugen, die in den Wagen auf den Polstern und oben auf den Gemüsekörben lagen.

Duft und Lärm, Menschenstimmen und Räderrollen, weiße Götterbilder und düstere Paläste, alles, alles rief und lockte, lockte unwiderstehlich in das Herz dieser herrlichen Stadt. Ach, keine Gralsburg – sondern eine vertraute schöne Schwester unsrer alten Bürgerstädte, aus deren Atem ich

Leben und neue Gesundheit trank und die ich liebte, wie sie da vor mir stand – ehrwürdig wie eine Matrone, geschmückt wie eine reiche Braut und so erfüllt von lauter Gegenwart, daß sie ganz vergessen hat, wo er in ihr schläft, zu dessen Bild nun mein dankbarer Blick ging, er, Lorenzo, der große Liebende, den sie doch schon bei Lebzeiten den »Magnifico« nannte!

Hartmut Kiltz

DIE SCHÖNEN AUGENBLICKE EINER STADT

Dies ist die Geschichte eines nachdenklichen Spaziergangs durch das alltägliche Florenz, zum Markt von Sant'Ambrogio, zu den Cafés, zum Schauspiel der feinen Leute und zu den Schönen der Nacht. Aufgezeichnet hat ihn Hartmut Kiltz.

»Argo« las ich auf einem der Zettelchen, die in der schnurgeraden Via de' Serragli wie in einem Windkanal aufgewirbelt wurden. Gleichmäßiger selbst als die Touristen und ganz saisonunabhängig sind sie über die Straßen der Stadt verteilt; ein ebenso offenbares wie unbeachtetes Wahrzeichen auf Trottoirs und Rinnsteinen. »Argo« – ich ließ das Fetzchen fallen, denn es galt, die Straße zu überqueren, und ich hatte nicht nur den kräftigen, aber schon milden Märzwind, sondern auch den Verkehr gegen mich. Zwei hochbepelzte *ragazze* donnerten nebeneinander an mir vorbei, den Schal ums Gesicht geschlungen bis an die Wimpern, lachende Augen.

Die Vorfrühlingssonne schien auf gravitätisch-kostbare Pelze, die von vielleicht eben Achtzehnjährigen knatternd über den abgasverpesteten Laufsteg der Serragli gejagt wurden. Unwillkürlich mußte ich lächeln: *la pelliccia,* das goldene Vlies! In keiner nördlichen Stadt hatte ich im Winter derart viel edles Rauchwerk bewundern können wie hier und in keiner Stadt so gleichmäßig verteilt durch die Generationen. Wie verschieden, wie raffiniert, wie elegant sind sie doch! Ein Winterabend im »Teatro Comunale« eröffnete mir ein breites Spektrum. Da kann man nicht mehr von bloßer Kleidung sprechen, hier wird alte heraldische Kultur geübt. Der große Saal des Theaters ist modern, warm, gut klimatisiert. Mehr als ein Drittel der Damen jedoch erlebte Gustav Mahlers Klänge mit leicht geöffneten Fellen.

Dabei bietet das »Comunale« nur einen eng umgrenzten Turnierrahmen. Welch schrankenloses Schlachtfeld aber öffnet jede der alten Stadtstraßen. Kommt der Pelz nicht ungleich vollständiger, einfach sportlicher auf dem Moped zur Geltung als eingeschalt in Limousinenblech? Lehrmädchen sollen sich über Jahre hinaus bei ihren Arbeitgebern verschulden, um den Kampf gut gerüstet und im rechten Alter aufnehmen zu können. Wieder sticht mir das Zettelchen ins Auge – »ARGO« ... Also ein neues Blättchen aus der Gosse gefischt, jetzt sollte es genauer betrachtet sein! Am besten bei *caffè* und *grappa*.

Die Anzahl der Bars in Florenz – mindestens doppelt so hoch wie in weniger besuchten italienischen Städten – ist sicheres Indiz für den Massentourismus. Welche Bar nehmen? Florentiner Freunde sammeln Bars nach dem vorzüglichsten *cupuccio*, den köstlichsten *dolci*, den leckersten *salati*. Ich hingegen suche ganz ausgefallene: jene, in denen man halbwegs in Muße seine Zeitung lesen kann und am Tisch das gleiche zahlt wie an der Theke, wie im *Dolce Vita* an der Piazza del Carmine. Abends ist sie Treffpunkt einer gewissen *fauna* von Trendsettern, am frühen Nachmittag ist diese Bar beinahe leer. Zu dieser Vormittagsstunde aber war sie noch geschlossen, und so entschied ich mich für die schöne Piazza Santo Spirito vor der gleichnamigen Kirche. In der großen Bar dort gibt es einen abgeteilten Sitzraum, morgens voll internationalen Flairs, denn dort treffen sich

Sprachschüler aus vielen Ländern. Die Wände sind dicht behängt mit zeitgemäßen Aktionsstudien für die Fassade der Kirche, die der Erbauer Filippo Brunelleschi nackt hat hinterlassen müssen.

Zeit nun zum Studium des Zettelchens. Die beiden inneren Buchstaben des »Argo« sind kleiner und zur Mitte hin eingedrückt, um einem darüberschwebenden Wappen Raum zu geben, das mit dem hoheitlichen Emblem der Florentiner Lilie geschmückt ist. Unter dem Wappen und dem Namen, beide in Schwarz gehalten, steht in Blau: Guardie Notturne Giurate. Nachtwächter also, vereidigte gar. Bei jeder Routineüberprüfung, erfuhr ich später, müssen sie eines dieser Blättchen vor Ort verlieren. Nach der Öffnung der Ladengitter starren die herausgekehrten kleinen Nachweise dann zu Tausenden von den Trottoirs zurück auf vorbeihastende Passanten. Das winzige Wappen auf ihnen zeigt uns Sinnreiches: oben ein Stadttorraster, unten ein Stück Mauer und davor ein Pfau mit geschlagenem Rad. Diesem Symbol der Eitelkeit als winzige Pünktchen aufgesetzt: die berühmten Argusaugen: die hundert Augen aus dem Kopfe des Hirten Argos Panoptes, den selbst Hermes, der Gott der Diebe, nicht zu überlisten vermochte, als er Io, die zur Kuh verwandelte Geliebte des Zeus, der Hera entreißen wollte. Er mußte Argos erst durch Flötenspiel betäuben, um ihn dann zu töten. Als mahnende Erinnerung an den Mord versetzte Hera die Augen des Opfers ins Pfauenrad.

Das Symbol der Aufmerksamkeit, eingepflanzt dem Sinnbild selbstgewisser Schönheit: Ein Blättchen aus dem Rinnstein entdeckt uns ein Geheimnis der Stadt, denn Florenz erfüllt sich in Blick und Anblick. Seine alten Kirchen, Paläste, Burgen und Bauten sind sämtlich künstlerische Zeugen, wie die Augen Schöpfer und Auftraggeber inspiriert haben. Das machte Florenz zu einer Stadt der Sehhungrigen aus aller Welt, wo sich der Augenlust eine schier unübersehbare Fülle darbietet; eine elegante Stadt, die über die Jahrhunderte Routine bekam, ihre kostbaren alten Kleider zu tragen.

Der Blick vom Monte Senario, über die südlichen Mauern des gut achthundert Meter hoch gelegenen Klosters hinweg, lohnt sehr. An Fiesole vorbei präsentiert Florenz einen Ausschnitt seines Zentrums. Wie erhöht sich die Talstadt am Arno durch den Blickfang der gewaltigen und doch filigranen Kuppel des Domes gegenüber allen Bergnestern!

Nur das Sichtbare ist wahr – so könnte die Florentiner Devise lauten –, und das Wahre soll schön sein. Augen, die messend sehen, träumen nicht, sie nehmen wahr und urteilen, bewerten.

»Auf daß Italien alle Gegensätze beherberge, hat der Himmel ihm eine Stadt ohne jegliche Leidenschaft gegeben; das ist Florenz.« Der dies schreibt, ist der Troubadour der Liebe aus Leidenschaft. Henri Beyle, der sich, 1817 aus Deutschland kommend, auf seiner Italienreise jetzt Stendhal nennt. Die den Florentinern eigene Leidenschaft, die der messenden Augen, der Ratio, war ihm zuwider. Von den Toskanerinnen berichtet er: »Doch diese lebhaften, durchdringenden Augen scheinen mehr geneigt, einen zu kritisieren, als zu lieben. Stets lese ich in ihnen den Gedanken an Vernunft, und nie die Möglichkeit, Liebestorheiten zu begehen.« Und anläßlich einer Abendgesellschaft notiert er: »Ich bemerkte in der großen Gesellschaft fünf bis sechs ganz hübsche Frauen, die aber viel zu verständig dreinschauten, um in meinen Augen Frauen zu sein; bei so viel Verständigkeit kann man nur das Materielle in der Liebe verstehen.«

Vieles von dem, was der leidenschaftliche Beobachter Stendhal über Florenz schreibt (gelegentlich mit gehässigem Akzent), gilt noch heute. Er lobte die Urbanität, die ausnehmende Höflichkeit der Arnostädter, die naive Zutraulichkeit oder gar kalkulierte Aufdringlichkeit ausschließen. Die Florentiner bezeichnen sich selbst als *chiusi*, ein Wort, das mit »verschlossen« indessen falsch übersetzt wäre, denn das sind sie keineswegs. Es geht dabei mehr um eine gewisse höfliche Reserviertheit und aufmerksame Distanz, die für sich Raum fordert und dem anderen Raum läßt. Ihren Augen entgeht dabei nichts, sie sind wach, bei wachem Bewußtsein bereit, sich immer auch fremden Blicken stellen zu müssen. Das Emblem des radschlagenden Pfaus, Schönheit gepaart mit Wachsamkeit, steht dem gut an.

Die Bar ist längst verlassen, das Zettelchen blieb zerknüllt zurück, ein wundervoll klares und helles Märzlicht beleuchtet die Stadt. Ich flaniere in Richtung Ponte Vecchio, um am Arno entlang den Anblick der *colline*, der schönen toskanischen Hügel um Florenz, zu genießen. Für Liebespaare, die sie Hand in Hand durchbummeln wollen, ist die Stadt nicht gemacht: Die meisten Trottoirs sind winzig und bei der chronischen Parkraumnot von Autos zugestellt. Dennoch gehe ich hier gern zu Fuß, weil jedes Haus, jede Straßenzeile Ausstellungsstück ist, und der historische Stadtkern hinter den Toren breitet sich nicht allzugroß aus.

An den Uffizien vorbei in Richtung Santa Croce die Arnoumfassung entlanggehend, genieße ich den Ausblick auf die Festung Belvedere, die alte Kirche San Miniato und die darunterliegende Brüstung des Piazzale Michelangelo. Auf ihm erlebten wir eines Sonntagabends im Sommer etwas Eigentümliches. Jeder, der einmal hier war, weiß, daß der Piazzale mit seiner herrlichen Aussicht über die Dächer von Florenz nach Fiesole zu dieser Jahreszeit gewöhnlich fest in der Hand angereister Gäste ist. An jenem Abend war er überfüllt wie nie. Aberhunderte junger Leute, denen man sogleich ansah, daß sie Kinder der Arnometropole waren, drängten sich auf ihm herum, saßen auf den Mauern und den Treppenstufen zur Stadt hinunter, und während wir erwartungsvoll dabeistanden, wurden es noch mehr. Daß hier bald etwas passieren mußte, schien klar.

Gespannt rechneten wir mit einem Spektakel, tippten auf ein Feuerwerk. Aber das letzte Abendrot erlosch, und es geschah gar nichts. Wohl hielt das lärmende Umeinandergetrubel schwätzender, sich küssender, lachender *ragazze* und *ragazzi* an, aber diese Menschenmenge erwartete nichts. Was hier stattfand, war sie selbst. Fragen nach dem Sinn des Ganzen, das ahnten wir, hätten uns einigermaßen blamiert. Unsere Florentiner Gastgeberin belehrte uns dann auch achselzuckend, das wäre eben die *fauna* – junge Leute, die sich ihr Gemeinschaftserlebnis selbst bereiten, ihren eigenen Ritus des *corso*. Die Stadt lebt immer auch ihr eigenes Leben, an den Touristen vorbei, denen aber der falsche Eindruck, Florenz sei bloß ein größeres Museumshotel zu ihrem Service, leichtgemacht wird.

Mit Heiterkeit erinnere ich mich an meine Verblüffung, als ich, auch an einem Sonntag, den Ponte della Vittoria überquerte und den Arno stadtauswärts hinabschaute. Wieder bot sich ein faszinierendes, diesmal rein maskulines Massenschauspiel. Dort auf der Uferseite des riesigen *Cascine*-Parks sowie gegenüber standen hart am Wasser und dicht an dicht Freizeitangler, zwei Spaliere, die sich zusammen mit der sanften Krümmung des Flusses ungelichtet in der Ferne verloren. Was für einen Tanz müssen die blitzenden Reihen von Blinkern, Haken und Schwimmern den Fischen geboten haben.

Und wieder an einem Sonntag, spätabends, entdecke ich vom Auto meines Florentiner Cicerones aus das Gegenstück zu diesem biederen Freizeitvergnügen. Wo in früheren Zeiten die »feine Welt« lustwandelte, spielt jetzt zu Abend- und Nachtstunden in den *Cascine* ein Stück »Firenze nera«, des »schwarzen« Florenz. Zu mehreren Reihen nebeneinander, die lange, lange Straße säumend, lassen Autoschlangen, teilweise haltend, teilweise Schritt fahrend, nur eine ganz schmale Spur frei für den Durchgangsverkehr. Hier findet der Großmarkt käuflicher Liebe statt, natürlich gleichzeitig ein kostenloses Schauspiel. In gewagtester Aufmachung an Parkbäume gelehnt und flanierend auf den Trottoirs die Objekte der Begierde und des dreist-ängstlichen Machospotts. »Schau dir mal an, was all die Bauern vom Lande am Wochenende treiben!« kommentiert mein Begleiter. Aber ja doch, aus der Stadt selber wird sich gewiß niemand hierher verlieren ... Die Provinz hingegen muß von Männern entvölkert sein. Dann, mit Seitenblick auf eine der zigarettenrauchenden Frauen an der Straße, kurzer Tritt aufs Gaspedal: »Io ti lascio, Troja fumante – capisci?« Ob ich den Wortwitz verstünde? »Ich verlasse dich, rauchendes Troja«, nachgesprochen der »Aeneis« des Vergil. Ganz einfach: »Troja« ist auch eine sehr abfällige Bezeichnung für Prostituierte, wie doch schließlich die schöne Helena, um die der Trojanische Krieg geführt wurde, nichts anderes als eine *troja* gewesen sei – und was für eine. Lebendige Antike, wo findet man dich! Wir wissen es inzwischen schon.

Will man auf traurigere Zeichen und Spuren des eigentlichen »Firenze nera« stoßen, dann bietet sich ein anderer Spaziergang an, zum Beispiel die Via Ugo Foscolo hinauf in den südwestlichen Hügel- und Villengärten um Florenz. Inzwischen geübt, mitten in all der luziden landschaftlichen Pracht den beiläufigen Blick auf die Straße nicht zu vergessen, bemerkt man bald, daß die »Argo«-Zettelchen abgelöst worden sind von grünbeschrifteten, aufgerissenen Cellophanhüllen. Die vorher darin verpackten Instrumente liegen gebraucht darunter: Einwegspritzen für eine Dosis Heroin.

Via de' Malcontenti in Gegenrichtung! Der Spaziergang am Arno trug mich über mein Ziel hinaus, an einen Ort, von dem mir gesagt wurde: Lebst du dort, wirst du noch ursprüngliches Florenz kennenlernen. – Via de' Malcontenti, der Name erwuchs aus maliziösem Florentiner Witz. »Straße der Mißvergnügten« hieß sie, weil auf ihr die dem Henker

Überantworteten aus den Mauern zum Richtplatz geleitet wurden. Derselbe Witz, möchte mir scheinen, taufte die ein wenig oberhalb verlaufende Straße Via Ghibellina nach der verhaßten Partei der Kaisertreuen im Mittelalter, der »Weißen«. Die Bürger waren in ihrer Mehrheit »Schwarze«, guelfisch, papsttreu. Dante, kaisertreu und deswegen aus seinem Florenz verbannt, hatte das bis ans Lebensende spüren müssen. Die Monumentallarve des berühmtesten Ghibellinen steht steinern und weiß vor der Kirche Santa Croce, sein Grab darin aber ist leer.

Das ursprüngliche Florenz, wie es mir prophezeit wurde, liegt nördlich der Via Ghibellina. Es ist das Viertel um die kleine Kirche Sant' Ambrogio, nach Osten hin begrenzt von Tristesse, den öden Wänden des Frauengefängnisses und der Rückseite eines nicht weniger häßlichen Pressehauses. Hierhin verlieren sich nicht viele Touristen; die meisten werden vom Flohmarkt auf der Piazza dei Ciompi abgefangen, wenige schnüffeln weiter in den kleinen Geschäften für alte, unrestaurierte Möbel und mehr oder weniger Antikes. Und dennoch - oder vielleicht deshalb - ist dieses Viertel besonders quirlig, lebhaft und laut. Seine Mitte nämlich bildet der zweite *mercato* von Florenz, der kleinere Bruder des Zentralmarktes nahe der Kirche San Lorenzo. Viele Florentiner ziehen ihn vor, denn er ist übersichtlicher und führt Bekannte aus den entferntesten Stadtteilen unverabredet zu einem leichten Schwatz im Trubel zusammen, mitten zwischen knackigen Gemüsen, würzigen Milchlämmchen, saftigem Obst.

Umstanden von einfachen, steinernen Wohnhäusern, deren Ockerputz abblättert und die ihr vorbildlich urbanes Gesicht erst entlarven, weiß man, daß sie aus dem 13. Jahrhundert stammen, erwächst die öffentliche und private Nachrichtenbörse jeden Morgen neu. Wie sensibel dieser Markt von Waren und Meinungen auf Schocks reagiert, konnte ich zweimal miterleben im Frühjahr 1986, als die Wolke von Tschernobyl unsichtbar über dem Azur der Provinz lag und die Gemüsestände leer blieben, aber nachher regnete es; wie auch im Juni 1983 an dem Tag, als der Tod des »Vaters des Eurokommunismus«, Enrico Berlinguer, jede Minute erwartet wurde, Sant' Ambrogio veränderte beide Male sein Gesicht, eine Auflösung normaler, alltäglicher Ordnung war zu beobachten. Fleisch-, Geflügel-, Fisch- und Käsehändler im Inneren der Halle verließen zum Teil ihre erhöhten Stände, um in gedämpfter, aber leidenschaftlicher Diskussion ihren Gesprächspartnern auf der anderen Seite des Tresens nahe zu sein. Kauf und Verkauf gerieten zu Nebensachen, spielten sich ganz am Rande ab. So offenbarte der Markt zeitweise wieder Züge des antiken öffentlichen Forums, wo von allen Bürgern verhandelt wurde, was alle Bürger betraf.

Der Markt belebt das Viertel, auch wenn er - ab Mittag - geschlossen ist. Denn nun schlägt die Stunde der Veredlung seiner Produkte, und sie vollzieht sich hinter den Fassaden der alten Häuser in dem Rücken einiger Restaurants, die sich nahe der Halle finden. Bis tief in die Nacht hinein speist man dort. Antipasti aus eingelegten Gemüsen und eine Fülle herrlichster Meeresfrüchte stellt sich der Gast selbst zusammen. Niemand ißt hier schweigend. Die Gesellschaften an den Tischen kommunizieren ihre kulinarischen Erlebnisse. Den Weinen des Chianti mit gelöster Zunge Tribut zollend, laut und lustig. Nur ein paar Stunden später aber, in aller Frühe, rollen schon die Handwagen der »Contadini«, der Gemüsebauern, wieder über das Steinpflaster, rattern die Metallrouleaus der Bars und Handwerksbetriebe wieder nach oben, werden die Argo-Zettelchen der Nachtwache in den Rinnstein gekehrt.

Hermann Teusch

DIE ALLTÄGLICHEN WUNDER

Hermann Teusch verbrachte als Architekt einen Großteil seines Lebens in Italien. So lernte er die toskanische Küche kennen und lieben. Essen und Trinken in Florenz – das ist für ihn nach wie vor ein Wunder.

Wer die Bildersäle der Uffizien verläßt und sich von der erdrückenden Fülle goldgerahmter Schönheit bei einem Gläschen Wein erholen möchte, sollte die Schritte zum Bargello lenken. Auf halbem Weg dorthin, genau an der Ecke Via de Ninna und Via dei Castellani, findet sich wie von ungefähr der Stehausschank *Piccolo Vinaio*. Diese *Mescita*, eine Schankstube, gehört zu den alltäglichen Wundern von Florenz, ein winziger Raum, in dem nahezu alle Besonderheiten der hiesigen Küche zusammengedrängt sind.

Wer hier kostet, Kleinigkeiten, Vorspeisen, Gerichte mannigfacher Art, erwirbt das Basiswissen für die florentinische Küche und schult den Gaumen für eine Kunstreise besonderer Art. Zu ihrem Programm gehören etwa 25 verschiedene Köstlichkeiten.

Aus Vorspeisen, allerlei Gemüsen, Hauptgerichten und Käse kann man im *Piccolo Vinaio* verschiedene Menüs zusammenstellen. Manch heiterer Kunstreisender ergötzt sich ungeniert, unter freiem Himmel, an großen Weinen wie La Pagliaia, Santa Christina, Rubesco, Brolio und Brunello.

Hautnahes Getümmel herrscht zur blauen Stunde in der winzigen Weinhandlung *Al Panino*, an der Ecke Via dei Neri und Via dei Benci. Hier verwandeln Arbeiter, Ladengehilfinnen und als Studenten verkleidete Jungunternehmer bei Wein, Spumante und preiswerten Appetithappen ihren Alltagsfrust in Gelächter. Auf den Regalen reihen sich fast alle Namen berühmter toskanischer Weine, und die Fülle der Speisen und Happen bietet eine gute Grundlage für weitere kulinarische Abenteuer an weniger lebhaften Orten, denn gegen 20 Uhr geht hier der Spaß zu Ende. Am Tresen der kargen Mescita *Buon Amici* mitten im schwelgerischen Überfluß der Markthalle des Mercato Centrale nähren sich gegen Mittag jugendliche Rucksack-Touristen beim billigsten heißen Imbiß von Florenz. Das mürbe *Lampredotto*, mit einem in heiße Brühe getunkten Brötchen, kostet 2000 Lire. Bessergestellte Florentiner lassen hier von Marktleuten Unsägliches hinsichtlich ihres Geizes und anderer übler Eigenschaften im *Vernacolo* über sich ergehen.

Sie behaupten, sie kämen ausschließlich, um diesen verschwindenden florentinischen Dialekt zu genießen, dem sie nur noch an diesem Tresen in seiner hinreißendsten Form lauschen könnten. *Brasato, Risotto all'agnello, Riso al cavolo, Trippa* und andere uralte Gerichte erinnern an die Ursprünge der Florentiner Küche. Angesichts der berstenden Fülle des Marktes stellt sich jedoch die Frage: Wozu tausenderlei verschiedene Produkte für eine Küche, die im wesentlichen aus Innereien, Brot, Tomaten, Staudensellerie, Zwiebeln und Öl zu bestehen scheint? Gibt es eine andere, sorgsam verborgene Florentiner Küche?

Vor vielen Jahren, bei einem bezaubernden Essen im dahingegangenen *Due Gioghi*, bildete ich mir ein, der Chefkoch Girolamo Signorelli hätte mich Florenz schmecken lassen. *Domani à mezzogiorno*, versprach er, würde er mir sein Geheimnis verraten. Am nächsten Tag, genau mittags, wies

Girolamo mit theatralischer Geste auf den riesigen Herd, auf dem etwa 15 Gerichte brutzelten. Ein Gehilfe entfernte feierlich alle Deckel, während der Chef in tiefer Versenkung die Töpfe anstarrte. Plötzlich nahm er eine Dose mit einem Gemisch aus Salz und Pfeffer, lief in höchster Anspannung auf und ab, und dann, im Augenblick des tiefsten Zaubers, griff er in die Dose und warf blitzschnell, quer über alle Töpfe, mehrere Hände voll Salz und Pfeffer. Basta. Das war es also: Magie. Eine andere Szene: *Si mangia* - ein Zauber liegt über diesen Worten. Giuseppe, der alte Knecht, hörte auf zu mähen unter den Oliven vor der Villa La Selva. Seine Schwester Caterina erschien in der Tür. Sie trug in einem Tuch die bescheidenen Schätze der Bauern heran. Staudensellerie, Möhren, Tomaten, Gurken, Öl, Essig, Schinken, Salami, *coppa* (Speckrolle), *finocchiona* (Fenchelwurst), alles selbstgemacht. Sie rieb Knoblauch über geröstetes Brot, goß Öl darüber: »La Fettunta«; legte *pecorino fresco* und *pecorino staggionato* - jungen und gereiften Schafskäse - auf ein Brett. Sie schälte ein paar kleine, saftige Birnen, reichte uns die Stücke. »Ein paar Tropfen Öl über den trockenen Pecorino, Salz, Pfeffer?« Rundum, von weither, klingt Geklapper von Geschirr, schwingen fröhliche Stimmen, verebben. Heiß und schwer und still steht die Luft. Friede erfüllt die Seele, die Köstlichkeit des einfachen Mahls beschwört die Vision arkadischen Lebens herauf. Sie hat auch auf Florenz eingewirkt.

1487, beim Festessen zur Verlobung der Maddalena Medici, der 14jährigen Tochter Lorenzos des Prächtigen, mit dem Römer Franceschetto Cibo, einem Sohn Papst Innozenz VIII., wunderte sich Franceschetto über das »bescheidene Essen« der Festgäste im Gegensatz zu der opulenten Bewirtung der Dienstboten. Lorenzo belehrte ihn: »Ich selbst, meine Frau und meine Kinder, zu denen ich dich von jetzt an zähle, haben nie etwas davon gehalten, uns den Magen zu verderben. Dieses Risiko überlassen wir lieber unserem Gesinde.«

Im Gegensatz zum opulenten Lebensgefühl des Römers sorgt sich der Florentiner um sein klares Bewußtsein, er möchte sich nach dem Essen wohler fühlen als vorher. Sein Geschmack zeugt von Klarheit, Entschiedenheit, Natürlichkeit. Es geht ihm um Frische und einfache Fügung der Teile, die jeder Anfänger versteht, wenn er die ganz einfachen Dreiteiler versucht: Brot, Öl, Knoblauch; oder Reis, Öl, Käse; oder Birne, Öl und Pecorino; oder Brot, Käse und Wein.

Mit dem Wein sind wir bei einem spirituellen alltäglichen Wunder, bei der ständigen Erschaffung des Chianti, denn dieser Rote wächst nicht einfach so, sondern er wird jedes Jahr aus vier Traubensorten von neuem »erfunden«. Von Künstlern, die sich heute »Enotecnici« nennen, aber wie von jeher auch von Meistern im Gewand des Bauern oder, wie in Montespertoli, im Rock des Priesters. Dort fiel mit seinem ersten Preis bei einer Weinprämierung Don Pugi auf. Alsbald wurde er bedrängt, den Ort seines alltäglichen Wunders preiszugeben. Der war im Keller seiner Kirche, direkt unter dem Allerheiligsten. Wo sonst hätte er sein können? Genau dort wandelte Don Pugi beste Trauben in besten Wein. Das schafft weiß Gott nicht jeder. Seither pilgern am Tag des Herrn Scharen von Florentinern nach Montespertoli.

Die klassischen Chiantiweine, wenn sie gut sind, haben eine unvergleichliche Eleganz. Ihre Liebhaber geraten ins Träumen bei dem mädchenhaften Duft selbst geringer Anteile der Cannaiolotraube, welche den Wein jugendlich, Zunge und Seele glatt zu machen scheint. Der Chianti erzeugt ruhige Glieder und einen hellen Kopf. Dem Gesprächigen verleibt er Brillanz, dem Nervösen nimmt er die motorische Unruhe, dem Begnadeten gewährt er große Einsichten.

Ein anderes, inzwischen weltweit bekanntes Wunder, das den Florentinern sozusagen mit links gelingt, kommt beinahe dem biblischen Vorbild gleich: die Brotvermehrung. Welcher Unkundige ahnt, daß hier aus nichts als ein paar

Gemüseresten, einigen Spritzern Öl und ausgesucht altem, trockenem Brot so Rühmliches gelingt: diese dicke Suppe *La Ribollita*. Geschmack gewordene Geschichte: Im Mittelalter ernährten sich die einfachen Leute, der *Popolo minuto*, vorwiegend von Brot. Jede Brotkante, jedes eßbare Kraut, der letzte Rest von Innereien wurde genutzt.

La Ribollita ist in aller Munde, wenn in Florenz von der hohen Kunst des Kuchens gesprochen wird. Eine Faustregel, die alle anderen Kriterien außer Kraft setzt, lautet: Stimmt die Ribollita, dann stimmt auch die übrige Küche. Und stimmt der Preis, dann kommen die Florentiner. Dabei trinken sie meist einen offenen und daher preiswerten roten »Colli Fiorentini«, der so nah an der Stadtmauer wachsen muß, daß er jene feine Blume vom Eigengeruch des Florentiners mithat, und ein wenig von jener Säure, die nach Geiz und Polemik schmeckt, sonst bleibt er ihnen fremd.

Apropos »fremd«: Schnell vergessen war jener Wirt, der laut werdende Zweifel an der Güte seines Öls mit der Erklärung zu entkräften glaubte: er koche nur mit dem unübertrefflichen Öl aus seiner Heimat Apulien. Mit diesem einen törichten Satz war sein Ruin beschlossen.

Öl ist die Basis, Öl ist allesentscheidend, ohne den Duft und den feinen Geschmack allerbesten Öls ist die Florentiner Küche nicht denkbar. Bei manchen geht die Liebe zum Öl so weit, daß sie es für einen Fruchtbarkeitsspender halten. Man beobachte nur, mit welch lüsternem Ausdruck Florentiner einen breiten Strahl von Öl gleicherweise über Pasta, Fleisch, Fisch, Gemüse, Käse, Salate, besonders aber über ein anderes Symbol, den runden, prallen Knoblauch, lenken. Ihr Öl soll möglichst nicht weiter entfernt wachsen als in der Gegend von Lucca oder Montespertoli, Empoli, Greve, dem Mugello. Und der florentinische Genießer liebt nicht nur Öl und Wein aus näherem Umkreis, auch Gemüse, Fleisch und vor allem die Gewürze sollen von der gleichen Erde kommen und die gleiche Luft wie er geatmet haben. Das Öl ist übrigens meist sehr gut, wenn es von Weingütern stammt, die große Weine machen. Ausnahmen sind die Gegenden um Lucca und Pistoia.

Eine neuere ›wunderbare‹ florentinische Erfindung ist das Gedeck mit dem gelben Packpapier, *La carta gialla*, ein Einfall, der selbst Kenner ungewöhnlichster Genüsse von Rom und Mailand nach Florenz zieht; verspricht er doch Preiswürdigkeit, Originalität und jene gewisse Volksnähe, die auch Verwöhnte zu akzeptieren bereit sind. Wie attraktiv ein solches Lokal werden kann, beweist das fast unauffindbare, mittäglich volle Kellerloch ohne Schild, das Lokal *Belle Donne* in der gleichnamigen Straße Nr. 16 r. Neben den sehr schmackhaften und preiswerten toskanischen Gerichten scheint der Reiz für verwöhnte Gäste in der Kasteiung durch die Härte der schmalen Hocker zu liegen.

Ähnliches Gedränge findet sich auch vor der *carta gialla* an der Piazza Cimatori 4 r, in der Osteria *Gannino*. Junge Frauen walten zwischen der winzigen Küche und den Tischen, verwöhnen mit Anmut die Gäste und gewähren nebenbei an heißen Tagen Einblicke in Florentiner Miedermoden. Alte bäuerliche Gerichte auf der Basis von Steinpilzen, andere mit Trüffeln, dazu Kochwitz und beste Zutaten lassen selbst prominente Esser Wartezeiten für Vorbestellungen ertragen.

Doch nun ist es an der Zeit, den Pilgerpfad zur größeren Florentiner Küche zu betreten. Er führt über die Via dell'Erta Canina, dort, gleich hinter der Porta San Niccolò, ist man unvermittelt in den toskanischen Hügeln. Hier, bei der *Beppa*, findet der moderne Pantagruel sein Füllhorn und die Erklärung, wozu drei große Märkte in der Stadt vonnöten sind. Aldemaro Dani und sein Bruder Carlo sowie die gesamte Sippschaft sind rastlos tätig, um mit vorzüglichen Antipasti und Minestre den Bodensatz zu schaffen für gewaltige Portionen von gegrilltem Perlhuhn, Enten, Karnickeln, Lendenfilet und die unvermeidliche Bistecca. Um die echte *Beefstecca Fiorentina* ranken sich Legenden.

Ursprünglich wurde sie aus dem ganzen Rippenstück des Chiana-Rindes geschnitten, jener besonders großen, weißen Rinder, die als Zugtiere dienten und die heute noch von einigen wenigen Liebhabern gehalten werden. Über ihre unvergleichliche Fleischqualität geraten Florentiner ins Schwärmen. Carlo Dani, der, schon mal genüßlich eine Zigarre paffend, seine Gäste bedient, ist nebenher ein begeisterter Sammler moderner Kunst. In dem stillen Weiler San Ouirico bei Montespertoli betreibt er tagsüber das »Museo di Arte contemporanea«. Mittags und abends schafft er in der Erta Canina. Hier stört das ländliche Idyll nur das gelegentliche Röhren von Ferraris, die den Stars der »Forza viola«, der berühmten Fußballmannschaft, gehören.

Köstlichkeiten finden sich auch in der *Osteria del Cinghiale Bianco*, sie ist im Borgo San Jacopo 43 r in das Gemäuer eines mittelalterlichen Geschlechterturmes hineingebaut. Der deutschsprechende Wirt beglückt seine Gäste vor allem mit Wildschwein- und anderen Wildgerichten und mit selbstgemachten Süßspeisen. Seine unübertreffliche *Carabaccia*, eine Zwiebelsuppe nach uraltem Rezept, erfreut ebenso wie Weine von »Amici-Grossi« und anderen großen Namen.

Berühmt ist das *Oliviero* in der Via delle Terme 51 r, das von Giancarlo Carrai mit viel Können und jenem diskreten Charme der Bourgeoisie geführt wird, der es einer schwierigen Klientel bekannter Namen gestattet, in den vollklimatisierten Räumen oder in der Pianobar quasi unerkannt zu bleiben und trotzdem unter sich zu sein. Ambiente, Küche und Keller sind vom Feinsten.

Von feinstem Adel ist die Dame Elisabetta Marchesa Foscari-Biondi-de'Medici-Tornaquinci, die ein paar Häuser weiter, in der Via Tornabuoni Nr. 6, ganz zum eigenen Vergnügen zahlende Gäste zum Afterdinner-Drink empfängt. Von der Loggia Medici genießt man ein weiteres alltägliches Wunder, einen unvergleichlichen Blick nach allen Seiten über die Dächer von Florenz. Die Dame Elisabetta bezaubert ihre Gäste mit jener Bescheidenheit, die einst die Größe der Medici entstehen ließ.

Der Tod an den Freuden des Gaumens mag einer der schönsten sein. Wer außer einem Vermögen nichts mehr zu verlieren hat, begebe sich zu dem unscheinbaren Palazzo Trubeskov in der Via Ghibellina Nr. 87.

Kein Hinweis verrät das Geheimnis des Hauses, führt hin zu dem Tempel lukullischer Freuden, in dessen Krypten sich unnennbarer Reichtum von 80 000 Flaschen schönster und größter Weine verbirgt und in dem eine *nouvelle cuisine* raffinierter französischer und italienischer Gerichte zelebriert wird. Im matten Licht von Kristallüstern und Kerzen schimmert Silber, leuchten Blumengebinde, stimmt die Stille in den hohen, antik möblierten Räumen ein zu einem großen, unvergleichlichen Vergnügen. Die *Enoteca Pinchiorri* ist ein nicht alltägliches Wunder, zum Sterben schön.

STREIFZÜGE RUND UM FLORENZ

Von Fiesole nach La Pietra

Giorgio van Straten

IN DIE HÜGEL UND ÜBER DIE DÖRFER

Florentina, die Blühende, nannten die Römer ihre Kolonie am Arno. Selbst wir Florentiner, schreibt Giorgio van Straten, die wir zwar unsere Stadt lieben, aber oft auch kritisieren, werden, wenn wir auf einem Hügel stehen und hinunterschauen, wieder stolz auf unsere Zugehörigkeit zu ihr.

Von oben sieht Florenz anders aus. Von den Hügeln aus betrachtet, vom Piazzale Michelangelo wie von Fiesole, gewinnt die Stadt die Größe und die Proportionen wieder zurück, die sie zu einer der schönsten der Welt machen.

Bei einem solchen Blick vergißt man die bedrückenden heutigen Probleme der Stadt, den chaotischen Verkehr, die Umweltverschmutzung, die sozialen Spannungen und die Banalitäten des Alltags, und indem man auf das nirgends unterbrochene Gefüge der roten Dächer und auf die Silhouetten des Doms und des Palazzo Vecchio blickt, glaubt man den Atem der Renaissance, das Maß und die nüchterne Strenge wieder zu spüren, die den besten Teil der florentinischen Geschichte auszeichnen.

Selbst wir Florentiner, die wir zwar unsere Stadt lieben, aber oft und vielleicht allzusehr ihren heutigen Zustand kritisieren und dem nachweinen, was sie verloren hat, einmal abgesehen von unseren großen Worten, sobald wir ein Geschäft wittern, selbst wir werden, wenn wir auf einem Hügel stehen und hinunterschauen, wieder stolz auf unsere Zugehörigkeit zu ihr.

Ich sage: von den Hügeln auf Florenz schauen, als ob diese nicht Teil der Stadt wären, aber so ist es ja nicht, denn sie sind ihr Abschluß, eine Art Rahmen, der Florenz an drei Seiten umfaßt und vom Land und den umliegenden Dörfern trennt. Die Hügel begrenzen die Stadt im Süden und im Norden und drängen sie um den Fluß zusammen, während sich im Osten das Tal schließt und zum Apennin ansteigt. Nur im Westen ist Raum für das Wachstum der Stadt, denn dort breitet sich eine Ebene bis zum Meer aus. Und dieses Terrain, einzige Ausdehnungsmöglichkeit der Stadt, war in den vergangenen Jahren Anlaß für die hitzigsten politischen Zusammenstöße über die zukünftige Planung und Entwicklung von Florenz.

Die Hügel aber stehen unantastbar und grün an ihrem Platz. Der Bebauungsplan von 1962, gezeichnet von dem Architekten Edoardo Detti, hat jegliche weitere Ansiedlung auf den Florentiner Anhöhen verhindert. Daher gelang es hier, im Gegensatz zu vielen anderen italienischen Städten, die natürlichen und geschichtlichen Eigenheiten zu bewahren, und somit auch den Zauber der Hügel ringsum. Abgesehen von den Gegenden, die schon in früheren Zeiten städtische Siedlungen hatten (Fiesole und Settignano), blieb es bei den wenigen Bauten, zumeist hinreißend schönen Villen, und dem vielen Grün, das schon immer da war. So erklärt sich die Trennung zwischen der eigentlichen Stadt (im Lauf der Jahrhunderte urbanisierter Lebensraum) und den sie umgebenden Hügeln.

Die Hügel im Norden rücken nicht so nahe heran, lassen mehr Raum zwischen sich und dem Arno, so konnte sich der historische Stadtkern und dann, im neunzehnten Jahrhundert, der Rest der Stadt ohne Platznot entwickeln. Im Süden dagegen stehen die Anhöhen so nahe vor der Stadt, daß sich hier, in den zwei ursprünglichsten Vierteln, Santo Spirito und San Frediano, die Häuser eng zusammendrängen mußten. Auch die alten Stadtmauern, die bei der urbanistischen Revision am Ende des neunzehnten Jahrhunderts breiten Fahrstraßen weichen mußten, sind in dieser Gegend zum Teil stehengeblieben, weil sie sich sowieso schon über die Hügel ziehen. Durch die geringe Ausdehnungsmöglichkeit der Stadt südlich des Flusses erklärten sich die Enge und Volkstümlichkeit dieser Stadtteile. Der Florentiner betrachtet sie sowieso als »Anhängsel« und nennt die Viertel »jenseits des Arno« *(di là d'Arno)*, als lägen sie in einer ganz anderen Welt.

Die Hügel sind also Florenz und sind es zugleich auch wieder nicht. Über diese Behauptung läßt sich natürlich streiten. Im Fall von Fiesole besteht allerdings kein Zweifel: Fiesole ist etwas ganz anderes, und das nicht nur, weil es einen eigenen Bürgermeister und einen eigenen Bischof hat, das heißt verwaltungsmäßig, kirchlich, standesamtlich und kulturell von der Hauptstadt der Toskana unabhängig ist. Hier ist es nicht allein das Grün des Abhangs, das die Stadt vom Hügel trennt, es ist die jahrhundertelange eigenständige Geschichte, die neben und häufig auch gegen Florenz ablief.

Es gibt eine sehr italienische und insbesondere toskanische Tradition, die aus einer starken städtischen Identität und aus der hartnäckigen Verteidigung ihrer Eigenheiten besteht. Und je näher Städte beieinanderliegen, desto stärker werden die Gegensätze. Fiesole ist da keine Ausnahme, und wenn auch die Geschichte Florenz begünstigte und bald jedem Wettstreit ein Ende bereitete, so vergessen doch die Fiesolaner nicht, daß die Ortschaft oben auf dem Hügel älter und etruskischen Ursprungs ist und zur Römerzeit große Bedeutung hatte, wovon noch heute das herrliche Amphitheater zeugt.

Wie konnte sich die ältere Stadt widerstandslos von der

neuen einverleiben lassen? Sie wurde unterworfen, aber ohne jemals diesen subalternen Zustand völlig zu akzeptieren. Fiesoles Stolz zeigt sich noch heute in einem vielseitigen kulturellen Leben: in den Festspielen Estate Fiesolana, die über zwei Monate dauern, in der Musikschule (Scuola musica di Fiesole), in den Stiftungen, die Primo Conti beziehungsweise Giovanni Michelucci gewidmet sind (der erste war Maler, der zweite Architekt, unter anderem der Erbauer des Bahnhofs S. Maria Novella). Und ist vielleicht die herrliche Aussicht auf Florenz, die man vom Kloster S. Francesco hat (wohl die schönste vom Norden der Stadt), nicht zugleich Zeichen einer alten Vorherrschaft?

Anders verhält es sich bei dem westlich von Fiesole gelegenen Hügel, der zum Monte Morello ansteigt. Hier hat es eine geschichtliche Siedlung nie gegeben, und die Häuser wurden vor allem an den Rändern der Straße gebaut, die über den Futapaß nach Bologna führt. Die Natur ist hier rauher, ja karg und felsig, wie die Namen der dortigen Ortsteile zeigen: La Pietra (der Stein), La Lastra (die Steinplatte). Diesem Hügel fehlt die Tradition von Fiesole und auch der beherrschende Blick über die Stadt, aber hier entlang führt einer der zauberhaftesten Wege von Florenz: die Via Federico Stibbert, eine schmale Straße zwischen Trockenmäuerchen, die steil zum Museo Stibbert hochführt, das der Stadt von einem adligen Engländer, einem Waffen- und Rüstungssammler, geschenkt wurde und zu dem ein schöner Garten in romantisch-orientalischem Stil gehört. Zwischen Villen und Feldern schlängelt sich dann die Via di Montughi hinauf, bis sie in der Höhe der Villa La Pietra in die Via Bolognese einmündet.

Aber wenn ich sagen müßte, welcher von den Hügeln nördlich der Stadt mir der liebste ist, würde ich sagen: der im Osten, auf dem das Dörfchen Settignano liegt. Hier ist die Natur lieblicher, von weichem Grün und mit Olivenbäumen, ruhig und heiter. Diese Landschaft bildet den Hintergrund vieler Meisterwerke der Renaissance, die Landschaft der Dämmerung, von bläulichem, kühlem Licht durchzogen. Und wenn Settignano auch dem Angriff des Sonntagsverkehrs ausgesetzt ist, viele Städter hier ihr Eis essen und ihren Spaziergang machen, gehört dieses kleine und noch echte Dorf doch zu Florenz, obwohl es durch die Vorstadt vom Zentrum getrennt ist.

Freilich hat es durch seine besondere Lage auf einem inzwischen nicht mehr bebaubaren Hügel viele zum Wohnen angelockt und damit einen Teil seiner volkstümlichen Identität verloren. Aber noch immer spürt man einen Hauch von Unverdorbenheit, wenn man zu dem Dorfplatz mit der Kirche und der Casa del Popolo hinaufkommt.

Und wenn es ein Panorama von Florenz gibt, das jeder kennt, entweder von einem Spaziergang oder von einer Fotografie, dann ist es die Sicht vom Piazzale Michelangelo auf die Stadt. Dieser Platz, ebenfalls aus der urbanistischen Revision am Ende des neunzehnten Jahrhunderts hervorgegangen, ist das Ziel aller Stadtrundfahrten, vieler Sonntagsausflüge, unzähliger Wallfahrten, erholsamer Spaziergänge.

Der zu häufige Gebrauch verdirbt bekanntlich die Dinge – und dieser Platz bildet gewiß keine Ausnahme von der Regel. Aber trotzdem: Man kann sich dem Zauber des unvermuteten Überblicks über die ganze Stadt und ihren Fluß nur schwer entziehen, und dann braucht man nur knapp hundert Meter höher zu steigen, und schon genießt man den wundervollen Frieden der Basilika S. Miniato al Monte, der wohl schönsten italienischen Kirche im romanischen Stil.

Überraschungen findet man aber auf anderen südlichen Hügeln. Folgt man dem Viale Galileo Galilei ein gutes Stück weiter, erreicht man eine Kreuzung, von der aus sich Spaziergänge in beide Richtungen lohnen. Aufwärts geht es zum Hügel von Arcetri, dem Sitz des Astronomischen Observatoriums, und zum Pian dei Giullari, wo in der Villa Il Gioiello

Galileo Galilei gestorben ist. Abwärts biegt man in die Via S. Leonardo ein, die der Via di Montughi sehr ähnlich ist, bis man das Forte di Belvedere, einen alten Befestigungsbau der Stadtmauern, erreicht. Von dort blickt man über den Boboli-Garten bis zum Palazzo Pitti. Der Hügel fällt jäh nach unten, und läuft man auf der Costa San Giorgio hinab, kommt man unvermutet beim Ponte Vecchio heraus.

Getrennt von dieser Hügelkette liegt, wenn man dem Fluß in westlicher Richtung folgt, Monte Uliveto oder, wie die Florentiner zu sagen pflegen, der Hügel Bellosguardo. Auch hier läßt der Name keinen Zweifel aufkommen, Bellosguardo heißt soviel wie »Schönblick«. Weniger bekannt, aber vielleicht gerade deshalb um so faszinierender ist die Sicht von der Straße aus, die die Piazza di Bellosguardo mit der Villa La Torre verbindet; sie bietet wohl eines der eindrucksvollsten Panoramen von Florenz. Die bekannteste der Villen in dieser Gegend ist die Villa Calamai, in der der romantische Dichter Ugo Foscolo gewohnt hat.

Selten kommen Touristengruppen auf diesen abgelegenen Hügel, doch es ist kein Zufall, daß ich meinen Spaziergang über die Florentiner Anhöhen hier beschließe. Dies soll eine Aufforderung sein, das anzuschauen, was den allzu knappen Stadtbesichtigungen vom Typ »alles inbegriffen« meistens entgeht.

Ingeborg Guadagna

OBEN IN FIESOLE

Oberhalb von Florenz liegt ein 2000 Jahre altes Amphitheater. In dessen Umgebung und darunter finden sich die Reste der noch viel älteren Etruskerstadt. Die Schriftstellerin Ingeborg Guadagna erweckt die große Geschichte zum Leben.

Oft begegne ich ihnen, den Besuchern meines Ortes, wenn sie, jung oder älter, gelangweilt oder erwartungsvoll, nach der kurzen Fahrt von Florenz herauf an unserer Piazza Mino da Fiesole zwischen Dom und Kiosk aussteigen. Und ehe sie sich in Fiesole umzusehen beginnen, möchte ich sie manchmal ansprechen: »Zwar hätte ich anderes zu tun, doch wenn Sie Lust haben – wir könnten einen Spaziergang machen, durch zweieinhalb Jahrtausende. Keine Angst, die liegen hier nah beisammen! Wollen Sie mir folgen?«

Die Bauten am Platz, dem alten römischen Forum, schauen wir vorerst nicht genauer an, sie sind nicht besonders alt. Gleich neben dem Bischofspalast steigen wir zwischen Mauern steil an auf dem Weg, den wir Pilgerweg nennen. Auf seinem rauhen Pflaster zogen einst Ratsuchende aus ganz Etrurien zur Burg des alten Faesulae empor, wie Fiesole in römischer Zeit hieß.

Das ehrwürdige etruskische Orakel in der Burg war ihr Ziel, wo die Deuter von Blitz und Vogelflug zu Hause waren. Die Opferpriester nahmen sich – gegen demütige Gaben – privater wie öffentlicher Nöte an. Wenn wir dort oben Atem holen, umfaßt unser Auge bei klarer Luft den Bogen des mittleren

Apennin von Westen bis weit gegen Südosten und all das Gehügel, das, den Arno begleitend, sich im Süden hintereinanderschiebt bis zum Kegel des Monte Amiata. Ein Adlerblick über Land, Geschick - und in die Zukunft. Dazu müssen wir uns allerdings in die römische Zeit zurückversetzen, die Domkuppel noch auf lange wegdenken und uns vorstellen, daß die Flußsenke sumpfig war.

Kommen Sie nun mit durch die Kirche San Francesco hindurch; vom Kreuzgang des Klosters, wo es wunderschön blüht, laufen wir treppab, als wollten wir zum Museum hinunter mit seinen Fundstücken aus der etruskischen Zeit und all dem, was die franziskanischen Missionare bis aus China mitgebracht haben. Dort unten liegt eine Mauer der Etruskerburg frei, mit der ganzen Wucht ihrer unbehauen aufeinandergefügten Steine.

Wie wir wieder Ausschau halten, zum Fluß hinab, entdekken wir Häuser, eine Straße, die von Süden zur Brücke führt – getrost dürfen wir uns den Ponte Vecchio an ihre Stelle denken.

Wenden wir uns ab vom Blick in die Weite, treten wir wenige Schritte weiter unter das bescheidene Portal von Sant' Alessandro, einer der ältesten toskanischen Kirchen: Drinnen stehen wir in einem Tempel des römischen Faesulae, dessen Säulen mit tonischen Kapitellen man in den letzten Jahrzehnten freilegte. Unter dem Chor wird nach einem uralten Heiligtum gegraben. Wenn wir dann nicht die Via San Francesco, die Burgstraße, sondern die Wege durch den bescheidenen Giardino Pubblico nehmen, treffen wir auf etruskische Mauerreste, von Efeu und Moos eingesponnen, und bald sind wir wieder an dem Platz, von dem wir ausgingen. Zu ihm kamen in der alten Zeit auch Bürger von Florentia zu Fuß oder zu Pferde, angelockt vom Halbrund des Theaters, des *Teatro Romano*, das im 1. Jahrhundert vor Christus nach griechischem Muster erbaut wurde. Vom Platz geht es nach links, vorbei an der Domapsis, und schon sitzen wir auf den Stufen des Theaters. Mit 22 Stufenhalbkreisen ist die Muschel, die wieder 3000 Besucher faßt, in den Nordhang des Hügels geschürft worden. An Sommerabenden bieten dort Theater, Konzert oder auch Kino ein Erlebnis mit altbewährter Akustik und Ausblick auf die großen Linien der Bergszenerie des Vorapennin. Daß die Stufen erhalten blieben, ist einem Erdrutsch zu verdanken, der sie im 5. oder 6. Jahrhundert verschüttete. So wurde das Theater nicht als Steinbruch oder Festung genutzt wie andere seiner Art, noch als Teufelswerk verschrien und in blindwütigem Eifer ausgeräubert.

Das Theater wurde erst 1809 wiederentdeckt und ab 1873 freigelegt. Im Theaterbezirk wird noch immer gegraben. Links, tiefer am Hang, kommt ein Tempel zutage, Säulen, ein Opferaltar, rechts unten eine Thermenanlage.

Die latinisierte Etruskerstadt hatte sich im ersten und zweiten Jahrhundert nach Christus über den zweiten der drei Fiesolaner Hügel ausgedehnt. Und mit der Kultursicherheit Alt-Etruriens und dem Stolz auf die Zugehörigkeit zu Rom unterwies sie Florentia, die neue Stadt drunten im Tal, in Stadtgesittung. Jene »Neurömer« spendeten dem prunkvoll erweiterten Kapital von Faesulae dafür eine bronzene Wölfin. Was davon übrigblieb, ein kraftvoller Tierrükken, steht seitlich von den obersten Stufen des Theaters im neugestalteten Museum. Und wer den Theater- und Ruinenbezirk mit den alten Mauerstümpfen an der Via della mura etrusche abschreitet, wird wie von selbst der dichten Verkettung von Etruskisch-Römischem und Heutigem gewahr. Die Antike wird Gegenwart. Sehen wir uns nun an der Piazza um, auch dort ist Faesulae noch vertreten, wenn auch verkleidet: Santa Maria Primerana ist ein bescheidener Tempel, dem die Zeitläufte den Säulenportikus wegnahmen, ein kleiner Römertempel schräg gegenüber vom großen Dom.

Der Dom – scheint der nicht zu groß für das kleine Fiesole?

Nun, der Dom San Romolo ist Mittelpunkt eines Bistums, das im Frühmittelalter noch von großem Gewicht war, das ausgedehnteste der Apenninenhalbinsel. Kein Wunder also, daß sich bedeutende Herren um die Belehnung mit dem Bistum, das direkt dem Kaiser unterstand, bewarben, so Jakob der Bayer bei Kaiser Heinrich II. Dieser *bàvaro* wetteiferte mit seinem Florentiner Amtsgenossen Ildebrando: Als der die Kirche San Miniato als Richtzeichen für den Pilgerweg nach Rom auf den Hügel setzte, wurde in Fiesole an der Stelle der weit zurückreichenden alten Kirche ein neues San Romolo errichtet, im selben toskanisch-romanisehen Stil wie San Miniato. Rasch ging's voran, rein und kahl standen die Grundformen. Doch um die Marmorverkleidung konnte San Romolo mit San Miniato nicht mehr konkurrieren.

Schlimmes war geschehen. Gegen die ihnen nie geheure Händlerstadt unten am Fluß hatten die Bischöfe von Fiesole sich mit dem ghibellinischen Landadel verbunden, der zum Reich hielt. Ein geringfügiger Anlaß – Bürger von Fiesole plünderten einen Warenzug – bot den Florentinern die Gelegenheit zum offenen Kampf gegen die uralte »Mutter« und Rivalin. Sehen Sie unseren Corso hoch, die Via Gramsci, die am Hügel Borgunto aufwärts führt: Dort droben, zwischen Gärten, Äckern, Landhäusern, zogen die Florentiner dreimal ihren Belagerungskreis um die Stadt. Auch den Monte Ceceri, den höchsten der drei Fiesolaner Hügel, besetzten sie, stellten Steinschleudern auf, von denen es 1123, 1124 und 1125 in die Gassen und auf den Domplatz prasselte, und zusätzlich wurde die uralte Arx, die Burg, über das Tal des Mugnone hinweg beschossen. Tapfer widerstanden die Fiesolaner in ihren Mauern, von denen der Volksmund rühmte, Giganten hätten sie getürmt. Aber am 12. November 1125 zwang Hunger zu bedingungsloser Aufgabe.

Großmütige Sieger sind die Florentiner nie gewesen, so auch nicht beim ersten Schritt ihrer Landnahme in der Toskana. Die Fiesolaner kamen mit dem nackten Leben davon, Mauern und Türme, die meisten Häuser wurden geschleift.

Nur weil die Sieger Kirchenstrafen fürchteten, tasteten sie den unfertigen Dom nicht an. Da der Bischof sich demütig hinter die Mauern von Florenz zurückzog, bekamen seine Nachfolger einen Glockenturm neben den Dom gesetzt: mit guelfischen Zinnen. Der Dom war in seiner Bedeutung so gesunken, daß er später weder innen noch außen ausgeschmückt wurde, und so blieb er fast rein romanisch. Auf den Trümmern der Arx bauten die Franziskaner ihr Kloster, und an der Piazza entstand mit stattlichem Portikus der Amtssitz der florentinischen Verweser, mit deren Familienwappen reich verziert.

Nachdem die Rivalität der beiden Städte durch die Gewalt der mächtigeren beendet war, lebte man auf den Fiesolaner Hügeln bescheiden, ja friedlich. Da wurde es zum Ereignis, als einer der Maler, Architekten, Philosophen, von denen es in der Flußstadt wimmelte – oder war er alles zusammen, jener Leonardo aus Vinci? –, ein blödes Bäuerlein verführte, ein Paar von ihm gebastelte Flügel überzuziehen und sich auf dem Monte Ceceri gleich den Wildtauben *(ceceri)* in die Luft zu erheben. Der Bauer stürzte sich zu Tode, und Leonardo da Vinci schwatzte solche Narrheit keinem mehr auf.

Auch ohne Flügel genießen wir auf dem südlichen Randweg der Via Monte Ceceri umfassende Ausblicke, und wir begegnen dort kaum Touristen, eher Pärchen und alten Frauen auf der Suche nach wildem Salat. Am Monte Ceceri könnte man aber auch anderes suchen, denn dort spielte sich bei der heutigen Via dei Bosconi, die vom Mugellotal heraufführt, das blutige Ende der Ostgotenvorhut ab. Es war ein Vandale im Dienste Westroms, General Stilicho, der im August 405 Faesulae und die damals schon stattliche Verwaltungsstadt Florentia vor den »erschreckend zahlreichen, vor Hitze dürstenden« Wanderscharen aus dem Norden rettete. Deren Heerkönig Radagais hatte samt Frau Agabita, so heißt es, wenige Stunden davor die in der Poebene errafften Schätze am Monte Ceceri vergraben.

Rings um die geschleiften Mauern Fiesoles kauften seit dem 14. Jahrhundert Florentiner Großfamilien Waldstücke und verwahrloste Gärten für ihre anfangs turmbewehrten und dann palastähnlichen Villen. Eine gesunde Zuflucht in Fieber- und Pestzeiten und *villegiatura*, Sommerfrische, wenn die Hitze drückte. Die bedeutendste dieser Villen entstand, als sich Fiesole unter den Medici glücklicher entwikkelte. Die Villa Medici, die Michelozzo 1458–61 für Cosimo den Älteren errichtete, wurde zum Vorbild für die Villen der Neuzeit. Unter Lorenzo dem Prächtigen tagte auch hier die »Platonische Akademie«. Pico della Mirandola, Angelo Poliziano und Marsilio Ficino ergingen sich in literarischen und wissenschaftlichen Studien.

Ganz allmählich wurde Fiesole in verwunschene Schönheit eingesponnen, in jene Ausgewogenheit von Hügel, Berglinien, halbfreiem Pflanzenwuchs und Bauten tonangebenden Kunstsinnes. Ende des 19. Jahrhunderts war es ein international gepriesenes Eldorado, und man hätte viel zu tun, wollte man all die Berühmtheiten aufzählen, die hier lustwandelten.

Heute herrschen Verkehr und Massenbesuch, doch noch immer ergänzen sich Fiesole und Florenz wie seit Jahrhunderten in sichtbarem Einklang.

Zum Abschied mochte ich dies noch ergänzen: Die Gemeinde Fiesole reicht hinab ins Mugnonetal, im Norden bis zum Paß über dem Mugellotal, bezieht im Osten Kuppen des Vorapennin ein, im Süden die Arnoschleife, den »Girone«. Überall ist hügelig wechselnde Gartenlandschaft mit den Zutaten von Weiler, Waldfleck, Kloster, Dorf, Kirche, Feld und Acker. Das Bauernhaus strebt der Villa nach mit Zypresse und Olivenbaum, Bogen und Säule, Rose und Glyzinie,

Götter- und Märchenfigur. Entdecken Sie auf gemächlicher Fahrt, in bedächtigem Spaziergang die Fiesolaner Hügel, hinab zum Arno, hinauf zum Paß Vetta le Croci, hinüber zu den Burgvillen Castel di Poggio und Vincigliata, hinab zur Kirche von Maiano aus dem 11. Jahrhundert. Oder nehmen Sie die steile Straße Vecchia Fiesolana, bis vor hundert Jahren der einzige Fahrweg nach Florenz. Auf ihr geht es bergab, bis Sie, in halber Höhe über dem Mugnone, vor den weißgrünen Marmorintarsien der Badia Fiesolana stehen (auch aus dem 11. Jahrhundert), deren Gebäude das Europäische Hochschulinstitut in Florenz beherbergen – das alles gehört auch zu Fiesole.

Harold Acton

IN LA PIETRA BIN ICH ZU HAUSE

Hier beschreibt einer die Landschaft um Florenz, die reichen Güter und Familien wie die Medici, der es wissen muss: Sir Harold Acton wurde 1904 als Spross einer englischen Familie auf dem Landsitz La Pietra vor Florenz geboren. Willkommen in einer faszinierenden, fremden Welt.

Was wäre Florenz ohne die Hügel, die es umgürten, und was wären diese Hügel ohne die Villen mit ihren Gartenterrassen und den Zypressenalleen und den Weinbergen, die sanft aus der toskanischen Landschaft aufsteigen.

Aus dieser Landschaft strömten Familien mit heute berühmten Namen wie die Medici in die aufblühende Stadt, um ihr Glück zu versuchen. Die Medici übersiedelten schon im frühen dreizehnten Jahrhundert von ihren Bauernhöfen im Mugello, und auch nachdem sie es zu einflußreichen und leitenden Stellungen gebracht hatten, blieben sie mit dem Heimatsitz ihrer Vorfahren auf das engste verknüpft. Die Villen waren in jenen gefahrvollen Zeiten befestigte Bauernhäuser mit Ecktürmen und vorkragenden Dachzinnen.

Cafaggiolo, der Stammsitz der Medici, war eine Villa und zugleich eine Festung mit Wehrgraben und Zugbrücken. Cosimo il Vecchio war bereits das Haupt der Bürger von Florenz und reicher als irgendein König in ganz Europa, als er seinem bevorzugten Architekten Michelozzo den Auftrag gab, Cafaggiolo in einen gesunden und gesicherten Zufluchtsort vor Pest und Aufruhr umzubauen. Michelozzo paßte den Bau moderneren Zwecken an, ohne die ursprüngliche Form zu verändern, und fügte klassische Rahmen und Simse an Türen und Fenster. Das entsprach genau dem sparsamen, konservativen Sinn der Florentiner. Bei all seinem Reichtum führte Cosimo sein Haus mit kaufmännischer Schlichtheit. Er spendete großzügig für die Errichtung von Kirchen und Bibliotheken, für Festspiele und Kunstwerke, während die Frauen des Hauses weiterhin ihr Leinen stopften und bei Tisch aufwarteten. Er überwachte die Arbeit seiner Bauern, die Ernten, die Vorratslager, den Absatz von Wein und Öl. Andere reiche Kaufleute taten desgleichen, und ihre Nachfahren tun das auch weiterhin.

Die Erben der Antinori, Gondi, Ricasoli, Serristori und anderer Alt-Florentiner Familien keltern in der Landschaft des Chianti ausgezeichnete Weine, die in Restaurants der ganzen Welt ausgeschenkt werden, und die besten Jahrgänge von Montegufoni, dem Kastell des englischen Schriftstellers Osbert Sitwell, genießen beinahe den gleichen Ruf wie der Schloßherr. Als ich ein Kind war, preßten die Bauern noch die Trauben in großen Fässern mit ihren bloßen Füßen aus. Inzwischen wurden moderne Methoden eingeführt. Alle Besitzer von Landhäusern, selbst wenn sie im August in ein Seebad gehen, kehren doch im September zur Weinernte dorthin zurück.

Diese Landsitze sind zumeist ausgebaute Gutshöfe; sie liegen im Umkreis der Stadt, zwischen fünf und fünfzig Kilometern entfernt, inmitten von Weinbergen und Ölbergen. Näher der Stadt finden sie sich in größerer Anzahl nördlich des Arno zwischen Fiesole, Maiano und Settignano und gen Süden hin zwischen Bellosguardo, Galluzzo und Impruneta verstreut. Es gibt wohl kaum einen anderen Landstrich in

Italien, der so reich ist an schönen Villen, die im neunzehnten Jahrhundert zum nicht geringen Teil von freiwilligen englischen Emigranten bewohnt wurden. Inglese wurde so zur geläufigen Bezeichnung für alle Fremden in Florenz. Ein Portier meldete dem Hotelier: »Es sind ein paar Inglesi angekommen, ich habe noch nicht festgestellt, ob es Russen sind oder Deutsche.«

Heute sind die Straßen nicht mehr still, dank der ständig wachsenden Zahl von Automobilen und Motorrollern, und auch die Kosten des Lebensunterhaltes haben sich sprunghaft erhöht. Beim Durchblättern alter Rechnungsbücher vom Jahre 1903 stellte ich fest, daß meine Eltern, die einen großen Haushalt führten, dem Koch täglich zwanzig Lire anwiesen. Der Gutsbesitzer, der auf seinem Landsitz lebte, gab im Durchschnitt sogar noch weniger aus und konnte es sich gestatten, Verwandte und Freunde in großzügiger Weise zu bewirten. In der Stadt nahm er sich selten die Mühe, Gesellschaften zu geben, die Engländer gaben dagegen gerne Einladungen. Noch zu Beginn dieses Jahrhunderts aßen sie doppelt soviel wie die Einheimischen und behielten auch im Ausland ihr nahrhaftes Frühstück und ihre reichhaltigen Teestunden bei. Der Engländer war damals selbstbewußter und selbstsicherer als heutzutage, und wenn er sich völlig akklimatisiert hatte, bezeichneten ihn die Einheimischen als *Inglese italianizzato – diavolo incarnato*, was als Kompliment gemeint war: Bei eingefleischten Teufeln hat man auf der Hut zu sein! Nahezu alle alten Florentiner Familien haben eine angelsächsische Nebenlinie.

Daß des Engländers Heim zugleich seine Burg ist, traf vor allem auf die Villa Medici in Fiesole zu, die Lady Sibyl Lubbock gehörte, auf das Kastell von Vincigliata, Eigentum von Temple Leader, auf die Villa Palmieri von Lord Crawford und auf unzählige andere Landsitze mit historischer Vergangenheit. Königin Victoria weilte zweimal in der Villa Palmieri und malte Aquarelle im Park von Vincigliata. Nicht allein in der eleganten Via Tornabuoni, auch zwischen Montughi und Vallombrosa, konnte man unverkennbaren Vertretern Albions begegnen. Ihre Absonderlichkeiten kamen im Licht der Toskana zu schönster Blüte.

Das Florenz meiner Kindheit war offenbar dicht bevölkert von Kunsthistorikern, Kritikern und Sammlern, die wie die feudalen Barone von ihren Burgfesten herabstiegen, um in Archiven, Bibliotheken und Antiquitätenläden zu stöbern. Jeder hatte seinen Lieblingskünstler, seine Lieblingsschule der Malerei und der Bildhauerkunst, für die er mit der Feder zu kämpfen entschlossen war. Stolze Gelehrte lösten die Guelfen und Ghibellinen ab. Nur wenige der rivalisierenden Kritiker verkehrten miteinander, doch wurden die meisten von meinen Eltern herzlich empfangen. Ich erinnere mich genau, wie sie sich gegenseitig anstarrten, wenn sie zufällig in unserem Salon zusammentrafen. Der eine zog sich wütend zurück, wenn er seinen Feind erspähte; der andere harrte aus mit sarkastischem Gemurmel. Die einen gaben spontan mit einem Lächeln ihre Zuschreibungen zum besten; die anderen verhielten sich schweigend, solange ihr Urteil noch nicht in einem Fachblatt gedruckt erschienen war.

Mein Vater Arthur Acton blieb von diesen Stürmen in dünnwandigen Teetassen ganz unberührt. Er war ein geborener Sammler und zugleich auch ein Amateurmaler und -architekt. Sein Geschmack war intuitiv und eklektisch. Er besaß einen sicheren Blick für Qualität im Bereich aller Schulen. Es verging kaum ein Tag in jenen windstillen Jahren vor dem Ersten Weltkrieg ohne irgendeine Neuerwerbung. Dabei war er kein Krösus und hätte es sich nicht erlauben können, die hohen Preise von heute zu zahlen. Sein Freund Herbert Horne, mit dem er häufig die Antiquitätenläden besuchte, war verhältnismäßig arm und mußte mitunter sogar am Essen sparen, wenn er ein Bild kaufen wollte. Horne starb 1916, als er an der Revision seines *magnum opus* über Botticelli arbeitete, und vermachte den prachtvollen Alberti-Palast in der Via de' Benci nebst seiner erlesenen Sammlung seiner Wahlheimat Florenz. Er hatte eine Vorliebe für ganz frühe toskanische Möbel von letzter Strenge, als wollte er dem Wohlbehagen Einhalt tun, während mein Vater es vorzog, Eleganz mit Komfort zu verbinden. Sein Freund Charles Loeser, mit dem er gelegentlich Kunstwerke tauschte, vermachte seine Florentiner Bilder dem Palazzo Vecchio, seine Zeichnungen dem Fogg-Museum in Harvard und seine Cézannes dem Weißen Haus in Washington. Loeser hatte geradezu einen »Turm-Komplex« und lebte in verschiedenen mittelalterlichen Türmen, bevor er seine Villa »La Gattaia« erbaute, die heute ein Mädcheninstitut beherbergt, wie es das Geschick vieler großer Florentiner Villen nach dem letzten Krieg wurde. Wenige Privatleute können es sich heute noch leisten, sie bei den ständig wachsenden Erhaltungskosten weiter zu bewohnen. Die englische Kolonie ist beträchtlich zusammengeschmolzen, und die Häuser, die Engländer einst innehatten, wurden in Schulen und Institute umgewandelt, sofern sie nicht wohlhabende Industrielle aus Prato oder Mailand erwarben.

Meine Eltern ließen sich 1903 in »La Pietra« nieder, an der alten Straße, die über den Futa-Paß nach Bologna führt. Der Name wird von einem steinernen Pfeiler hergeleitet, der die Entfernung einer Meile vom Stadttor San Gallo anzeigte. Dieses große Haus sagte ihnen außer vielen anderen Gründen vor allem deswegen zu, weil es die Merkmale verschiedener Stilepochen aufwies, die einem eklektischen Geschmack entgegenkamen. Es war ursprünglich eine typisch toskanische Renaissance-Villa, als Francesco Sacchetti sie im fünfzehnten Jahrhundert erwarb. Er war 1420 geboren und machte sich so rasch durch seine geschäftliche Tüchtigkeit einen Namen, daß er 1440 als Bankpartner von

Cosimo de' Medici nach Avignon geschickt wurde. Später vertraute ihm Lorenzo de' Medici seine gesamten Geschäfte in Frankreich an, wo er in Lyon eine Niederlassung besaß. Francescos Porträt in der Sassetti-Kapelle in Santa Trinità ist eines der Meisterwerke des Ghirlandaio. Im folgenden Jahrhundert wurde »La Pietra« von seinem Enkel an die Familie Capponi verkauft und verblieb in ihrem Besitz, bis meine Eltern sie von einem Nachkommen der Nebenlinie erwarben. Im siebzehnten Jahrhundert gab der Kardinal Luigi Capponi dem Bauwerk eine barocke Verkleidung und ließ die Mittelfassade erhöhen, doch blieb der Renaissancebau in seinen Grundzügen unverändert. Er umschloß weiterhin als Viereck einen offenen Hof, der erst im neunzehnten Jahrhundert ein Glasdach erhielt sowie eine Wendeltreppe. Mein Vater widmete fünfzig Jahre seines Lebens hauptsächlich der Verschönerung von Villa und Garten. Mit Ausnahme des ummauerten Obstgartens und des Zitronenhauses ist der Garten seine Schöpfung, was niemand glauben will, der ihn heute sieht. Der ursprüngliche Garten war zerstört worden, als sich die Mode der sogenannten englischen Parks über Frankreich und Italien ergoß. Meines Vaters Vorfahren waren seit dem achtzehnten Jahrhundert in Italien ansässig, doch blieb er Engländer, und es erscheint paradox, daß er sich bemühte, zu »toskanisieren«, was anglisiert worden war. Er stellte den Garten so wieder her und baute ihn so auf, wie er seiner Vorstellung nach gewesen war, doch waren die Spuren gering, an die er sich halten konnte. Er ließ den Hügelhang in Terrassen abschichten, sammelte Steinmaterial, Vasen und Statuen für die Balustraden, umpflanzte jede der Terrassen mit Hecken aus Buchsbaum, Lorbeer und gelben Eibenbüschen. Die Akazien längs der Auffahrt zum Eingangstor hin wurden durch Zypressen ersetzt, die heute aussehen, als seien sie jahrhundertealt. Die Steinpinien und die immergrünen Gewächse sind so rasch emporgeschossen, daß der Garten während nur sechzig Jahren die Patina eines Lustgartens aus dem siebzehnten Jahrhundert annahm.

Die Mehrzahl der vielen Statuen wurde in seit langem verlassenen Besitzungen, in nicht mehr vorhandenen Gärten im venezianischen Festland gefunden, und ihr Stein ist widerstandsfähiger als die Florentiner *pietra serena*. Dazu gehört eine Serie von reizvollen Arbeiten des Orazio Martelli (1643–1720), von denen einige wie der gigantische Herkules vom Meister signiert wurden, ferner eine Gruppe aus dem achtzehnten Jahrhundert von Francesco Bonazza, die einer Komödie von Goldoni entstammen und ein Freiluft-Theater schmücken könnte. Der Garten wurde zu einer architektonischen Ergänzung des Hauses, gewissermaßen eine Reihe von Salons im Freien, mit einer Flucht breiter Stufen mit Kieselstein-Mosaik, die hügelabwärts von Saal zu Saal führten. Da er nicht wie jene in England von Blumen abhängt, bleibt er sich das ganze Jahr hindurch mehr oder weniger gleich. Er hat in meinem Leben eine wichtige Rolle gespielt. Ich wuchs in ihm auf, oder, vielmehr, wir wuchsen zusammen auf, und er hat zweifellos meinen Charakter beeinflußt, denn ich verbrachte in ihm einen Teil meiner glücklichsten Stunden, fern der Hast und dem Hader der Außenwelt. Aber selbst Gärten haben ihre Schicksale. Unsere Zypressen sind von einer unheilvollen Krankheit bedroht, von einem Pilz, *Coryneum cardinale Wag.* genannt, und ich bemühe mich, ihn zu bekämpfen, ob mit Erfolg, wird die Zukunft lehren. Der Tod eines vertrauten Baumes kann ebenso traurig stimmen wie der Tod eines menschlichen Wesens.

In Haus und Garten und im anschließenden *podere* mit Ölberg und Weinberg fand mein Vater reichlich Antrieb für seine Beschäftigung als Sammler und Zeichner. Bis zum Ersten Weltkrieg waren die Zeiten günstig. Berufsgärtner waren leicht zu finden. Der Kunstmarkt bot einen *embarras du choix* an Antiquitäten. Die Florentiner Handwerker gehörten zu den besten in Europa. Die Räume in unserem Erdgeschoß hatten die hohen gewölbten Decken und die geräumigen Proportionen des Florentiner Quattrocento. Ein paar Räume, darunter das Wohnzimmer, wurden im achtzehnten Jahrhundert mit Stuck dekoriert oder mit Fresken, mit Architektur-Veduten, *capricci*, Amoretten, Vögeln und Arabesken ausgemalt. Für die frühen Räume waren strenge Stühle, wuchtige Tische, eingelegte Wandschränke, *credenze* und *cassoni* der annähernd gleichen Periode angemessen, und die Goldgrundbilder hoben sich leuchtend von rotem Brokat oder von den nackten, cremefarbenen Wänden ab. In den späteren Räumen konnte mein Vater seinem Geschmack an Möbeln und Bildern des siebzehnten Jahrhunderts freien Lauf lassen. Der Wohnraum vereinte alle Perioden in sich, worüber damals Innendekorateure die Nase rümpften, während die *Petitpoint*-Stühle, die venezianischen Konsolen, der rote Lack-Schreibtisch mit den Goldgründen der wunderbar erhaltenen Madonnen von Bernardo Daddi und Sano di Pietro im besten Einklang standen.

Seit meines Vaters Tod im Jahre 1953 bin ich hauptsächlich darauf bedacht, »La Pietra« lebendig zu erhalten und den alljährlich von Hunderten von Touristen besuchten Garten auf das beste zu pflegen. Manchmal habe ich das Gefühl, ich sei eigentlich nur ein Wärter, und frage mich, ob ich bei den steigenden Kosten von Unterhalt und Steuern es anderswo nicht besser hätte, bei den heutigen Reisemöglichkeiten. Denn ich bin Schriftsteller, und ein solcher Besitz nimmt Zeit und Geldbeutel gewaltig in Anspruch. Aber hier wurde ich geboren, und ich glaube wie Candide, daß wir unseren Garten pflegen sollten. Ich preise mich glücklich, daß ich einen Garten zu pflegen habe, und bin mir bewußt, daß ich bevorzugt bin und einer vergangenen Epoche angehöre. Für einen Schriftsteller in Zeiten sozialen Umschwungs gibt es nur das eine, den Kopf oben behalten und die eigenen Fähigkeiten in ihren Grundlagen überprüfen. Es ist zu spät, mich in eine Form hineinzuzwängen, für die ich nicht bestimmt war. Man muß seinem Weltbild treu bleiben, und mein Weltbild wurde durch »La Pietra« entfaltet, aber auch umschrieben.

Wie die Villa »I Tatti«, die Villa Schifanoia, die Villa Finaly und noch viele andere Landsitze rundum wird wohl auch »La Pietra« dereinst ein Institut werden.

Ingeborg Guadagna

FLORENTINISCHE VILLEN

Mitte der fünfziger Jahre war eine Reise nach Florenz noch reichlich exotisch. Wie gut, dass Ingeborg Guadagna, geborene Plappert, schon 1937 nach Italien geheiratet hatte. Kenntnisreich erklärt sie den Lesern in der alten Heimat florentinische Lebensart und Wohnkultur.

Wenn wir im Sommer Koffer und Reisesack schließen, wenn Zug und Auto uns in die umschwärmte Ferne entführen, fällt uns nur selten ein, daß dieser Ausbruch aus dem Alltag auf einen Brauch zurückgeht, der aus der Sommerschwüle des alten Rom die »Reichen« unters Laub der Albanerberge oder zur Meerbrise nach Bajä ziehen ließ und der im Mittelalter von den Florentiner Großkaufleuten wiederentdeckt wurde. Aufenthalt in der Villa, »villeggiatura«, wird noch jetzt im Italienischen die »Sommerfrische« genannt, einerlei ob am Meer oder im Gebirge verbracht, ob im eigenen Ferienhäuschen, dem schmächtigen Erben der römischen oder Florentiner Villa, in ein paar gemieteten Zimmern oder im Hotel.

Villa heißt »Land mit Haus«, und nichts Aufdringliches haftet dem Wort an wie seiner deutschen Verwendung für den Prachtbau des Herrn Direktors oder des Herrn Unternehmers aus der Gründerzeit »vor den Toren« der Altstadt. Villa bedeutet nicht nur ein einzelnes Gebäude; Villa ist ein Besitztum, in dem, wohlausgewogen, alles vereint ist, was zum Landleben gehört. Feld und Acker, Weinhalde und Olivenhain, Obst- und Gemüsegarten; schattiger Park, dessen verschlungene Wandelgänge Weite vortäuschen unterm hohen Baumbestand; Ziergarten mit bunten Beeten, mit Wasserbecken und Statuen über starr verschnittenen Hecken. Dem Hauptgebäude, dessen vierkantiger Turm anfangs der Überwachung der Feldarbeit diente, haben der Zeitwandel und die sich wandelnden Bedürfnisse das Antlitz geprägt, und die glorreiche Baukunst der Stadt Florenz spiegelt sich heiter und gelockert in dem Florentiner Landhaus wider. Niedriger wohl, aber nicht weniger fest gemauert die Ställe und die Wohnungen der Pachtbauern, deren Zahl sich nach der Größe des Grundstücks richtet.

Der Florentiner Bankier und Kaufmann war kein Latifundist und seine Bauern nicht Leibeigene oder Taglöhner. Übersichtlich, aber von der Natur des Hügellandes wie von der Vielzahl seiner Rivalen im Stadtregiment beschränkt, blieb sein Besitz, und jedes Stück Erde mußte genutzt sein. Hunderte solcher »Kleinstaaten« teilen sich in die Hügelhänge um die Florentiner Mulde; sie geben dieser Landschaft ihr doppeltes Gesicht. Sieht man sie als Ganzes, mit ihrem Wechsel von dunkler Zypressensäule zu Olivensilber, von goldgrüner oder gelber Kornbahn zum Streifen Wiese mit der Spitze des Schaumkrauts oder der gelben Blüte des Futtergrases, vom Schirmprofil der Pinie zur grau ausladenden Krone der Steineiche, vom rosa und weißen Strauß der Obstblüte zum drallgrünen Stolz der Salatköpfe und Kohlbälle, steht man entzückt. Macht man sich aber daran, in diese lockende Welt einzudringen, wie leicht schlägt da die Begeisterung in Unbehagen, ja Traurigkeit um! Stundenlang kann man hügelauf, hügelab wandern und bleibt doch immer ausgesperrt, auf staubigem, schotterhartem Sträßchen, zwischen drei bis vier Meter hohen Steinmauern, deren Kamm feindlich starrt von blitzenden Glasscherben. Eine

Nische unterbricht zuweilen die Eintönigkeit des Mauerzuges, überm eisenbeschlagenen Eichentor ein vorspringendes Schutzdach für Gäste, die lange warten müssen unter Sonne und Regen, bis die im Himmelsausschnitt auf und ab hüpfende Glocke einen Öffner herbeiruft. Der Einblick endlich, den gewährt erst das schmiedeeiserne Portal, das der Barock an Stelle der kompakten, schweren Türflügel setzte. Da sieht man nun auf den von Wagenspuren gezeichneten Kies einer Steineichenallee, zu deren Seiten Lorbeerhecken den zudringlichen Blick wehren oder ihn wenigstens auf verwittertes Wappen- und Vasenbildwerk und moosige Statuen verweisen. Wer Glück hat, erhascht im Baumausschnitt eine Terrassenmauer, auf der Geranien glühen in Tontöpfen, oder die Sonnenuhr an der Hauswand, ein paar vergitterte Fenster, deren geschlossene Läden das Licht hinausbannen, oder droben, unterm weit vorstoßenden Dach, mit schlanken Säulchen die Loggia, die vor Sonne und Wind schützt.

Kaum waren in der notdürftig trockengelegten Sumpfniederung am Arnoübergang, auf den bescheidenen Trümmern der Provinzrömerstadt Florentia die christliche Polis um die Klöster, die Wollwebereien und das Baptisterium erstarkt, da sahen sich die Stadtväter und Großkrämer draußen, weit vor den Toren, um, auf den verwilderten, ansteigend und gesund gelegenen Grundstücken, die einst Etrusker der Bergstadt Faesulae, Römer der Brückenstadt und noch Gotenherren bewirtschafteten mit Wein, Olive, Obstbaum und Korn, und ließen sich dort ihr burgartiges Landhaus bauen, den Zinnenkranz um den wehrhaften Turm, den säulengestützten Doppelbogen am Staatsfenster, schießschartenengdie anderen und im Absatz geknickt die wappengezierte Treppe, nach städtischem Geschmack und doch ohne Mißklang an die Hügel geschmiegt. Wie bald ging's diesen Herren nicht mehr nur um Flucht vor der Sonne und vor dem Sommerdunst der noch immer fieberverdächtigen Flußstadt! Städtisch gezähmt und ins Gesittete einbezogen wurde nun das bebaute Land. So brauchte jene Gesellschaft junger Städter keine Entbehrung oder Unbequemlichkeit zu fürchten, als sie die Pest in der Talmulde floh und sich zwischen sprießendem Korn und blühender Hecke, unterm Pinienschirm oder im Schlag des Zypressenschattens Geschichten erzählte von Schelmen und Königen, von Liebenden und Mönchen, von Geizhälsen und Betrügern. Die lockeren und die rührenden, die derb und die zart scherzenden Geschichten, mit denen dann Boccaccio sein Dekameron gefüllt, die menschliche Komödie des Trecento.

Mit luftiger Loggia unterm offenen Dachgebälk, mit säulengetragener Wandelhalle rings um das Erdgeschoß hatte das Quattrocento die »Burg« gemildert, und Rosensorten hütete man nun mit einem Eifer, als wären's Nutzpflanzen. Im Laubengang, dem Glyzinie und Rebe gleicherweise Schatten spendeten, wandelten in philosophischem Gespräch, wie sie's bei Platon gelesen, Pico della Mirandola, Marsilio Ficino, Poliziano, Seine Magnifizenz Lorenzo, der Signore seiner Stadt, und die anderen Eingeweihten.

Die Hügellage hatte dem Ziergarten von Anbeginn natürliche Terrassen geboten. Jetzt herrschte die Geometrie über seine Beete und Hecken und regelte Farbe, Umriß und Verschnitt. Statuen spiegelten sich in den Wasserbecken, alte Gartenbewohner, die der jenseitige Glaube verbannt, zogen wieder ins Ihrige, Nymphe und Satyr, Demeter und Diana, steinernes Getier und allerlei Allegorie von Jahreszeit und Fruchtbarkeit. Echt alt waren sie meist nicht: Was da die Äcker hergaben, das verwahrte der Herr in seinem Stadtpalast. Aber lebten nicht ganze Familien von Steinmetzen in den Dörfern um die Brüche des Monte Ceceri, in Settignano, Maiano und Fiesole? Sollten sie Bocksfüßige aus dem Stein hauen, nach altem Faunsvorbild, oder ein Mädchen, an dessen wasserbesprühtem Leib keusch die jungen Brüste sprossen!

Da wurden die Muscheln am Brunnen ausladender und gezierter, sie gehörten nicht mehr zu einem muskelstarken Triton, sondern zu einer pausbäckigen Monstregestalt, einem Gartenschreck. Und nicht mehr schmal und waagerecht faßte der strenge graue Steinrahmen das Fenster: Ein aufgebrochener Tempelgiebel mußte es nun sein, gar mit Voluten, und ein unwiderstehlicher Drang nach Bewegung und Schnörkel bemächtigte sich der schmiedeeisernen Laternen und Gitter, und in den Grotten, die sich der Berghang willig eingraben ließ, gab's ein verzwicktes Einlegspiel mit den bunten Kieseln der Pflasterung. Auch der Florentiner Strenge und Mäßigkeit setzte der Barock zu, und um die Landhäuser triumphierte der »giardino all'italiana« mit jener von ganz Europa zur Prachtentfaltung verwandten Zusammenarbeit von Gärtner, Bildhauer und Baumeister.

Jede Villa, die auf sich hielt, legte ihren »giardino all'italiana« an, auch die bescheidenste, die bisher nur ein Pächtershaus gewesen, oder die neue, die, vorstadtnah an allererster Hügelschwelle, mit Jugendstilunbekümmertheit die vom Steinband eingefaßte Wölbung, barockes Balkongitter und übergipste Backsteinsäulen mischte. Auf engem Raum drängte sich da der Ziergarten, Zitronenbäumchen in magerer Reihe, und gleich hinterm Haus, kaum von der ohne Gärtnerkunst beschnittenen Hecke verhehlt, trieben graugrün die Artischocken ihre Knospen und schossen Petersilie und Basilikum ins Kraut; kündete der Aprikosenbaum den März und die wilden roten Tulpen im Korn, unter stolz gezählten Oliven, den April. Der Anbau brachte wohl kaum einen spürbaren Beitrag zum häuslichen Bedarf: Der Familie aber, welche nicht mehr der Sommer hinausschickte, sondern die das ganze Jahr hier wohnte, gab er das Bewußtsein von Besitz und Würde.

Nun aber hat die Stadt diese Villen des 19. und des beginnenden 20. Jahrhunderts eingeholt, schon fällt ihr Rand mit der Hügelsohle zusammen, und da und dort leckt sie gar über die Grenze empor; mit Häusern, die nicht »zum Land« gehören. In hundert Jahren, seit ihre Mauern fielen und an deren Stelle die Platanen- und Lindenalleen nach Pariser Boulevardvorbild traten, saugte die Stadt das ärmere Bauernland der Niederung voll und ganz an und bedeckte es mit gepflegten Mietshäusern des neuen Mittelstandes und kahlen Wohnblöcken einfacher Leute, ließ erfreuliche Gartenüberbleibsel stehen und streute noch ein paar Einfamilienhäuser ein, die pompös und doch verlegen die alten Villenstile nachäfften, denen aber die mit Geburtenüberschuß drängende Zeit allzu rasch die verspätete Exklusivität wegspülte. Ob sie sich nun bald daranmacht, die steuerbelasteten Parke, aus denen Kauz und Nachtigall in die Nacht singen, und die unrentablen Feldstreifen, denen noch immer mit gemächlicher Wucht das weiße Ochsenpaar die Furche zieht, zu zerstücken und über ihrem pietätlos aufgewühlten Grund das Skelettgerüst der summenden Bienenstöcke und die hohe Leiter der Käfigbalkone aufzurichten? Noch schützen den Musterstaat der Villa Gesetze, Stacheldraht gleich; als unentrinnbare Gefahr aber droht das Bedürfnis der Zeit. Vorläufig wählt es seine »Zuflucht« anderswo. Auf kahlem Hang weit draußen, wo schon Apenninenwildnis gebietet, wachsen Häuser aus dem Felsen. Dem neuesten Florentiner Landhaus blicken nicht mehr Olive und Rebe ins schmale vergitterte Fenster, vor einer blinkenden Glasfront nähren sich Agaven aus kärglichem Geröll. Den Abhang aber, zwischen Ginster und Lavendel, klettern doch schon, wiederum in gesitteter Reihe, strichschmale dunkle Bäumchen empor. Ob dort nicht einmal unter stolz ausgewachsenen Zypressensäulen der Rosenstock und der Oleanderbusch gedeihen und um die Treppensteige Efeu raschelt und auf Bildwerk, das Turbinenteilen oder geknickten Flugzeugteilen ähnelt, das Moos sprießt und wachsfröhliches Kraut? Ein verjüngter Florentiner Garten?

STREIFZÜGE DURCH DIE GESCHICHTE

Von Menschen, Machern und Mächtigen

Robert Gernhardt

WER ANDERN EINE GRUBE ~~GRÄBT~~ MALT

Von zweierlei waren die Florentiner besessen, vom Ehrgeiz und von der Spottlust. Ja, die Renaissance war einfach zum Lachen, und die Maler spielten einander, aber auch ihren Auftraggebern, ausgefuchste Streiche. Aufgedeckt vom großen Zeichner und Dichter Robert Gernhardt.

Im Jahre 1482 verläßt der dreißigjährige Leonardo da Vinci die Kunststadt Florenz, um fortan für Ludovico Sforza und dessen Mailänder Hof tätig zu sein. Als Grund für diesen Wechsel nennt Leonardos Biograph, der englische Kunsthistoriker Kenneth Clark, die Unvereinbarkeit von Mensch und Stadt. Leonardo sei stets sorgfältig gekleidet gewesen, dabei zurückhaltend und geheimnisvoll im Auftreten: »Ein solcher Charakter kam ihm im öffentlichen Leben von Florenz nicht zugute, mit den offenen Werkstätten, den harten sarkastischen Kritiken und den furchtbaren Streichen, die in den zeitgenössischen Lebensbeschreibungen der Künstler eine so große Rolle spielen.« Künstlerstreiche vertreiben Universalgenie – trifft diese Behauptung wirklich zu? Welcher Art waren diese Florentiner Streiche denn wirklich? Waren sie wirklich so furchtbar? Und war Leonardo wirklich nur Opfer?

Die Antworten finden sich in den Aufzeichnungen zeitgenössischer Zeugen: im »Decamerone« des Dichters und

Humanisten Giovanni Boccaccio, in den »Dreihundert Novellen« des Gesandten und Statthalters Franco Sacchetti, in der »Geschichte vom dicken Holzschnitzer« des Mathematikers und Architekten Antonio Manetti, vor allem aber in dem achtbändigen Standardwerk »Leben der ausgezeichnetsten Maler, Bildhauer und Baumeister« des Malers und Architekten Giorgio Vasari.

»Die Toskaner sind alle Spaßvögel«, läßt Sacchetti einen Florentiner Kriminalrichter sagen, und an anderer Stelle befindet er selber, »daß es in allen großen Städten Spaßvögel gibt«. Nun war Florenz seit dem 13. Jahrhundert nicht nur die größte Stadt der Toskana, sondern eine der größten Europas. Dementsprechend groß war die Zahl der dortigen Spaßvögel und Possenreißer, deren Hauptvergnügen darin bestanden zu haben scheint, ihre Mitmenschen in jeder nur denkbaren Hinsicht zu täuschen. »Der Apostel Giovanni, der den Frommen spielt, verschafft sich Einlaß in eine Einsiedelei und erfreut sich dort an drei Einsiedlerinnen« heißt eine der Erzählungen Sacchettis.

»Man gibt Messer Dolcibene zum Hohn eine Katze zu essen. Einige Zeit darauf setzt er denen, die ihm eine Katze servierten, Mäuse vor« ist eine andere überschrieben; der Titel einer dritten lautet: »Der Possenreißer Gonella verlangt von zwei Kaufleuten Geld, das ihm nicht zukommt«.

Wenn es jemanden gab, der so etwas wie den Superlativ des toskanischen Spaßvogels darstellte, dann war das der Florentiner Künstler.

»Von jeher hat es unter den Malern sehr ungewöhnliche Menschen gegeben« – derart allgemein läßt Franco Sacchetti seine Novelle »Die Kunst der Frauen« beginnen, deren Held der legendäre Maler Buffalmacco ist.

Doch schon der erste Satz der Erzählung stellt den Zusammenhang zwischen Kauz und Künstler unmißverständlich her: »In der Stadt Florenz, die immer einen Überfluß an kuriosen Käuzen gehabt hat, lebten einst einige Maler« – ein Befund, den jeder Florenzbesucher seufzend bestätigen kann, meist ohne zu ahnen, daß fast alle dieser ehrfurchtgebietenden Meister auch meisterhaft zu täuschen und zu narren verstanden.

Das aber hatte unmittelbar mit ihrem Gewerbe zu tun. Ein Florentiner Leinenweber oder Advokat konnte seinen Beruf und seine Berufung zur possenreißerischen Täuschung voneinander trennen. Beim Florentiner Maler oder Bildhauer waren die Grenzen stets fließend, da bereits ihre Kunst das erklärte Ziel hatte, die Natur mit allen malerischen Mitteln und sämtlichen perspektivischen Tricks täuschend ähnlich nachzuahmen. Getäuscht werden sollte natürlich der Betrachter, als besonders kunstvoll aber galt die Täuschung eines Kollegen. Das gelingt bereits dem Ahnherrn aller Florentiner Künstler, Giotto, von dem Vasari erzählt, »Giotto habe als Knabe, als er noch bei Cimahue in der Lehre war, einmal einer Figur seines Meisters eine Fliege so natürlich auf die Nase gemalt, daß Cimahue, als er zurückkehrte und sich wieder an die Arbeit setzte ...« – die Pointe dieser Wanderlegende dürfte bekannt sein.

Authentischer klingt da schon, was Vasari von Brunelleschi und Donatello zu berichten weiß. Letzterer hat ein Kruzifix vollendet, stolz zeigt er es dem Kollegen. Der, in Erwartung eines besonderen Meisterwerkes, äußert enttäuscht, »es dünke ihn, er habe einen Bauern ans Kreuz genagelt« und nicht einen Christus. Worauf ihm Donatello mit der ältesten Künstlerretourkutsche der Welt kommt: »Nimm doch ein Stück Holz und versuche selber, einen Christus zu machen.« Brunelleschi tut dies denn auch in aller Heimlichkeit, bringt das Kruzifix »zu höchster Vollendung«, bittet Donatello zum Essen, kauft mit ihm auf dem alten Markt ein und fordert ihn gleisnerisch auf, doch schon mal mit den Lebensmitteln vorzugehen, er käme gleich nach. »Als nun Donatello das Haus betreten hatte, erblickte er das Kruzifix Filippos in guter Beleuchtung« und ist so außer sich vor Staunen, daß er die Hände öffnet: »Da fielen ihm die Eier, der Käse und alles andere zu Boden.« Auf Brunelleschis lachende Frage, was sie denn nun essen sollten, erwidert er: »Was mich betrifft, so habe ich heute schon meinen Teil gehabt.«

Kein furchtbarer, eher ein fruchtbarer Streich, da er Donatello zu solcher Kunstfertigkeit in der Naturnachahmung antrieb, daß er selber die Grenzen zwischen Kunst und Leben nicht mehr wahrhaben mochte. Als er an der Figur des Propheten Habakuk arbeitete – eine Kopie steht heute in einer Nische des Campanile und wird im Volksmund *Zuccone*, Kürbiskopf, genannt –, da schaute er ihn nach Vasaris Worten an »und rief in einem fort zu ihm: ›So sprich doch, sprich doch, sonst sollst du den Blutschiss bekommen.‹«

Die natürliche Zielscheibe Florentiner Künstlerstreiche freilich waren nicht die Kollegen, sondern die Kunden, zumal jene schlichteren Gemüts und aus einfacherem Stand. Hier setzt der Maler Buonamico Maßstäbe.

Vasari bezeichnet ihn als »den spaßhaftesten aller Männer«. Buonamico, Spitzname »Buffalmacco«, ist eine äußerst schwankende Gestalt der Kunstgeschichte, einige Fachleute bestreiten seine Existenz, andere schreiben ihm die Fresken im Pisaner Camposanto zu. Dafür sind jede Menge Schwänke überliefert. Ein Kunde schließt mit Buffalmacco einen Vertrag über ein 12 Ellen großes Christopherus-Wandbild ab, der Meister mißt die Kapelle aus und stellt fest, daß die nur neun Ellen hoch, breit und tief ist. Daher malt er den Heiligen liegend an eine der inneren Seitenwände, und da auch die nicht ausreicht, biegt er ihn von den Knien an um die Rückwand. Klage des Kunden, Freispruch des Malers, der vertragsgemäß bezahlt werden muß. Bürger ziehen vor Gericht, Künstler wissen sich anders, eleganter, zu helfen. Einer will die Madonna nicht zahlen, die er sich auf seine Hauswand hat malen lassen? Buffalmacco nimmt »Farben, die bloß mit Wasser und ohne Leim angemacht sind, und verwandelt das Kind in den Armen der Madonna in einen kleinen Bären«. Verzweifelt bittet der nunmehr zahlungswillige Kunde, die Verwandlung rückgängig zu machen, lachend streicht der Künstler das Geld ein und wischt den Bären mit einem nassen Schwamm weg.

Andere Künstler setzen noch einen drauf. Ihnen gelingt es, krittelnde Kunden durch schieres Nichtstun zufriedenzustellen. Im Auftrag der Zunft der Leinenhändler fertigt Donatello eine Statue des Evangelisten Markus für die Fassade von Orsanmichele. Den erhöhten Standort berücksichtigend, war sie Vasari zufolge »mit solcher Überlegung geschaffen, daß sie in ihrer Vollkommenheit zu ebener Erde von Nichtkennern nicht erfaßt werden konnte«. Schon wollen die Konsuln der Zunft das Werk ablehnen, da bittet Donatello darum, die Statue am vorgesehenen Platz abstellen und noch zwei Wochen lang bearbeiten zu dürfen. Er tut das erstere, verbirgt die Figur hinter einem Holzverschlag und unterläßt das zweite: »Vierzehn Tage hielt er sie verschlossen und enthüllte sie dann, ohne sie auch nur berührt zu haben, und erfüllte alle mit Erstaunen.«

Etwa hundert Jahre später löst Michelangelo, der gerade die Statue seines »David« beendet hat, ein ähnliches Problem noch rascher und noch dreister, nämlich vor den Augen des Kunden. Picro Soderini, Gonfaloniere der Stadt und Michelangelos Auftraggeber, besucht den Künstler in der Werkstatt, lobt die Statue, bemängelt jedoch, die Nase sei zu dick. Der Meister steigt aufs Gerüst, greift sich einen Meißel und etwas Marmorstaub, klopft zum Schein und läßt dabei den Staub zu Boden rieseln. »Darauf schaute er zum Gonfaloniere hinunter, der ihm zusah, und sagte: ›Betrachtet sie nun!‹ – ›Was mich anlangt‹, erwiderte dieser, ›so gefällt sie mir besser, Ihr habt ihr Leben gegeben!‹«

Doch nicht immer ist der Kunde der Dumme. Von einer ungewöhnlichen Konstellation – Künstler plus Bürger contra Künstler – berichtet Vasari in seiner Vita des Sandro Botticelli. Dem ist es gelungen, ein Madonnenbild seines Schülers Biagio an einen Bürger zu verkaufen, »und da er fröhlicher Natur war und mit seinen Schülern und Freunden gern Scherz trieb«, läßt er den Biagio das Bild in günstiger Höhe aufhängen. Sodann schickt er ihn mit der Auflage fort, den Bürger am nächsten Morgen bei der Besichtigung zu begleiten. Als er fort ist, stiftet Botticelli zwei Schüler dazu an, gemeinsam mit ihm acht rote Mützen aus Papier zu verfertigen und sie mit heißem Wachs auf den Köpfen der acht die Madonna umgebenden Engel anzubringen.

Am nächsten Morgen sieht der Künstler seine Gottesmutter »inmitten von florentinischen Senatoren«. Zuerst will er sich aufgeregt entschuldigen, sagt aber nichts, da der in den Scherz eingeweihte Kunde das Bild lobt und den Maler zwecks Bezahlung zu sich nach Hause bittet. In der Zwischenzeit nehmen Sandro und seine Schüler die Mützen wieder ab, und der zurückgekehrte Biagio verwundert sich: »Als ich vorhin kam, hatten diese Engel rote Mützen auf.« Worauf Botticelli ihm unterstellt, er sei nicht ganz bei Trost, ein solches Bild hätte der Bürger doch mit Sicherheit zurückgewiesen. Und »bald standen alle anderen Malerjungen um ihn herum und redeten so lange, bis er selbst glaubte, er hätte sich alles eingebildet«.

Jemanden an seinem Verstande zweifeln zu lassen ist zweifellos ein übler Scherz, doch werden den Florentiner Künstlern noch üblere Täuschungen zugeschrieben, wahrhaft furchtbare Streiche, die auf die Zerstörung der geschlechtlichen, ja der gänzlichen Identität der Opfer zielen. Boccaccio berichtet, wie die beiden Maler Bruno und Buffalmacco ihrem Kollegen Calandrino mit Hilfe des Freundes Nello und des eingeweihten Arztes Meister Simon einreden, er sei schwanger, was der entsetzte Calandrino darauf zurückführt, daß seine Frau Tessa immer unbedingt oben habe liegen wollen: »Bruno, Buffalmacco und Nello wollten, als sie die Verzweiflungsschreie ihres Freundes hörten, vor Lachen schier bersten.«

Seltsame Spaßvögel, diese Künstler; Witzbolde, die mit kriminell zu nennender Scherzenergie ans Verwirrwerk gingen. »Filippo aber blieb viele Monate in Florenz und arbeitete insgeheim Modelle und Maschinen aus, alle für den Bau der Kuppel. Dabei trieb er mit Künstlern Scherz, denn in jener Zeit war es, wo er den Spaß mit dem Dicken und Matteo ausgehen ließ«, berichtet Vasari, wobei mit »Filippo« natürlich der Baumeister Brunelleschi gemeint ist und mit der »Kuppel« die damals noch fehlende des Doms zu Florenz. Wer aber sind der Dicke und Matteo? Davon erzählt die eingangs erwähnte Novelle von Antonio Manetti, welcher wiederum acht seiner Quellen namentlich nennt: »Die Geschehnisse wurden nämlich, da Filippo starb, von einigen aufgezeichnet, die sie mehrmals von ihm gehört hatten«, unter anderem von Künstler-Kollegen wie Michelozzo oder Luca della Robbia. Offenbar ein Mordsspaß, der sich da um 1410 ereignet haben soll. Weil der ebenso dicke wie naive Holzschnitzer Manetto unentschuldigt bei einem Abendessen seiner Künstlerfreunde fehlt, inszeniert Brunelleschi »als Rache dafür einen ergötzlichen Streich: wir könnten ihn glauben machen, er sei ein anderer geworden und nicht mehr der dicke Holzschnitzer«. Mit Hilfe des Kollegen Donatello, diverser eingeweihter Häscher, Büttel, Richter und weiteren Personals gelingt die gigantische Täuschung: Der Dicke glaubt nach und nach selber daran, er sei nicht er, sondern der säumige, polizeilich gesuchte Schuldner Matteo. Zum Schluß ahnt er zwar, daß man ihm übel mitgespielt hat, ist jedoch derart verwirrt, daß er Florenz »unter dem größten Gelächter der Welt« verläßt und nach Ungarn auswandert.

Die Vorstellung, Scherzbolde dieses Kalibers könnten auch einen edlen Geist wie Leonardo aus Florenz vertrieben haben, klingt plausibel, hat jedoch einen Haken: Leonardo selber. »Tollheiten trieb er sehr viele«, schreibt Vasari über das Universalgenie, das - wenn schon universell, dann aber auch auf wirklich allen Gebieten - ein inspirierter Täuscher und Spaßmacher gewesen ist. Als ein Winzer eine sonderbare Eidechse fand, machte Leonardo »aus der abgezogenen Haut anderer Eidechsen Flügel und füllte diese mit einem Gemisch von Quecksilber, so daß sie bei jeder Bewegung der kleinen Bestie zitterten; auch machte er ihr Augen, Hörner und einen Bart und hielt sie in einer Schachtel, um seine Freunde durch ihren Anblick in Schrecken zu versetzen«.

Ein noch recht handfester Scherzartikel, diese Echse, ein dreidimensionaler Special effect nach Art der Gremlins. Vasari weiß aber auch von einer Idee Leonardos zu berichten, die den oft doch recht platten Florentiner Künstlerstreich kurz vor dem Ende der scherzreichen Renaissancezeit unvermutet auf eine Höhe hebt, die geistvoll, ja vergeistigt genannt werden müßte, wäre der Einfall nicht zugleich so sinnfällig, ja sinnlich: »Oft ließ er die Gedärme eines Hammels so fein ausputzen, daß sie in der hohlen Hand Platz gefunden hätten. Dann verband er die Öffnung des Darms mit einem Paar großer Blasebälge, die er im Nebenzimmer aufgestellt hatte, und blies ihn auf, bis er die sehr große Stube völlig ausfüllte, so daß die Anwesenden sich in eine Ecke flüchten mußten; und indem er so demonstrierte, wie dieses Gebilde, das anfänglich einen kaum nennenswerten Raum eingenommen hatte, allmählich durchsichtiger werdend sich immer mehr ausbreitete, verglich er es mit dem menschlichen Genie.«

Alfred Nemeczek

ALLES NUR EINE FRAGE DER PERSPEKTIVE

Das Florenz des 15. Jahrhunderts war eine pulsierende Metropole, eine Stadt der Künstler und Gelehrten. Die geistige Bewegung, die man später Renaissance nennen sollte, nahm hier ihren Ausgang. Doch die lichte Epoche hatte auch Schattenseiten, schreibt Alfred Nemeczek.

Florenz im Jahr 1425. Der Dom ist noch im Bau, zwei Männer schreiten durchs offene Portal.

Nach wenigen Schritten wenden sie sich um. Sie haben jetzt das achteckige Baptisterium im Blick, die Taufkirche San Giovanni aus dem elften Jahrhundert. Nun drückt der Architekt Filippo Brunelleschi seinem Freund und späteren Biographen Antonio di Tuccio Manetti ein kleines Gemälde in die rechte Hand und einen Spiegel in die linke. Das Gemälde soll er mit dem Rücken zu sich, den Spiegel im Abstand von etwa 30 Zentimetern vor das Bild halten und durch ein winziges Loch in der Rückwand des Gemäldes das Spiegelbild betrachten. Manetti gehorcht, und was er sieht, erscheint ihm als Sensation, so unglaublich, dass er noch Jahrzehnte später beteuert, das Experiment mehrmals wiederholt zu haben, seiner Zeugenschaft also absolut sicher zu sein.

Und was sah Manetti damals im Spiegel? Er sah, was er

leibhaftig vor sich hatte – das nur wenige Meter entfernte Baptisterium. Aber er sah die Taufkirche und ihre Umgebung nun nicht mehr live, sondern in dem gespiegelten Gemälde. Medial vermittelt, wie man heute sagen würde. Und das gemalte Bild wirkte derart echt in all seinen optischen Details, dass es mit der Realität konkurrieren konnte, ja ihr zum Verwechseln ähnlich sah.

Genau das wollte Brunelleschi beweisen. Als erster Künstler des Abendlandes hatte er es geschafft, den Domvorplatz samt Baptisterium authentisch, sozusagen naturgetreu wiederzugeben, nämlich in der richtigen Perspektive. Wie er das Bild so täuschend konstruiert hatte, blieb zunächst Brunelleschis Werkstattgeheimnis. Aber bald schon weihte er auch seinen jungen Malerkollegen Masaccio ein, der das Rezept für ein riesiges Fresko der Heiligen Dreifaltigkeit gut gebrauchen konnte.

Bei heutigen Florenz-Touristen freilich, die Masaccios unlängst restauriertes Werk in der Kirche Santa Maria Novella bewundern, dürften weder dessen frappierende Räumlichkeit noch die besondere Plastizität der Figuren einen irritierenden Eindruck hinterlassen. Perspektivisch korrekte Darstellungen auf Gemälden und Fotografien zählen schließlich zu den Seh-Erfahrungen, die dem modernen Bilderkonsumenten gewissermaßen angeboren sind. Auf die Zeitgenossen von Brunelleschi (1377–1446) und Masaccio (1401–1428) dagegen wirkte der jähe Realismus des überlebensgroßen Wandbilds wahrhaft revolutionär und so verstörend wie finsteres Teufelswerk.

Zehn Jahrhunderte lang hatte die christliche Kunst Heilsgeschichte auf Goldgrund propagiert und war ohne Naturalismus ausgekommen. Kein Wunder, dass dieses plötzliche Bedürfnis der Künstler nach beweisbarer Exaktheit zuerst die Bürger von Florenz elektrisierte und dann ein Heer von Forschern.

Ihnen galt Brunelleschis Entdeckung der Zentralperspektive am Beginn des 15. Jahrhunderts als entscheidendes Indiz für eine geistige Bewegung, die in den folgenden Jahrzehnten mit »hoher weltgeschichtlicher Notwendigkeit« zu einer Epoche wurde, wie der Schweizer Kulturhistoriker Jacob Burckhardt 1860 erkannte. Ein gewaltiger Kulturschub fand statt: Erstmals in der neueren Geschichte hatten nicht rohe Potentaten, sondern Künstler, Gelehrte und Philosophen die Chance genutzt, ein »historisches Beispiel für menschliches Gelingen« (so der Forscher James Cleugh) in die Geschichtsbücher einzutragen. Der französische Philosoph Voltaire, heißt es, erfand 1756 dafür den Namen: Renaissance, zu Deutsch Wiedergeburt, wird das famose neue Zeitalter genannt.

So weit, so gut. Auch so schlimm. Denn der Begriff Renaissance ist höllisch komplex und wirft ein Bündel Fragen auf. Wer oder was wurde denn da wiedergeboren? Wer oder was brachte damals die Phantasie an die Macht? Wie, wenn überhaupt, wurde das christliche Mittelalter mit seinen drei Ständen – Priester, Ritter, Bauern – beendet und durch ein aufgeklärteres Modell ersetzt, in dem die Menschen ihre Welt nun objektiv und sich selber als autonome Subjekte wahrnahmen? Und wieso passierte das alle ausgerechnet in Florenz?

Halten wir uns weiter an die Künstler. Wer damals Bilder malte und Skulpturen formte, hatte oft 13 Lehrjahre hinter sich und galt dennoch als Underdog, weil er sein Brot mit Handarbeit verdiente. Wie alle Handwerker rangierten am Ende des 14. Jahrhunderts auch die Künstler in ganz Europa so ziemlich am Fuße der sozialen Leiter – tief unter Adel, Klerus, Kaufleuten, Juristen, Philosophen und Naturgelehrten.

In Florenz jedoch, der toskanischen Handelsmetropole am Arno, die 60 000 Einwohner, 80 Banken und keinen Fürsten zum Chef, sondern eine republikanische Verfassung hatte, herrschte um 1400 ein Klima quirliger Mobilität. Aufstieg war unter anderem durch Bildung möglich. Erstmals galt Kultur als Voraussetzung für Leistung, die sich später lohnen sollte. Und frisch als Bildungsgut entdeckt wurde damals das lange vernachlässigte griechisch-römische Erbe. Primär steht der Begriff Renaissance also für eine Wiedergeburt der heidnischen Antike.

Der Denkanstoß ging von einer neuen Elite aus. International operierende Kaufleute, liberale Priester (manche brachten es bis zum Papst) und ehrgeizige Stadtpolitiker schätzten die Dichtung ihrer Mitbürger Dante, Petrarca und Boccaccio, die sich bereits im 14. Jahrhundert an ihren Vorläufern Cicero, Vergil, Platon oder Aristoteles orientiert hatten. Die Folge: Griechische Sprache und griechische Philosophie, Logik, Algebra und Geometrie erschienen verstärkt auf dem Lehrplan der Schulen – vermittelt von Spezialisten, die sich als Humanisten bezeichneten. Und ihr Wirken brachte eine Phalanx wahrer Geisteshelden hervor – »Riesen an Denkkraft, Leidenschaft und Charakter«, wie der Sozialist Friedrich Engels notierte.

Der Florentiner Filippo Brunelleschi, als Kind von seinem Vater »mit allem Fleiß in den ersten Anfängen der Wissenschaften« unterrichtet (so der 1511 geborene Maler und Kunstschriftsteller Giorgio Vasari), absolvierte eine Lehre als Goldschmied, wurde Bildhauer, verbiss sich aber derart gründlich in die Probleme der Architektur, dass er als junger Mann sogar nach Rom reiste, um antike Bauten abzuzeichnen. Nach seiner Rückkehr entwarf er Kirchen wie die Cappella Pazzi, deren Leichtigkeit und Grazie bis dahin ungesehen war. Mit Eleganz meisterte er auch die Konstruktion der Dom-Kuppel, bei der es immerhin eine Spannweite von mehr als 40 Metern zu überwinden galt. Eher ein Nebenprodukt des vielbeschäftigten Baumeisters war dann die Entdeckung der Zentralperspektive, wenn auch ein höchst erwünschtes: Nach Meinung des Künstler-Biographen Vasari war die Malerei der alten Griechen stets »ganz und gar und hauptsächlich Nachahmung der Natur« und dadurch angeblich vollkommen gewesen. Diese verlorengegangene Perfektion blühte ihr nun dank Brunelleschis Erfindung von neuem. Vasari sprach vom Sieg über ein Jahrtausend »gotischer«, also mittelalterlicher »Barbarei«.

Die Publikation der Perspektiv-Technik überließ Brunelleschi seinem Freund Leon Battista Alberti (1404 bis 1472), der erst recht den Typ des Universalmenschen verkörperte – ein Begriff, den die Zeitgenossen für plötzlich überall auftauchende Vielfachbegabungen prägten. Alberti, unehelicher Sohn eines Adligen, studierte Kirchenrecht, darbte lange im niederen Kirchenamt eines »apostolischen Abbreviators« – und errang doch Weltruhm als Dramatiker, Lyriker, Maler, Musiker und Moralphilosoph, als gelehrter Mathematiker, Architektur- und Malerei-Theoretiker, als Bildhauer, Stadtplaner, Ausnahme-Architekt und Inkarnation des antiken Menschheits-Ideals: »ein gesunder Geist in einem gesunden Körper«. Zwar liebte er die Literatur »wie duftende Blumen«, aber wenn es darauf ankam, sprang er auch 1,80 Meter hoch, warf eine Silbermünze unter die Kappe eines hohen Turms, durchschoss mit dem Pfeil einen Harnisch und zähmte jedes noch so wilde Pferd. Seinen Nachlass brachte er in eine Stiftung für Nachwuchskünstler ein.

Immer länger wurde die von Vasari überlieferte Liste »ausgezeichneter Maler, Bildhauer und Baumeister«, die nun auch verstärkt Werke mit weltlichen Sujets für private Auftraggeber herstellten. Talente wie Bartolommeo di Michelozzo, Lorenzo Ghiberti, Donatello, Fra Angelico und Paolo Uccello gehörten zwischen 1434 und 1469 zur Kunstszene von Florenz. Noch nicht geboren waren damals Michelangelo und Raffael. Leonardo da Vinci, dessen Genie am Ende der Epoche selbst einen Alberti übertraf, war noch Kind. Erst das

Paris des 19. Jahrhunderts konnte sich wieder so vieler Weltklasse-Künstler rühmen wie das Florenz der Renaissance.

Unaufhaltsam wuchs ihr Renommee. Brunelleschi wurde 1425 in das Amt eines städtischen Priors gewählt; Alberti plante für Papst Nikolaus V. ein prächtigeres Rom. Eine anonyme Biographie schildert Alberti als Ausbund aller denkbaren Tugenden und Fähigkeiten. Der Gepriesene soll sie selber verfasst haben – für alle Fälle. Vom Image-Gewinn der Künstlergilde verblüfft, freute sich 1506 auch der deutsche Italien-Besucher Albrecht Dürer: »Hier bin ich ein Herr, daheim ein Schmarotzer.«

Als Kreative, wie sie heute genannt würden, konnten es sich Maler wie Uccello und Masaccio erlauben, ihr Äußeres zu vernachlässigen oder wochenlang nicht ansprechbar zu sein – Vorrang hatte das Studium der Perspektive. Demonstrativ verachtete der Bildhauer Donatello in der Bankenstadt Florenz das Geld – Besucher seines Ateliers durften sich aus einem Kästchen bedienen. Und wenn einem Auftraggeber eine Plastik zu teuer war, haute sie Donatello schon mal vor den Augen seines Kunden zu Klump. Je exzentrischer, so scheint es, desto besser für den Nachruhm, den die Gesellschaft zuvor ausschließlich siegreichen Heerführern vorbehalten hatte.

Aber war der Anbruch ihrer goldenen Ära auch den Florentinern bewusst? Relativ früh, schon um 1435, registrierte der Autor Matteo Palmieri: »Jetzt kann wirklich jeder Mensch mit nachdenklichem Geist Gott dafür danken, dass es ihm vergönnt war, in diesem neuen Zeitalter geboren zu sein, das doch so voller Hoffnungen und Versprechen ist, das sich schon jetzt eines größeren Aufgebots an edlen Seelen erfreut, als die Welt in den tausend vorangegangenen Jahren gesehen hat.«

Wirklich »jeder Mensch«? Oder haben am Ende jene Geschichtsschreiber recht, die in der Renaissance nur eine

Episode des Mittelalters sehen wollen und keineswegs sein Ende? Ein toskanischer Kleinbauer hatte auch seinerzeit kaum die Chance, Bildung zu erwerben, und fürchtete die ewige Verdammnis noch so sehr wie Raubzüge marodierender Söldnerheere oder die Pest, die zuletzt 1348 in der Toskana gewütet hatte. Ständige Kleinkriege der verbündeten Republiken Florenz und Venedig gegen die Herzöge von Mailand, gegen Truppen des Papstes oder des Königs von Neapel überschatteten die Renaissance.

Zwar verachtete der weise Bankier Cosimo de' Medici (1389–1464) – Literat, Kunstmäzen und Stifter der ersten öffentlichen Bibliothek Europas sowie einer »Platonischen Akademie« – jede Gewalt als Mittel der Politik, wie später auch sein Enkel Lorenzo (1449 bis 1492). Beide waren machtbewusste Renaissance-Menschen comme il faut, dazu virtuose Ausnahme-Diplomaten. Geschickt hatten sie durch Ämterpatronage und üppige Geldspenden die demokratische Verfassung der Kaufmannsrepublik ausgehebelt und Florenz »eine verschleierte, aber abgesicherte Diktatur« (Cleugh) verpasst, die es ihnen erlaubte, auch ohne offizielles Amt an allen Fäden zu ziehen.

Sie schreckten auch vor Grausamkeit nicht zurück: In Barbarei endete ein Komplott, das die Bankiers-Dynastie Pazzi, Konkurrenten der Medici, mit Billigung von Papst Sixtus IV. und dem Florentiner Erzbischof gegen Lorenzo de' Medici angezettelt hatte. Während eines Hochamts im Dom erstachen die Verschwörer Lorenzos Bruder Giuliano und verwundeten Lorenzo, der sich in die Sakristei retten konnte. Noch an diesem 26. April 1478 wurden zwei der Attentäter sowie der Erzbischof im Palazzo Vecchio, dem Sitz der Stadtregierung, an den Fensterkreuzen aufgehängt; etwa 80 Pazzi-Vertraute starben auf den Straßen – gelyncht von Anhängern der Medici.

Am Tag darauf schnappten sie sich auch Jacopo, das geflüchtete Oberhaupt der Familie Pazzi. Er wurde sogleich hingerichtet und schließlich zweimal wieder ausgegraben, bevor der Pöbel den Leichnam, übel zugerichtet, in den Arno warf. Als die Toten vor den Fenstern des Palazzo Vecchio verwesten und entfernt werden mussten, befahl der Magistrat, die Hochverräter kopfüber hängend auf die Palastwand zu malen. Das erledigte kein Geringerer als Sandro Botticelli, dessen »Geburt der Venus« (1484) man heute als Fanal dieser Epoche verehrt.

Peter Glotz

DER SEKRETÄR DER WELT

Er war ruchlos, zynisch, genial. Er gilt als erster Journalist. Pietro Aretino war ein Aufsteiger aus ärmlichen Verhältnissen, der Umgang mit den Größten seiner Zeit pflegte und zu beachtlichem Vermögen gelangte. Nicht immer ganz anständig, schreibt Peter Glotz.

Tintoretto hatte die Decke in seinem Zimmer gemalt, es gab Statuen von Sansovino, Medaillons von Alessandro Vittoria, Gemälde von Tizian und Sebastiano del Piombo. Neben sachlichen Bezeichnungen - Feuilletonist, Satiriker, Pasquillant - setzte es auch bitterböse Charakterisierungen. Spottvogel, Glossator, Erpresser mögen noch hingehen. Viele hießen ihn aber auch eine giftige Kröte, einen Antichrist und Hurensohn. Er selbst nannte sich arrogant und selbstironisch den »Sekretär der Welt«. Pietro Aretino, geboren 1492 in Arezzo als Sohn eines Schusters und einer Dirne, gestorben 1556 als gefeierter und gefürchteter großer Kommunikator in Venedig, war eine der umstrittensten Figuren der Hochrenaissance.

Die Spezialität, für die Aretino berüchtigt und berühmt wurde, würden wir heute als »investigativen Journalismus« bezeichnen: Dieser »Meister der präzisen Beschreibungen von Sexualakten und Meister moralischer Maximen« (Hermann Kesten) verdiente sein Geld mit Lob und Schmähungen, seine Briefe, Sonette und Versepen griffen brutal und realistisch ins Leben der Päpste, Kardinäle, Fürsten und Condottieri und machten sie berühmt – oder unmöglich. So schaffte er sich hohe Gönner und rasende Feinde; er lebte, wie er selber sagte, »vom Schweiße seiner Tintenfässer«, und er lebte vorzüglich. Allerdings: Der Landsknecht der Feder, dieser ungebildete, aus dem gemeinen Volk Arezzos aufgestiegene Pornograph und Hagiograph war nicht nur ein erpresserischer Aufdecker, er war auch ein Genie. Weil er weder Latein noch Griechisch verstand, schrieb und publizierte er auf italienisch. Damit machte er die Haussprache seiner Klasse zur Literatursprache. Gegen den erstarrten, von Petrarca bestimmten Kanon seiner Zeit setzte er Natürlichkeit, Witz, Phantasie. Seine Figuren redeten, wie ihnen der Schnabel gewachsen war, seine Dialoge kamen frech, spöttisch und illusionslos daher, seine Texte waren spannend, voll grausamer Menschenkenntnis und indiskreter Offenheit. Aretino war ein »Sünder«, wie man zu seiner Zeit sagte, ein von sich selbst berauschter, bedenkenloser, verschwenderischer, großzügiger, maßloser und völlig respektloser Draufgänger. Aber eben auch ein hinreißender Erzähler und entlarvender Satiriker. Honoré de Balzac nannte ihn den »Voltaire seines Jahrhunderts«. Dieser toskanische Literat war die »Zeitung von Europa«.

Möglich war dieses Leben nur in der Renaissance. Der Glaube war keine Klammer mehr, die moderne Staatlichkeit gerade erst im Entstehen, Gewalt, Intrige, Klientelismus und Geld bestimmten die Politik. Niemand hat diese Welt präziser beschrieben als Niccolò Machiavelli. In dieser Atmosphäre von Bestechlichkeit, Nepotismus, überfeinerter Sexualität und selbstverständlich angewandter Macht, in der Umgebung verschwenderischer Päpste (Leo X.), hurender Kardinäle, tollkühner Söldnerführer und rivalisierender Dynastien machte sich Pietro Aretino zur Litfaßsäule. Wie man an den »Pasquino« – den Torso einer antiken Marmorgruppe nahe der Piazza Navona in Rom – Verse und anonyme Attakken heftete, so konnte man an der lebenden Säule namens Aretino den Unmut über das vatikanische Intrigenleben oder die Sodomie eines Kardinals affichieren. Aretino war der Spiegel der Zeit, das große Sprachrohr, die wirksamste Stimme des Zeitgesprächs, der (oft genug höchst egozentrische) Vermittler par excellence.

Über die ersten 25 Jahre im Leben dieses Hochgekommenen, der sich mangels großer Herkunft »der aus Arezzo« nannte, ist Gesichertes nicht bekannt. Er absolvierte das, was man vierhundert Jahre später im amerikanischen Kapitalismus eine Tellerwäscherkarriere genannt hätte. Sein Aufstieg begann als Günstling, Sekretär und »Pressereferent« des römischen Bankiers Agostino Chigi. Aus dessen Haus geriet er an den päpstlichen Hof, in die Umgebung des mächtigen Kardinals Giulio de' Medici, in die höchsten Kreise der damaligen Welt.

Der Kommunikator Aretino war stets im Zentrum des Getümmels: Machtkämpfe funktionieren nicht ohne Gesprächsanwälte. Aretino war der vitalste, raffinierteste, am besten informierte. Allerdings einer ohne Standesrecht und Unparteilichkeitsverpflichtung. Er war so parteiisch, daß er nach dem Tod Leos X. (und der Wahl des strengen Nachfolgers, Hadrian VI.) aus Rom verschwinden mußte. Irgendwann in einer Sommernacht des Jahres 1525 hatten ihn gedungene Strauchdiebe vom Pferd geholt und mit Messerstichen schwer verletzt. Ruhe fand dieser Dokumentarist seiner Zeit in Venedig, unter dem Schutz des Dogen Andrea Gritti. Dort schuf er sich ein fürstliches Haus am Canal Grande, dort schrieb er seine Kurtisanengespräche, Komödien, Heiligengeschichten und Briefe. Aretino, nie verheiratet, hatte einen Harem und eine Kavalkade von Schnorrern und wirklichen sowie angeblichen Künstlern um sich, eine

Wolke feiner Besucher und handverlesener Kundschafter. Er besorgte ein gewaltiges Vermögen und gab es ungesäumt wieder aus. So wurde er zur Legende: zum Mäzen, großen Gastgeber, Kampagnengeneral, Beziehungsvirtuosen und Luxusmenschen.

Seine einzige Tragödie, »Die Horatier«, taugt nicht viel, sie glorifiziert im Stil der Zeit einen hirnlosen Helden, der seine Schwester »für Rom« schlachtet. Und die erbaulichen Heiligengeschichten waren nichts anderes als – höchst erfolgreiche – Konzessionen an Kirche und Zeitgeist. Seine Briefe, Komödien und Spottverse aber, nicht für die Nach-, sondern für die Mitwelt geschrieben, sind komisch, lebendig, zynisch und spannend, die besten Stücke auf dem Niveau von Rabelais oder gar Heinrich Heine. Wer sich ein großes Vergnügen machen will, besorge sich die »Gespräche«, in denen zwei Huren, Nanna und Antonia, beraten, was aus der Tochter Nannas, Pippa, einer schönen 16jährigen, werden soll: Nonne, Gattin oder Kurtisane. Dieser Text ist ruchlos, amüsant, realistisch und weise. Der proklamierte Antihumanismus des Aretino ist ehrlicher als zwei Eisenbahnwaggons voll antikisierender Dramen von Friedrich Schiller bis Botho Strauß.

Klaus Wagenbach

EIN GECK IM KLOSTER

In den ebenso kahlen wie eindrucksvollen Hügeln südlich von Siena findet sich das Kloster Monte Oliveto Maggiore. Dort setzte sich um 1500 der Maler Sodoma in einem Fresko frech ein Denkmal. Seinen Zeitgenossen galt er als Schmierant. Verleger Klaus Wagenbach schreibt 500 Jahre später eine Gegendarstellung.

Die Crete südöstlich von Siena sind eine - auch durch Maler wie Ambrogio Lorenzetti oder Simone Martini - berühmt gewordene Landschaft: kahle Ton- und Lehmhügel mit schroffen Abbrüchen, in fortwährend wechselnden grauen, braunen, roten Erdfarben. In diese bizarre Landschaft zog sich 1313 ein vierzigjähriger Rechtsgelehrter aus Siena, Bernardo Tolomei, zurück und gründete das Kloster Monte Oliveto Maggiore. Sechs Jahre später wurde die (benediktinische) Ordensregel der »Olivetaner« approbiert, von einer Berühmtheit der Zeit, dem Bischof Guido Tarlati aus Arezzo, den der Papst bereits vier Jahre später exkommunizierte.

Bildung, Einsamkeit, Selbstbehauptung prägten das Kloster auf lange Zeit, insbesondere in den Blütejahren um 1500, in denen Luca Signorelli und Sodoma beauftragt wurden, den Kreuzgang mit Szenen aus dem Leben des heiligen Benedikt zu schmücken, seit langem eine der großen künstlerischen Attraktionen der Toskana.

Luca Signorelli kennt und schätzt alle Welt, zu Recht. Sodoma gilt als zweitrangig, zu Unrecht. Der Grund ist nicht die (wie bei vielen Malern) schwankende Qualität seiner Malerei, sondern die üble Nachrede, fast noch zu seinen Lebzeiten, in Giorgio Vasaris Künstlerbiographien: »Giovanni Antonio Bazzi wurde durch mehrere Kaufleute nach Siena berufen. Er schloß viele Freundschaften, mehr weil die Bewohner jener Stadt Fremden sehr geneigt sind, als wegen seiner Verdienste als Maler. Er hatte immer Knaben und ganz junge Leute bei sich, weshalb er Sodoma genannt wurde.

Weit entfernt aber, sich darüber zu erzürnen, rühmte er sich dessen vielmehr, dichtete Stanzen darauf und sang sie zur Laute. Es ergötzte ihn, allerlei wunderliche Tiere zu Hause zu haben: Dachse, Eichhörnchen, Affen, Meerkatzen, Zwerg-Esel ... Außerdem besaß er einen Raben, den er reden lehrte. Alle diese Tiere liefen ungescheut im Hause umher und führten die tollsten Concerte auf. Diese Wunderlichkeiten und seine Malereien, unter denen doch einiges Gute war, erwarben ihm bei den Sienesen (das heißt bei dem niedern Volk, denn die Vornehmen kannten ihn besser) einen Namen, so daß er vielen für einen großen Mann galt ... Die Mönche in Oliveto nannten ihn seiner Torheiten willen Mattaccio, Erznarr. Während Mattaccio zu Monte Oliveto malte, traf es sich, daß ein Edelmann aus Mailand daselbst als Mönch eingekleidet wurde, der nach damaliger Sitte einen gelben Umhang mit schwarzer Posament-Verzierung trug; diesen Umhang gab der Ordensgeneral an Mattaccio, und dieser malte sich darin in dem Bild, worin der heilige Benedikt, fast noch ein Kind, einen Holztrog, den er zerbrochen hatte, wunderbar wieder herstellt, sich selbst zu Füßen brachte er seinen Raben, einen Affen und andere seiner Tiere an.«

Dieses Fresko, eines der großen Selbstporträts der Renaissance, um 1505 gemalt und also einen knapp Dreißigjährigen zeigend, ist gut erhalten und befindet sich an prominenter Stelle im Kreuzgang, in der Nähe des Eingangs der

Klosterkirche. Ebenso prominent die Stellung des Künstlers im Bild: Er steht in der Mitte, den Kopf im Zentrum der Säulenflucht eines Tempels. Rechts neben ihm vermutlich seine Frau, die noch einmal, nackt, als Eva, in einer »Höllenfahrt Christi« in der Pinakothek Siena auftaucht. Ja, darüber hat sich schon der Vasari-Kenner Paul Barolsky gewundert, wie Vasari plötzlich gegen Ende seiner Sodoma-Biographie von einer Frau spricht ...

Freilich, ein Liebhaber von Männerkörpern war Sodoma zweifelsohne: Ein Fresko rechts vom Eingang zur Klosterkirche zeigt Christus fast als Liebesporträt, und offensichtlich stand derselbe junge Mann auch für eine Geißelung Christi (ebenfalls in der Pinakothek Siena) Modell, von der sich allerdings nur ein Fragment erhalten hat. Und wie kommt es, daß Vasari zu den Tieren um Sodoma einen Affen hinzuerfindet? Es handelt sich um eine höchst hintersinnige Beleidigung, die Bezug nimmt auf eine Geschichte des Dichters Franco Sacchetti über den schon genannten Bischof Tarlati, ebenfalls Besitzer eines Affen, der als rechter Nachäffer tagsüber gemalte Fresken nachts verschmierte.

Kurz, für Vasari war Sodoma nicht mehr als ein schwuler Schmierant. In Wahrheit paßte ihm Sodomas Mangel an jener Würde nicht, die ihm Voraussetzung für den wahren Künstler war.

Uns Heutige freut solcher Mangel eher, wir genießen diesen Geck und Spaßmacher, der sich einen reichlich großen Mantel ausborgt samt einem Schwert, das er sicher nicht zu führen weiß. Der sich frech zum Zentrum eines Bildes macht und deutlich auf die Seite der Moderne schlägt; denn die beiden ersten Jahrzehnte des 16. Jahrhunderts waren ja bestimmt vom Durchbruch der *maniera moderna*, und diesen Epochenbruch macht Sodoma auf seinem Bild exemplarisch sichtbar.

Links die fromme, abgeschlossene alte Welt, mit Urväter

Hausrat und Hausgetier sowie frommen Gesten und Blicken, zur Mitte hin deutlich abgeschlossen von einem Pilaster mit Grotesken. Diese »Grotesken« waren damals das Allermodernste, anderthalb Jahrzehnte zuvor in den Kellern der Nero-Villa Domus aurea in Rom gefunden. Daran anschließend rechts die neue Welt, offen, mit Blicken in die Landschaft durch Triumphbogen und Tempel, an dessen Säulenkapitell der wundersam wiederhergestellte Holztrog förmlich als Museumsstück hängt. Bevölkert mit seltsamem Getier und mit Menschen, die nicht himmeln, sondern um sich schauen, den Betrachter fixieren. Wir sehen sie, sie blicken zurück!

Herfried Münkler

DIE SCHULE DER MACHT

Niccolò Machiavelli tat, was geschasste Politiker bis heute tun: Er schrieb Bücher. Aber selten sorgte ein politisches Traktat für einen so starken Nachhall wie Machiavellis* Der Fürst. *Warum das Werk bis heute gelesen wird, kann keiner so gut erklären wie der Berliner Politikwissenschaftler Herfried Münkler.

Nahe San Casciano, einer Kleinstadt südlich von Florenz, liegt, umgeben von Olivenhainen, das Dörfchen Sant' Andrea in Percussina: eine Kapelle auf einer Anhöhe, ein Ziehbrunnen auf einem kleinen Platz, ein paar Häuser entlang einer wenig befahrenen Straße. Im Norden fällt das Gelände zum Arno-Tal hin ab, so daß man Florenz von hier aus gut sehen kann. Sicherlich hat Niccolò Machiavelli hier oft gestanden und sehnsüchtig hinübergeblickt zu der Stadt, deren politisches Geschick er 14 Jahre lang in wichtigen Funktionen mitbestimmt hatte, bis man ihn nach der gewaltsamen Rückkehr der Medici seiner Ämter enthob und schließlich aus Florenz verbannte – hierher nach Sant' Andrea, wo Machiavelli ein kleines Landgut besaß, das er wenige Jahre zuvor geerbt hatte. Machiavelli hat sich in Sant' Andrea nicht wohl gefühlt. Ihm fehlte das hektische Treiben, die Stadtluft, der Umgang mit seinesgleichen. Am meisten aber fehlte ihm die politische Tätigkeit, die Nähe zur Macht. Um jeden Preis wollte er zurück nach Florenz, zurück in die Politik, und er war bereit, sich dafür bis aufs äußerste zu demütigen. Man solle für ihn bei den Medici ein gutes Wort einlegen, schrieb er Freunden, die den politischen Umschwung im Herbst 1512 glücklicher überstanden hatten. Alle Bitten halfen nichts: Entweder man tat nichts für den Verbannten, oder man stieß bei den neuen Machthabern auf taube Ohren. Machiavelli galt als ein überzeugter Anhänger der kleinbürgerlich dominierten Republik; bei der Wiedererrichtung und Stabilisierung des großbürgerlich-aristokratischen Regimes der Medici war er kaum zu gebrauchen: Seine Wiederverwendung hätte ein erhebliches Sicherheitsrisiko bedeutet.

So war der Mann, der über viele Jahre eine hektische politische Aktivität entfaltet hatte, der bis nach Deutschland und Frankreich gereist war, um die Florentiner Interessen zu vertreten, nun zur Untätigkeit verdammt. Machiavelli tat, was viele Politiker tun, wenn sie die Macht abgegeben oder verloren haben: Er begann zu schreiben. Aber im Unterschied zu den meisten schreibenden Ex-Politikern ging es ihm nicht – oder doch nur nebenbei – um die Rechtfertigung der eigenen Rolle in den zurückliegenden Jahren, sondern um die Bestimmung der zukünftigen Aufgaben und um eine Sichtung der Mittel und Methoden, die bei ihrer Bewältigung vonnöten sein konnten. So ist hier in Sant' Andrea im Sommer und Herbst des Jahres 1513 ein Buch entstanden, das wie wohl kein anderes das politische Denken in Europa bestimmt und geprägt hat: »Il Principe« – »Der Fürst«. Er habe eine kleine Schrift »De principatibus« verfaßt, teilte Machiavelli am 10. Dezember 1513 seinem Freund Francesco Vettori mit, dem Florentiner Botschafter an der römischen Kurie. Ein Buch, »in dem ich so tiefgründig, wie es mir möglich ist, dieses Thema auslote und darlege, was Fürstentümer sind, in welchen Formen es sie gibt, wie man sie erwirbt, wie man sie erhält, warum man sie verlieren kann«. Was Machiavelli anbietet, ist, wie man heute sagen würde, Politikberatung: politische Grundsatzüberlegungen, Situationsanalyse, Bewertung von Optionen, Handlungsvorschläge. Machiavelli scheint nicht im mindesten vorausgeahnt zu haben, welchen Aufschrei der Empörung dieses Buch auslösen würde, denn er fährt in seinem Brief fort: »Nach der Lektüre meines Schriftchens wird man davon überzeugt sein, daß ich meine 15 Jahre Studium der Staatskunst nicht verträumt noch vertrödelt habe, und einen Mann, der seine Erfahrungen bei anderen gemacht hat, sollte man doch überall gerne zum Dienst heranziehen.« Auf den ersten Blick nimmt es sich fast naiv aus, wenn Machiavelli versichert: »An meiner Treue ist kein Zweifel erlaubt; da ich immer die Treue gehalten habe, kann ich jetzt nicht mehr lernen, sie zu brechen; wer die 43 Jahre, die ich alt bin, immer treu und redlich war, kann seine Natur nicht mehr ändern, und schließlich zeugt für meine Treue und Redlichkeit meine Armut.«

Der Mann, der den Herrschern Lug und Trug, Verrat und Grausamkeit als Mittel des politischen Erfolgs anempfohlen hat, versucht zu reüssieren, indem er sich selbst als treu und redlich darstellt Aber ist dies wirklich so naiv? Im »Principe« hat Machiavelli, nachdem er den Politikern dringend empfohlen hat, Versprechen und Verträge bedenkenlos zu brechen, wenn dies zu ihrem Vorteil sei, ergänzend hinzugefügt: »Wären die Menschen alle gut, so wäre dieser Vorschlag nicht gut; da sie aber schlecht sind und das gegebene Wort auch nicht halten würden, hast du auch keinen Anlaß, es ihnen gegenüber zu halten.« Eine solche Regierungsmaxime mußte natürlich auch auf Machiavelli selbst Anwendung finden können. Welche Sicherheiten konnte er den Medici bieten, daß er, in seinem Amte zurückgekehrt, nicht gegen sie konspirieren und sein Wort brechen würde? Nein, die von ihm selbst dargelegte Logik von Machterwerb und Machterhalt sprach *gegen* seine Wiederverwendung.

Also suchte Machiavelli nach Sicherheiten, die er bieten konnte: Seine Armut zeuge davon, daß er selbst kaum gemäß den von ihm dargelegten Regeln der Machtpolitik zu handeln vermöge. »Man muß dafür Verständnis haben«, schreibt er im »Principe«, »daß ein Herrscher, und vor allem ein solcher in einer neu gegründeten Herrschaft, nicht alles beachten kann, wodurch die Menschen in einen guten Ruf kommen, sondern oft gezwungen ist, gegen Treue, Barmherzigkeit, Menschlichkeit und Religion zu verstoßen, eben um die Herrschaft zu behaupten. Darum muß er die Seelenstärke haben, sich nach den Winden des Glücks und dem Wechsel der Verhältnisse zu richten und ... vom Guten so lange nicht abzugehen, wie es möglich ist, aber im Notfall auch verstehen, Böses zu tun.« Solchen Anforderungen, so Machiavelli, genüge er selbst nicht, denn Treue und Loyalität seien ihm durch lange Gewohnheit habituell geworden. Wäre es anders, so die implizite Überlegung, befände er sich jetzt nicht in Sant' Andrea in der Verbannung, sondern hätte, wie so viele andere, rechtzeitig die Kurve von der Republik zur Medici-Signorie bekommen. Er selbst sei von Temperament und Habitus kein Politiker, sondern ein Beamter, keiner, der nur den Anschein der Treue erwecke, sondern einer, der wirklich treu sei. Das wiederum spreche für seine Wiederverwendung. Bekanntlich hat Machiavellis subtile Argumentation bei den Medici nicht gezogen. Sie waren allenfalls bereit, ihm Forschungsaufträge zu geben: einen Verfassungsentwurf, eine Geschichte von Florenz. Der Mann, den es drängte, selber Politik zu machen, wurde ins Politik-Denken abgedrängt. Aus dem ersehnten Handeln wurde Probe-Handeln, theoretisches Durchspielen. Und Machiavelli durchdachte die Möglichkeiten politischer Entscheidungen mit einer bis dahin unbekannten Radikalität und Grundsätzlichkeit. »Viele«, so die Grundthese seines »Principe«, »haben sich Vorstellungen von Freistaaten und

Alleinherrschaften gemacht, von denen man in Wirklichkeit weder etwas gesehen noch gehört hat; denn zwischen dem Leben, wie es ist, und dem Leben, wie es sein sollte, ist ein so gewaltiger Unterschied, daß derjenige, der nur darauf sieht, was geschehen sollte, und nicht darauf, was in Wirklichkeit geschieht, seine Existenz viel eher ruiniert als erhält. Ein Mensch, der immer nur das Gute möchte, wird zwangsläufig zugrunde gehen inmitten von so vielen Menschen, die nicht gut sind.«

Von dieser Überlegung hat Machiavelli jene Ratschläge abgeleitet, die ihn berühmt und berüchtigt gemacht haben: Ein Politiker solle und dürfe sich nur so lange an Moralgesetzen orientieren, wie dies mit der erfolgreichen Bewältigung seiner Aufgaben vereinbar sei; er solle, wenn er politische Geschenke mache, diese nicht aus den Steuern der Bürger, sondern aus dem konfiszierten Besitz seiner Feinde finanzieren; müsse er Grausamkeiten verüben, so solle er dies schnell und zügig tun, um dann wieder zu einer Politik der Rechtssicherheit zurückzukehren; vor allem aber sei es zweckmäßig, wenn die Eigenschaften, die von Schriftstellern und Philosophen an Politikern so sehr gepriesen würden, nämlich Klugheit, Gerechtigkeit, Seelenstärke und Selbstbeherrschung, ihm nicht derart in Fleisch und Blut übergegangen seien, daß er nicht auch ganz anders handeln könne, wenn die Lage dies erfordere. Besser, als diese Eigenschaften wirklich zu besitzen, sei es darum, den *Anschein* zu erwekken, man besitze sie.

Was Machiavelli hier empfahl, war keineswegs neu. Unter seinen Zeitgenossen ebenso wie in der antiken Historiographie fanden sich genügend Beispiele, an denen er das geforderte Verhalten und Handeln exemplifizieren konnte. Neu war dagegen die unverhüllte Form, in der er dies nicht nur beschrieben, sondern auch als Königsweg politischen Erfolgs empfohlen hat. Als er den »Principe« gelesen habe, so

Kardinal Reginald Pole, habe er sogleich erkannt, daß dieses Buch aus der Feder des Teufels stamme. Poles Anathema hat das Urteil über Machiavelli für viele Jahrhunderte geprägt: »Il Principe« kam auf den Index, und Machiavellis Name wurde zum Inbegriff des Bösen und Abgründigen; bis heute kommt die bezüglich eines Politikers getroffene Feststellung, er sei ein Schüler Machiavellis, eher einer Desavouierung als einer Respektbezeugung gleich. Und dennoch gilt bis heute auch, was Christopher Marlowe (1564–93) im Prolog seines Stücks »Der Jude von Malta« Machiavelli sagen läßt: »Es staunt mich an, wer mich am meisten haßt; /Wenn man auch offen meine Bücher schilt, / Liest man sie doch und kommt durch sie empor!« Tatsächlich scheint Machiavellis »Principe« zur bevorzugten Lektüre gekrönter und ungekrönter Häupter in der Politik gehört zu haben: Von Karl V. und Heinrich III. bis zu Benito Mussolini und Adolf Hitler heißt es, sie seien eifrige Leser Machiavellis gewesen.

Was aber hat Machiavelli im Herbst 1513 dazu veranlaßt, so unverblümt zu beschreiben, was viele Politiker tatsächlich tun und denken? Entscheidend war wohl, daß Machiavelli die Motive seines eigenen politischen Scheiterns ergründen wollte. In seinen fast gleichzeitig mit dem »Principe« verfaßten »Discorsi« behauptet er, daß Staatsumwälzungen, die gänzlich unblutig verliefen, nur selten zu dauerhaften Ergebnissen führten. Er erläutert dies an zwei Beispielen aus der römischen Geschichte: an der Vertreibung des Königs Tarquinius Superbus aus Rom, die auf Initiative des Lucius Iunius Brutus erfolgte, und an der Hinrichtung der Söhne ebendieses Brutus, auf der ihr inzwischen zum Konsul gewählter Vater bestand, weil diese sich an einer Verschwörung gegen die neugegründete Republik beteiligt hatten. Aphoristisch verkürzt lautet Machiavellis Resümee: »Wer sich zum Alleinherrscher aufwirft und den Brutus nicht tötet, oder wer einen Freistaat gründet und die Söhne des Brutus nicht beseitigt, wird sich nicht lange halten.« Diese Maxime nicht befolgt zu haben macht Machiavelli Piero Soderini zum Vorwurf, dem Staatsoberhaupt der Republik, deren Beamter er gewesen war und deren Untergang seinen Sturz nach sich gezogen hatte. Soderinis Politik gegenüber den Feinden der Republik bestand darin, »durch Geduld und Güte mit der bösen Gesinnung fertig zu werden und durch Wohltaten für den und jenen deren Feindschaft versöhnen zu können ... Aber seine Meinung täuschte ihn; er sah nicht ein, daß Böswilligkeit weder durch die Zeit ausgeglichen noch durch Geschenke versöhnt wird. So verlor er, weil er dem Brutus nicht zu gleichen wußte, gleichzeitig mit seiner Heimat Herrschaft und Ansehen.«

Piero Soderini, so Machiavellis mehrfach wiederholte These, entsprach ganz dem in der Literatur aufgestellten Bild des idealen Politikers. In allem, was er tat, verfuhr er mit Menschlichkeit und Geduld. »Er machte sein Vaterland glücklich, solange seine Handlungsweise mit den Zeitverhältnissen in Einklang stand. Als aber später Zeiten kamen, wo es nötig war, mit Geduld und Nachgiebigkeit Schluß zu machen, verstand er dies nicht und scheiterte zusammen mit seinem Vaterland.« Das Bild des erfolgreichen Politikers, das Machiavelli im »Principe« entworfen und propagiert hat, war also eine aus persönlichem Scheitern erwachsene Kritik am klassisch-humanistischen Politikerideal. Es gebe zwei Arten der Auseinandersetzung, erklärte er, »die mit Hilfe des Rechts und die mit Gewalt. Die erstere entspricht dem Menschen, die letztere den Tieren.« Cicero und andere Autoren hatten daraus den Schluß gezogen, daß nur die rechtsförmige Auseinandersetzung menschenwürdig sei; Machiavelli dagegen kam zu dem Ergebnis, daß ein Politiker, der an der Rechtsförmigkeit der Konfliktaustragung auch dann festhält, wenn seine Gegner schon längst zu Gewaltmitteln gegriffen haben, zum Scheitern verurteilt ist. »Deshalb muß ein Herrscher gut verstehen, die Natur des Tieres und des Menschen anzunehmen.«

Der Politikwissenschaftler Karl W. Deutsch hat einmal Macht als das Vorrecht definiert, nicht lernen, das heißt, sein Verhalten und seine Orientierungen nicht ändern zu müssen. Demnach wäre Ohnmacht gleichbedeutend mit erhöhtem Lernzwang. Der nach Sant' Andrea verbannte Machiavelli hat ganz offenkundig unter solchem Lernzwang gestanden. Gescheitert in seinen politischen Zielsetzungen wie in seiner persönlichen Karriere, versuchte er nun zu begreifen, wie es dazu gekommen war und wie er dies hätte vermeiden können. Dabei stieß er auf die Eigengesetzlichkeit von Machterwerb und Machtsicherung, die sich weder in moralphilosophischen noch in theologischen Kategorien fassen ließ, und er erhärtete an zahllosen Beispielen seine Vermutung, daß es keine Technik des Einsatzes von Machtmitteln gebe, die grundsätzlich und immer erfolgversprechend sei, sondern daß sich deren Effizienz mit den äußeren Umständen ändere. Politischer Erfolg hängt danach an der richtigen Beurteilung der Lage und an der Wahl einer für diese Lage adäquaten politischen Strategie. Machiavelli hat damit an die Stelle theologischer oder moralphilosophischer Vorgaben für politisches Handeln die Orientierung am Erfolg gesetzt. Die Härte und Ausschließlichkeit, mit der er dies getan hat, hatte sicherlich auch mit den Mißerfolgen zu tun, die er im Herbst 1511 schriftstellerisch zu verarbeiten suchte.

Machiavelli hat weniger das Denken und Handeln der Politiker verändert als vielmehr offen ausgesprochen, nach welchen Maßstäben erfolgreiche Politiker immer schon handelten. Dabei ging es ihm freilich – über die bloße Feststellung dieses Umstandes hinaus – darum, zu beraten und zu belehren. Zunächst dachte er ganz generell an die Medici, die nunmehr in Florenz das Sagen hatten, später wandte er sich speziell an zwei Angehörige dieser Familie, von denen er erhoffte, sie würden in Norditalien einen mächtigen Staat begründen. Im Italien des 19. Jahrhunderts ist Machiavelli darum als erster Risorgimento-Autor gefeiert worden Hier habe er, lautet die an seinem Landhaus in Sant' Andrea angebrachte Gedenktafel, in Zeiten der Demütigung über die nationale Einigung seines Vaterlandes nachgedacht. Die Ehrenrettung des über Jahrhunderte Verfemten erfolgte, indem man ihn zum Nationalisten erklärte.

Dabei ist Machiavelli genausowenig ein Nationalist im Sinne des 19. Jahrhunderts gewesen, wie er jener teuflische Verderber der Politik war, als der er vor allem im 17. Jahrhundert dargestellt wurde. Tatsächlich ist er vor allem ein glühender Republikaner gewesen, der unter dem Eindruck der schweren Krise der Republik Florenz darüber nachdachte, wie die Republik zur Not auch auf nicht-republikanischen Wegen erneuert werden könne. Der von ihm angesprochene Fürst sollte dabei bloß als Staatsgründer dienen, auf keinen Fall sollte er eine erbliche Monarchie begründen, sondern den Weg freimachen für republikanische Institutionen. Machiavelli war ein Denker, der nicht über die stabile, sondern über die bedrohte Republik nachgedacht, der die Politik nicht vom Normalfall, sondern von der Ausnahmesituation her erschlossen hat. Vor allem dieser Ansatz hat Machiavellis Denken so faszinierend und so abgründig gemacht.

In Italien ist Machiavelli bis heute der Theoretiker geblieben, auf den man sich beruft, wenn man beansprucht, die Dauerkrise des Staates überwinden zu wollen. Dabei gibt es keinerlei Festlegung auf politische Lager. Als in den zwanziger Jahren Mussolini Machiavelli als Kronzeugen bei der Errichtung des faschistischen Staates aufbot, beschäftigte sich gleichzeitig der von Mussolini eingekerkerte Antonio Gramsci, der Kopf der italienischen Kommunisten, mit Machiavelli und dechiffrierte die Kommunistische Partei als die Kraft, die nunmehr die von Machiavelli dem Fürsten zugedachte Aufgabe zu übernehmen habe. Der Mann, der bei den Medici keine Gnade gefunden hatte, ist bei den Politikern späterer Zeiten zum Dauerberater geworden - nicht nur in Italien.

Kasimir Edschmid

GRAUSAMES FLORENZ

Der Schriftsteller Kasimir Edschmid unternahm zeitlebens ausgedehnte, mitunter gefahrvolle Reisen. In diesem Text reist er zurück in der Zeit, ins mittelalterliche Florenz, in eine Zeit voller Härten und Grausamkeiten, ohne die zu kennen man das heutige Florenz nicht verstehen kann.

Wer von den Hügeln, die Florenz umziehen, auf die Stadt hinunterschaut, wird sich dem Gefühl nicht entziehen können, daß hier eine Atmosphäre des Zaubers herrscht wie in wenigen Städten der Welt. Es ist nicht allein die Süße des Lebensgefühls und der heitere Dunst, der Florenz umgibt, auch nicht jene unwahrscheinliche Färbung des Himmels, auch nicht jenes beglückende Rot, das mit den Abendstrahlen die Hänge der Berge hinaufzieht, das diese Faszination bringt ... es ist etwas Geheimnisvolleres im Wesen dieser Stadt, die nichts anderes zu künden scheint als Harmonie, Glück und Frieden.

Wer vom Hügel Bellosguardos aus die Domkuppel Brunelleschis, den Campanile Giottos und Arnolfo di Cambios Palazzo Vecchio vor dem Horizont erblickt, wer von San Miniatos Hügel aus die Reihe der Brücken, die den Arno in reizvoller Folge überwölben, sieht, wer von der Terrasse Fiesoles aus die Dächer der Palazzi zu beiden Seiten des Ufers in jenes dem Süden eigentümliche Heimatgefühl freundlich eingebettet sieht, der wird, wenn er es nicht weiß, kaum ahnen, daß in dieser Stadt jahrhundertelang die grausamsten Kämpfe ausgefochten worden sind. Als Dante, noch ein Jüngling, in Florenz lebte, wohnte auf dem Bellosguardohügel ein Angehöriger der aus dem germanischen Adel hervorgegangenen und hier ansässig gewordenen Familie der Cavalcanti, Guido Cavalcante, einer der ersten frühen Dichter der italienischen Sprache. Florenz gehörte zeitweise zu den mächtigsten Städten der Welt, also auch zu den reichsten und im Besitze der Macht zu den grausamsten. Die Kämpfe, die damals in der Kommune stattfanden, richteten sich zum Teil gegen die Übermacht des Adels, Guido Cavalcante gehörte zu den Angeklagten, und Dante, der ihn in seiner »Torre«, von der noch Teile stehen, die in die spätere Villa Bellosguardo eingebaut worden sind, besucht hatte, war verpflichtet, seine Stimme gegen ihn abzugeben und das Verdammungsurteil gegen den Minnesänger, der ihm nahestand und den er später pries, auszusprechen.

Florenz war eine Stadt, die sich stets dem imperialen Wesen, das mit der deutschen Kaiserkrone verknüpft war, entgegensetzte; es gehörte zu der Partei der Guelfen, und es vertrieb diejenigen, die an das Friedensreich der Erde in Gemeinschaft der christlichen Könige unter der Führung der großen Kaiser, vor allem der Staufer, glaubten, mitleidlos aus seinen Mauern. Aber in der Partei der florentinischen Guelfen gab es Nuancierungen, welche die Gemüter so weit schieden, daß zwischen der rechtsstehenden Partei der Guelfen und den Ghibellinen wenig Unterschied war. Als seinerzeit die florentinischen ghibellinischen Emigranten im Stile der antiken Helden, die um der Sache des Rechts willen ihre eigene Vaterstadt bekämpften, aus Arezzo heranzogen, um Florenz zu erobern und die Guelfen zu vertreiben – da trat ihnen Dante mit den Florentiner Guelfen entgegen und schlug das Heer der Ghibellinen zurück.

Florenz war ohne Zweifel kein totalitär gerichtetes Staatswesen, aber die Aufspaltung seiner damals regierenden guelfischen Einheitspartei zeigt außerordentlich interessante Parallelen zu Entwicklungen, die in späteren Zeiten in totalitär regierten Ländern vor sich gingen. Es dauerte nicht lange (Dante war gerade auf einer Mission in Rom, Verhandlungen für Florenz führend), daß auch gegen ihn ein Gericht abgehalten und das Verdammungsurteil über ihn ausgesprochen wurde. Er wurde später verschiedene Male zum Tode durch Verbrennung verurteilt, und so wurde sein ganzes zukünftiges Leben eine einzige Emigration. Er schrieb in dieser Zeit seine »Divina Commedia«, während er auf den Schlössern im Casentino und an den Höfen der oberitalienischen Tyrannen, die ihm ja im Grunde politisch und moralisch auch nicht gemäß sein konnten, weilte, aber er wich keinen Augenblick von dem Gefühl, daß Italien geeinigt werden müsse und daß es sich anschließen müsse an den Bund der christlichen Nationen, über welche die deutschen Kaiser die weltliche, die Päpste die geistliche Herrschaft ausüben sollten.

Die Liebe der mittelalterlichen Menschen zu ihrer Heimatstadt, die zumeist auch ihr Staat war, ist so unwahrscheinlich gebunden, daß sie dem Haß wiederum sehr nahe liegt. Dante forderte, als Heinrich der Siebente nach Italien kam, um das Reich der Staufer wieder aufzurichten, diesen auf, Florenz vom Erdboden zu vertilgen, um auf diese Weise die Stadt, die er brennend geliebt und von der er gehofft hatte, daß er einst in ihrem Baptisterium als Dichter gekrönt werden sollte (da, wo er getauft worden war), radikal aus der Geschichte verschwinden zu lassen.

Zwei Jahre nachdem Dante verbannt worden war, kämpfte ein anderer Exilant, der 38jährige Ser Petrarca, in einer Nacht des Jahres 1304 in Gemeinschaft mit anderen ghibellinischen Emigranten aus Florenz, die wiederum einen Putsch gegen das guelfische Florenz versuchten, in der Armee der Rebellen, aber auch dieser Versuch, Florenz wieder ghibellinisch zu machen, schlug fehl. Ser Petrarca verlor die Schlacht, aber am selben Tage wurde ihm sein Sohn Francesco geboren, der als der größte lyrische Dichter Italiens später gefeiert werden sollte. Noch erbitterter wurden die Kämpfe und Schlachtereien, als es sich nicht mehr darum handelte, Ideologien zu verteidigen oder durchzusetzen, sondern als die großen Geschlechter sich gegenseitig um der Macht in der Stadt willen bekämpften. Eine der mächtigsten Sippen war zeitweise die der Albizzi. Sie gerieten in Konkurrenz mit der aufsteigenden Bankiersfamilie der Medici, und diese Fehde endete, wie in den meisten italienischen Städten von Bedeutung, damit, daß das eine Geschlecht das andere vernichtete. Die Medici wurden von den Albizzi vertrieben, aber als Cosimo Medici siegreich wieder in Florenz einzog, ließ er die Albizzi von der Erde verschwinden und gab, der Neigung seiner Familie gemäß, den Auftrag, das Ereignis künstlerisch darzustellen.

Der Mann, der den Auftrag erhielt, ein Schüler des Masaccio, der zuerst die Geheimnisse der Perspektive wiederentdeckt hatte, ein kleiner Hirte, ein Bauernjunge aus der Gegend von Florenz, nach dem Hof, aus dem er stammte, Castagno genannt, ist einer der größten Maler seiner Zeit gewesen. Er gehört in die Reihe jener dämonischen Gestalter wie Piero della Francesca und Signorelli. Er malte das Ende dieser Geschlechterfehde, dem Wunsche Cosimo Medicis zufolge, so wie es war: als das brutale Ende eines internen Krieges, der für die Zukunft von höchster Bedeutung war. In den Fresken an der Wand des Bargello gab Castagno die Gestalten der Albizzi und ihrer Parteigänger wieder, an den Füßen angeseilt, in der Luft schwebend, ein grauenhaftes Wahrzeichen des Medici-Sieges. Diese Fresken machten ihn viel berühmter als sein von unwahrscheinlicher Plastik geformtes Abendmahl. Es übte auf die Menschen, die es sahen (es ist mittlerweile zugrunde gegangen), einen so höllischen Einfluß aus, daß Castagno in der Folge nur noch mit seinem Vornamen Andrea und dem Zusatz »der Henker« genannt wurde. Er malte auch im Dom von Florenz ein Bild, das später auf Leinwand übertragen wurde, den Generalkapitän Nicolò Tolentino, der durch Gift umgekommen war und dem die Florentiner, die froh waren, wenn sie ihre siegreichen Feldherren wieder los waren, dieses Denkmal setzten, zum Teil aus Dankbarkeit, zum Teil aus Freude, den gefährlichen Burschen auf diese Weise in der Ewigkeit zu wissen.

Das Gefühl der Unsicherheit und das Empfinden, den Mächten, die kein Recht anerkannten, ausgeliefert zu sein, war damals so groß, daß, wenn ein bekannter Mann starb, man sofort annahm, er sei vergiftet worden. Von Castagno erzählte man übrigens auch, er habe einen seiner Widersacher, einen Maler, in einer engen Gasse totgeschlagen. Aber es läßt sich zufällig beweisen, daß dieser Mann, Domenico Veneziano, vier Jahre länger lebte als Castagno selbst, der an der Pest starb, und also nicht gut von ihm ermordet werden konnte, aber dieses Gerücht, wie viele andere, bezeugen, in welcher Atmosphäre man dauernd in Florenz lebte.

Bekannt ist auch die Verschwörung der Familie Pazzi gegen die Medici. Sie ließen am Altar den jungen und schönen Giuliano Medici ermorden, woraufhin die Medici sie am Turm des Palazzo Vecchio in vollem Schmuck ihrer Kleider und im vollen Ornat der Geistlichen, die zu ihnen gehörten, heraushängen ließen. So kam man zur Herrschaft, und so lebte man. Und auf diesem Boden erst sprossen jene unvergänglichen Werke der Kunst empor, von denen man glauben möchte, daß sie in einer paradiesischen Zeit geschaffen worden seien.

Was die Medici betrifft, so sieht man sie gern lediglich als die Förderer der Kunst, sie waren es auch, aber nur in dem Rahmen, der ihnen paßte und der zur Stärkung oder Verherrlichung ihrer Familie beitrug. Wenige Menschen, welche die neue Sakristei von San Lorenzo in Florenz besuchen, werden sich daran erinnern, unter welchen Umständen die Gestalten Michelangelos geschaffen wurden. Der Meister war Mitte Fünfzig, als die Medici nach manchen Volksaufständen, nach manchem Kommen und Gehen, wieder einmal, nachdem die Republik ausgerufen war, mit spanischer Unterstützung anrückten, um Florenz zurückzuerobern, und Michelangelo war es, der damals als Pioniergeneral die Republik und die Freiheit auf den Wällen von Florenz verteidigte. Als dann Florenz genommen worden war und Alessandro Medici, ein Bastard, der Sohn einer Mulattin, herrschte, hätte er Michelangelo ohne Zweifel ermorden lassen, wenn dieser sich nicht versteckt hätte und dann für immer nach Rom ausgewandert wäre. Während der Zeit der Belagerung aber arbeitete Michelangelo an den Figuren, die nun als Sinnbilder erlesener Ideen den Raum der Sakristei schmücken.

Auch die sogenannte mediceische Akademie existierte in Wirklichkeit gar nicht. Wohl disputierten die Medici-Sprößlinge gelegentlich mit den Gelehrten im Casentino, mit Alberti und Ficino, und so kamen auch die Camaldulensischen Gespräche zustande, aber damit war es wohl auch getan, und wenn die Gelehrten eine spärliche Dotation erhielten, so war dies bereits viel.

Aber auch ohne die Medici - als diese Sippe vertrieben und in Florenz die Republik ausgerufen war - wußten die Florentiner mit ihrer Freiheit nicht das anzufangen, was der Preis jeder Sicherheit sein muß, nämlich das Glück und die Freiheit der Bürger zu wahren. Damals rief Savonarola, ein Mönch aus demselben Kloster, in dem auch der Maler Fra Angelico seine gottseligen Bilder malte, Christus zum Herzog von Florenz aus, erklärte sich als Gottes Statthalter, ergriff die weltliche Gerichtsbarkeit, ließ seine Gegner hinrichten und unterwarf auch alle Äußerungen des Geistes seiner

Gerichtsbarkeit. Savonarola ließ damals eines der berühmtesten Autodafés organisieren, indem er ganz Florenz zwang, nicht nur Kleider, Teppiche, Schmuck und Musikinstrumente, sondern auch Bücher und Bilder auf den Scheiterhaufen zu bringen. Unter seinen Anhängern war ein so sanfter Bewunderer der Schönheit wie Botticelli.

Im Kloster San Marco ist auf zeitgenössischen Bildern dargestellt, wie Savonarola schließlich, als seine eigene Lehre sich gegen ihn selbst kehrte, verbrannt wurde. Auch das Experiment des Gottesstaates, das er in Florenz aufführte, leitete nur zu Verbrechen und Metzeleien. Geht man aber nur drei Schritte hinaus in den Garten des Klosters, den eine große Zeder ausfüllt, so erreicht man sofort wieder jenes Klima der Beseeltheit, die sich über ganz Florenz, trotz des Blutrausches, der zu allen Zeiten geherrscht hat, wolkenschön offenbart.

AUTOREN-VERZEICHNIS

Der Schriftsteller und Gelehrte Sir ***Harold Acton*** wurde 1904 in Florenz geboren. Der Engländer wuchs auf dem großzügigen Landsitz La Pietra vor den Toren der Stadt auf. Später widmete er seiner Vaterstadt eines seiner großen historischen Werke - *Die letzten Medici.* Nach seinem Studium in Oxford und ersten literarischen Erfolgen war Acton sieben Jahre Dozent für Englische Literatur an der Universität Peking. Im Krieg diente er in der Royal Air Force; danach zog er sich in seine Villa La Pietra zurück und beschwor in seinen *Memoiren eines Ästheten* das Bild eines entrückten Florenz, Oxford und Peking. Acton wurde als Commander of the British Empire in den Ritterstand erhoben.

Paula Almqvist war preisgekrönte Reporterin und Kolumnistin beim *Stern*, bevor sie sich als Autorin selbständig machte. Ihre Bücher und Geschichten, die auch in MERIAN erscheinen, kreisen häufig um Gartenthemen. Zuletzt erschienen 2012 ihre Gartenkolumnen in dem Band *Was mir blüht.* Almqvist gärtnert selbst in Hamburg und der Normandie.

Der 1895 geborene Journalist ***Giovanni Ansaldo*** stammte aus einer reichen Genueser Industriellenfamilie. Er machte zunächst Karriere als Chef einer sozialistischen Arbeiterzeitung, um später ein Mussolini-treues Regierungsblatt zu leiten - wobei selbst Mussolini Ansaldos geistige Unabhängkeit würdigte. Nach dem Krieg war Ansaldo Chefredakteur einer liberalen Tageszeitung in Neapel, wo er 1969 hochdekoriert starb.

Wolfgang Boller, geboren 1928 in Mainz, war zunächst Lokalreporter und schrieb dann als Reiseschriftsteller zahlreiche Bücher. In Hamburg arbeitete er für MERIAN und *Die Zeit*.

Der Schriftsteller ***Otto Brües***, 1897 in Krefeld geboren, war den MERIAN-Lesern über Jahre ein wohlvertrauter Autor. Er nahm als junger Mann am ersten Weltkrieg teil, studierte Germanistik und Kunstgeschichte und wurde Feuilletonchef der *Kölnischen Zeitung*. Fasziniert von Adolf Hitler, verbrachte Brües den Zweiten Weltkrieg als Offizier. Danach lebte er als freier Schriftsteller in Krefeld, dessen Ehrenbürger er wurde. In seinem letzten Wohnhaus richtete die Stadt 2012 das »Niederrheinische Literaturhaus« ein. Brües verlebte vor seinem Tod 1967 einige glückliche Monate in Florenz; aus dieser Zeit stammt sein posthum veröffentlichter Text.

Angelika Dietrich, geboren 1970, ist freie Autorin für MERIAN, *Die Zeit* und andere Zeitschriften wie den *Stern*. Dietrich hat Germanistik, Italienisch und Kommunikationswissenschaften in München und Siena studiert sowie Spanisch in Santiago de Compostela. Sie lebt in Starnberg und schreibt über alles, was mit Beruf, Gesellschaft und Familie zu tun hat. Dietrich wurde mit dem Emma-Journalistinnen-Preis ausgezeichnet.

Der Romanist ***Kasimir Edschmid***, 1890 in Darmstadt geboren, gehörte als Schriftsteller und Bohemien zu den Vorkämpfern des Expressionismus. Seine Reisebücher, auch über Italien, entstanden während jahrelanger Reisen in unerschlossene Gebiete Afrikas und Südamerikas. Unter den Nazis wurden seine Bücher verbrannt, seine Lebensgefährtin Erna Pinner, eine jüdische Künstlerin, ging nach England ins Exil. Edschmid, eigentlich Eduard Schmid, war Erster Vizepräsident der Deutschen Akademie für Sprache und Dichtung sowie Generalsekretär und später Ehrenpräsident des deutschen PEN-Zentrums. Er starb 1966 in Vulpera, Engadin.

Carlo Fruttero wurde 1926 in Turin geboren. Er übersetzte Samuel Beckett ins Italienische und war als Verlagslektor tätig. Mit seinem Freund Franco Lucentini gab er zunächst ein Science-Fiction-Magazin und Comics heraus, bevor sie als Autorenduo Fruttero & Lucentini über dreißig Jahre hintergründige Kriminalromane verfassten. Fruttero starb 2012 in der Maremma.

Robert Gernhardt wurde 1937 in Reval geboren (heute Tallinn, Estland), aber infolge des Hitler-Stalin-Paktes mussten alle Deutschbalten ihre Heimat verlassen. Gernhardt wuchs in Göttingen auf, studierte Malerei in Stuttgart sowie Germanistik und Malerei in Berlin. Gernhardt war Redakteur der Satirezeitschrift *Pardon*, Mitbegründer der Neuen Frankfurter Schule und schrieb für die *Titanic*. Seit Mitte der achtziger Jahre bis zu seinem Tod 2006 profilierte sich Gernhardt als einer der wichtigsten deutschen Lyriker. Gernhardt lebte zuletzt in Frankfurt und in der Toskana. Die Landschaft der Toskana machte er in Zeichnungen und Texten immer wieder zum Thema, 2011 erschien posthum der Band *Toscana mia*.

Peter Glotz wurde 1939 im böhmischen Eger (heute Cheb) als Sohn eines Deutschen und einer Tschechin geboren. Nach der Vertreibung der Sudetendeutschen wuchs Glotz in Oberfranken auf. Er studierte Zeitungswissenschaft in Wien und München, wo er auch promovierte und später Konrektor war. Seine politische Karriere führte ihn für die SPD in den bayrischen Land- und in den Bundestag, wo er unter Helmut Schmidt Parlamentarischer Staatssekretär war. Glotz war SPD-Bundesgeschäftsführer und Vorstand der Stiftung ›Zentrum gegen Vertreibungen‹. Ferner wirkte er als Wissenschaftler und Publizist. 2005 starb Glotz in Zürich.

Ingeborg Guadagna, geboren 1914 in Heidenheim an der Brenz, lebte seit 1937 in Italien. Zunächst auf Sizilien, dann in Perugia, Bergamo und ab 1942 in Florenz. Ihre Romane, wie *Die sizilianischen Schwestern* (1946), *Das Landhaus bei Florenz* (1950) und *Die Ehe der Vanna Licusu* (1950), spielen alle in ihrer neuen Heimat. In ihrem Roman *Die Fahrt zur Insel* (1952) erzählt Guadagna von dem Lebensweg eines italienischen Schriftstellers und eines Bauernmädchens von der Insel Elba.

Sprachlust und Spielfreude charakterisieren das Werk des 1927 geborenen Saarländers ***Ludwig Harig***. Vielfach preisgekrönt, wurde das Mitglied der Deutschen Akademie für Sprache und Dichtung und des deutschen PEN-Zentrums der breiten Öffentlichkeit erst 1986 bekannt mit seinem großen Zeitroman *Ordnung ist das ganze Leben*. Mit über achtzig erfand Harig eine neue Figur: Herrn Presselschmidt, sein kurios-komisches Alter Ego, einen Physiker, der sich in die Philosophie verlaufen hat. Harig lebt in seinem Geburtsort Sulzbach/Saar.

Verena von Jerin, in Wien geboren, war Schauspielerin, bis ein Unfall sie zwang, ihr Talent als Autorin zu entdecken. 1956 erschien ihr *Bilderbogen aus dem Süden*, eine Sammlung Mittelmeer-Skizzen, der bis in die neunziger Jahre viele Reisebücher und Berichte in MERIAN folgten.

Der Literaturwissenschaftler ***Hartmut Kiltz***, geboren 1946 als Hartmut Meier, wurde 1981 mit dem Werk *Das erotische Mahl* promoviert, in dem er Szenen aus europäischen Gesellschaftsromanen vorstellt.

Henning Klüver, 1949 in Hamburg geboren, studierte in Deutschland und Italien. Er schreibt als Kulturkorrespondent für die *Süddeutsche Zeitung* und berichtet als freier Mitarbeiter für MERIAN und deutsche Rundfunkanstalten aus Italien. Neben Biographien und einem politischen Sachbuch erschien von ihm die *Gebrauchsanweisung für Sardinien*. Er lebt mit seiner sardischen Frau und zwei Töchtern in Mailand.

Marianello Marianelli wurde 1915 in San Miniato al Tedesco bei Pisa geboren und starb 2003 in Pisa. Von 1938 bis 1941 und 1949 bis 1952 war er Dozent an der Universität Kiel. Später war er Chef des Italienischen Kulturinstituts in Hamburg, dann in Köln. Ab 1959 war er verantwortlich für Deutsche Sprache und Literatur an der Universität Catania, dann in Pisa. Marianello war ein Meister der Erzählkunst. Einige seiner Werke erschienen auch auf Deutsch, wie schon 1957 *Die Eroberung Hamburgs*, eine Liebeserklärung an die Stadt. Marianello machte sich auch einen Namen als Übersetzer von Thomas Mann ins Italienische.

Agnes Miegel, 1879 in Königsberg geboren, gilt als wichtige literarische Repräsentantin der ehemaligen deutschen Ostgebiete. Nach dem Krieg lebte Miegel in Bad Nenndorf, wo sie 1961 der damalige SPD-Kanzlerkandidat Willy Brandt besuchte. Miegel wurde u. a. mit dem Goethepreis und dem Kleist-Preis ausgezeichnet und mit Ehrendoktor- und Ehrenbürgerwürden geehrt. 1964 starb sie in Bad Salzuflen. 1979 gab die Deutsche Post zum 100. Geburtstag der Dichterin eine Sondermarke heraus. Marcel Reich-Ranicki nahm 2005 drei ihrer Balladen in seinen Kanon *Die deutsche Literatur* auf.

Herfried Münkler, 1951 im hessischen Friedberg geboren, lehrt Politische Theorie und Ideengeschichte an der Humboldt-Universität Berlin. Außer zahlreichen Buchveröffentlichungen schreibt Münkler auch für die *FAZ* und *Die Zeit*. Machiavelli war bereits Thema seiner Dissertation.

Der Kunsthistoriker ***Alfred Nemeczek***, 1933 in Kassel geboren, ist ein Grande des deutschen Kunst- und Kulturjournalismus nach dem Zweiten Weltkrieg. Er war Freund und Vertrauter des documenta-Gründers Arnold Bode und arbeitete bei der documenta III mit. 1967 kam Nemeczek nach Hamburg, wo er zunächst Kulturredakteur beim *Spiegel*, dann beim *Stern* war. Bis 1998 war er stellvertretender Chefredakteur des Kunstmagazins *art*. Seitdem arbeitet er als freier Autor und Journalist.

Hermann Peter Piwitt wurde bei Hamburg geboren und wuchs in Frankfurt am Main auf. Er studierte dort sowie in München und Berlin, u. a. bei Theodor W. Adorno und Walter Höllerer. Piwitt war zunächst Lektor, dann Mitarbeiter der Zeitschrift *konkret*. Seit 1969 lebt er als freier Schriftsteller mit seiner Frau, der Journalistin Ingrid Kolb, in Hamburg und Umbrien. Seine Romane und Essays kreisen um die gesellschaftlichen Zustände in Deutschland und Italien. Piwitt ist Mitglied des deutschen PEN-Zentrums.

Petra Reski wurde 1958 als Tochter eines Ostpreußen und einer Schlesierin im Ruhrgebiet geboren und wuchs dort auf. Nach dem Studium der Romanistik in Trier, Münster und Paris absolvierte sie die Henri-Nannen-Schule und wurde als Journalistin vielfach ausgezeichnet. Seit 1991 lebt Reski als freie Schriftstellerin in Venedig. Immer wieder schreibt Reski über die italienische Mafia und deren

Aktivitäten in Deutschland, zuletzt in dem bei Hoffmann und Campe erschienenen Werk *Von Kamen nach Corleone. Die Mafia in Deutschland.*

Gregor von Rezzori (eigentlich Gregor d'Arezzo) war ein deutschsprachiger Schriftsteller, der 1914 in Czernowitz (heute Ukraine) geboren wurde, als die Stadt noch die multikulturell geprägte Hauptstadt des Herzogtums Bukowina war, eines Landes der K. u. k.-Doppelmonarchie. Von Rezzori schrieb u. a. *Maghrebinische Geschichten*, witzige Anekdoten und Legenden aus dem balkanischen Phantasieland Maghrebinien, die seinen Welterfolg als Schriftsteller begründeten. Seine autobiographischen *Memoiren eines Antisemiten*, die 1978 zuerst in der Zeitschrift *New Yorker* erschienen, machten ihn auch in den USA und England populär. Er lebte seit 1960 auf seinem Anwesen Santa Maddalena in der Toskana, wo er 1998 starb und begraben liegt.

Antonella Romeo, 1962 in Turin geboren, studierte dort und in Mailand Journalismus. Dort war sie auch als Redakteurin tätig. Seit 1990 lebt Romeo in Hamburg und hat zwei deutsch-italienische Kinder. Sie schreibt für MERIAN, *Die Zeit* und *Spiegel*. Bei Hoffmann und Campe erschien *La deutsche Vita*, ein gleichsam amüsanter wie ernster Blick einer Italienerin auf den deutschen Mann im Besonderen und uns Deutsche allgemein.

Manfred Sack wurde 1928 im sächsischen Coswig geboren. Sein Studium der Musikwissenschaft und Kunstgeschichte schloss er mit einer Promotion ab. Er war von 1959 bis 1994 Redakteur bei der *Zeit*. Der Theodor-Wolff-Preisträger gilt als einer der wichtigsten deutschen Architekturkritiker.

Giorgio van Straten, Jahrgang 1955, lebt in seiner Geburtsstadt Florenz. Der Schriftsteller und Musikmanager ist Träger des italienischen Verdienstordens. Bekannt wurde er vor allem für seinen preisgekrönten und ins Englische übersetzten biographischen Roman *Il mio nome a Memoria* (etwa *Mein Name ist Erinnerung*), in dem er die Geschichte seiner ursprünglich jüdisch-holländischen Familie seit 1811 erzählt.

Die Hamburgerin ***Swantje Strieder*** studierte in den siebziger Jahren in Freiburg, Madrid und Paris Romanistik, Politik und Geschichte. Als Korrespondentin lebte sie in Washington, Rom und Bombay, von wo sie in Zeitschriften, Blogs und Büchern, teilweise mit ihrem Mann Teja Fiedler, ausgiebig berichtete. Seit vielen Jahren schreibt Strieder für MERIAN, besonders kenntnisreich und immer wieder über Italien.

Antonio Tabucchi wurde 1943 in Vecchiano bei Pisa geboren. Er war Literaturwissenschaftler und Übersetzer, und er galt als einer der begabtesten italienischen Schriftsteller seiner Zeit. Die meisten seiner Werke (*Der Rand des Horizonts, Kleine Missverständnisse ohne Bedeutung, Die Zeit altert schnell*) sind auch in deutscher Übersetzung erschienen. Tabucchi war Professor für Portugiesische Literatur in Genua und lebte in der Toskana und in Portugal. Er starb 2012 in Lissabon.

Hermann Teusch, 1934 geboren und in Cochem aufgewachsen, ist Autor, Maler und Architekt. Während vieler Jahre als Architekt und Projektleiter vor allem in Italien, aber auch in Deutschland und den arabischen Ländern schrieb er auch Romane, Theaterstücke und Feuilletons. 2013 erhielt er in New York den Otto Mainzer Award, 2001 den Premio Capo Circeo in Rom.

Nando Vitali, 1898 »im Schatten der Florentiner Domkuppel« geboren und aufgewachsen, musste sich aus eigener Kraft emporarbeiten; seine Familie war mittellos. Zwischen 1927 und 1955 verfasste der Dramatiker sechzehn Komödien in Florentiner Mundart. Ein Roman und ein Band Gedichte liegen ebenfalls vor. Vitali tat sich auch als Autor für den Funk und die konservative toskanische Zeitung *La Nazione* hervor.

Klaus Wagenbach, 1930 in Berlin geboren, absolvierte zunächst eine Buchhändlerlehre, studierte dann Kunstgeschichte, Germanistik und Archäologie. Wagenbach promovierte über Franz Kafka und gilt bis heute als renommierter Kafka-Experte. Nach einer Zeit als Lektor für deutsche Literatur gründete er 1964 den Wagenbach Verlag, wo er Gedichte von Fried genauso verlegte wie zahlreiche Bücher über

Italien. Er ist Träger des italienischen Verdienstordens, Ritter der französischen Ehrenlegion und Träger des Großen Bundesverdienstkreuzes.

Erdmann Wingert, 1936 geboren, war Redakteur bei *Stern* und *Zeit magazin* und häufiger Autor in MERIAN. Wingert ist Mitglied der Agentur Zeitenspiegel, Jury-Vorsitzender des Hansel-Mieth-Preises, Dozent der Zeitenspiegel-Reportageschule und Gastdozent der Uni Tübingen. Er lebt in Hamburg, Weingarten und Reutlingen.

Der Herausgeber

Andreas Hallaschka wurde 1962 in Frankfurt am Main geboren und wuchs in Kassel auf. Nach seiner Schulzeit arbeitete er als Reiseführer in Israel und den USA und begann mit 19 Jahren, in Marburg/Lahn und Göttingen Theologie und Philosophie zu studieren, um nach Familientradition Pfarrer zu werden. 1985 ging Hallaschka als Stipendiat des französischen Außenministeriums an die Journalistenschule CFJ in Paris und Ende desselben Jahres nach Hamburg an die Henri-Nannen-Journalistenschule. Nach Stationen in Bonn und wiederum Paris sammelte er erste Berufserfahrung in der Entwicklungsredaktion des Verlages Gruner+Jahr und als Redakteur des Monatsmagazins *Sports*. Ab 1992 war er als stellvertretender Ressortleiter für die Auslandsberichterstattung und Leiter des Hauptstadtbüros in Berlin für den *Stern* tätig. Ab 2000 Chefredakteur von *Fit for Fun* in der Verlagsgruppe Milchstrasse und seit 2002 zunächst Chefredakteur, dann seit 2014 Herausgeber von MERIAN.

Hallaschka hat mehrere Reisebücher, Bildbände und Anthologien veröffentlicht, aber auch ein Sushi-Kochbuch herausgegeben. Sein Interesse gilt der europäischen Geschichte, geistlicher Musik, franko-belgischen Comics und gut erzählter Literatur. Bevorzugte Landschaften sind die Nord- und Ostseeküste, Kurhessen und Waldeck, Israel und Frankreich. Hallaschka hat vier Kinder und ist mit der Wissenschaftsautorin und Dozentin Jutta von Campenhausen-Hallaschka verheiratet.

NACHWEISE

Was ist die Toskana? - für Einsteiger und Eingeweihte

Robert Gernhardt: Unter uns Liebhabern, in: MERIAN Toskana, 2/1997.

Gregor von Rezzori: Dieses Land erzieht keine Schwärmer, in: MERIAN, Toskana, 9/1980.

Petra Reski: Widerstand zwecklos, in: MERIAN Toskana und Elba, 4/2010.

Antonio Tabucchi: Das Land der Sehnsucht, in: MERIAN Toskana, 4/1990.

Giovanni Ansaldo: Edler Traum von Größe, in: MERIAN Toskana, 7/1960.

Streifzüge übers Land - Entdeckungen in der Toskana

Erdmann Wingert: Spaziergang nach Pitigliano, in: MERIAN Toskana, 2/1997.

Paula Almqvist: Was Besuchern hier so blüht, in: MERIAN Toskana, 5/2000.

Verena von Jerin: Die alte Giovanna, in: MERIAN Elba, 4/1966.

Swantje Strieder: Zum Verlieben herb - der Mugello, in: MERIAN Florenz, 1/2006.

Antonella Romeo: Nur die Ruhe bewahren - die Maremma, in: MERIAN Toskana, 5/2000.

Wolfgang Boller: In der Falle der dicken Miranda, in: MERIAN Toskana, 9/1980.

Hermann Peter Piwitt: Eintauchen ins schöne Rosé des Gemüts, in: MERIAN Toskana, 4/1990.

Streifzüge durch die Städte – Siena, Pisa, Arezzo und Co.

Carlo Fruttero: Palio, in: MERIAN Toskana, 2/1997.
Marianello Marianelli: Ach, ich armer Turm von Pisa, in: MERIAN Toskana, 4/1990.
Henning Klüver: Eine Stadt mit zwei Seelen, in: MERIAN Toskana, 5/2000.
Manfred Sack: Gestaltet, nicht gewachsen: Piazze, in: MERIAN Toskana, 9/1980.
Giorgio van Straten: Samstagabend, in: MERIAN Toskana, 4/1990.

Streifzüge durch Florenz – Vom Ponte Vecchio zur Piazza Pitti

Otto Brües: Auf dem Ponte Vecchio, in: MERIAN Florenz, 4/1969.
Ludwig Harig: Es ist Mai, wir sitzen auf der Piazza Pitti, in: MERIAN Florenz, 4/1969.
Nando Vitali: Über die Kunst, im Museum zu leben, in: MERIAN Florenz, 4/1969.
Agnes Miegel: Il Magnifico, in: MERIAN Florenz, 10/1956.
Hartmut Kiltz: Die schönen Augenblicke einer Stadt, in: MERIAN Florenz, 5/1987.
Hermann Teusch: Die alltäglichen Wunder, in: MERIAN Florenz, 5/1987.

Streifzüge rundum Florenz – Von Fiesole nach La Pietra

Giorgio van Straten: In die Hügel und über die Dörfer, in: MERIAN Florenz, 3/1995.
Ingeborg Guadagna: Oben in Fiesole, in: MERIAN Florenz, 5/1987.
Harold Acton: In La Pietra bin ich zu Hause, in: MERIAN Florenz, 4/1969.
Ingeborg Guadagna: Florentinische Villen, in: MERIAN Florenz, 10/1956.

Streifzüge durch die Geschichte – Von Menschen, Machern und Mächtigen

Robert Gernhardt: Wer andern eine Grube ~~gräbt~~ malt, in: MERIAN Florenz, 3/1995.

Alfred Nemeczek: Alles nur eine Frage der Perspektive, in: MERIAN Toskana, 5/2000.
Peter Glotz: Der Sekretär der Welt, in: MERIAN Toskana, 2/1997.
Klaus Wagenbach: Ein Geck im Kloster, in: MERIAN Toskana, 2/1997.
Herfried Münkler: Die Schule der Macht, in: MERIAN Toskana, 4/1990.
Erdmann Wingert: Bilder einer neuen Welt, in: MERIAN Florenz 5/1987.
Kasimir Edschmid: Grausames Florenz, in: MERIAN Florenz, 10/1956.